U0512283

文
景
———
Horizon

法治文明论

孙皓晖 董健桥 著

《商君书》考辨评析

上海人民出版社

献给

历史上的中国古典法治社会

目 录

序 千古论治《商君书》

重读《商君书》，已经成为中国政治文明的历史需求。

21世纪的中国，已经进入了双重历史转折的大时代。一方面，是世界国家群总体格局的历史大转折；一方面，是中国文明自身的历史大转折。这种"公转"与"自转"交相作用，进而生发的多样化内外转折，是人类文明在国家时代前所未有的深刻大变局。在如此宏阔深远的历史大变局中，创造性完成中国文明形态自身的历史性转折，是世界大变局对当代中国赋予的核心使命。只有以自身文明形态的成功转折为坚实基础，当代中国才能以奋发的民族精神及强大的国家实力为根基，纵横捭阖于世界国家之林，实现中国文明的伟大复兴。唯其如此，当代中国面临的历史考验是空前严酷的，其所承担的历史使命是空前艰巨的。

一

完成自身历史转折的核心，是中国政治文明的重建。

政治文明重建的核心，是创造性地建成当代法治社会。

历史实践已经证明，在历史曾经存在的种种治国之道中，只有法治体系具有合理规范社会结构，以底线秩序为规范进行实践操作，并在体系化激发中保持公平性与正义性，进而使人民聚结于国家意志之下的社会结构功能。也就是说，国家要经得起动荡颠簸，经得起惊涛骇浪，最坚实的历史道路，就是建成法治社会的生存框架。

历史实践同样证明，曾经存在于国家时代的神治（教权治国）、礼治、德治、人治、无为而治，或相互交叉的混合治态等，都是失败的。这些治道的最基本缺陷有三个，一是极大的神秘性与暗箱性，二是极大的不稳定性，三是难以实际操作的模糊性。基于如此历史试错，近现代以来的世界国家群，已经普遍走出了如上种种治道的黑暗时期，进入了以法治社会为主流的法治国家时代。至少，在人类能够对人性实现彻底净化（即完全善化）之前，法治社会是我们能够实现相对公平正义的唯一生存形态。以人类现有的反思认知能力，我们尚看不到法治社会之外的第二条道路。

在中国文明史上，法治道路走得艰难而曲折。

夏商周三代早期国家，皆有法律。夏有《禹刑》，商有《汤刑》，周有《吕刑》。但是，这些早期法律的效力，皆在王权意志实际采用的治道之下。西周最典型，以礼治（德治）为最高治道，明确规定"法"的效力在礼制规范之下。"法"的实际效力，仅体现在防止及惩治盗贼并维护社会治安的民治方面。故此，一千余年的早期国家的政治文明架构，在本质上是"有法无治"的时代。在最高效力的礼制规范之下，"刑典"形式的法律不可能成为社会全覆盖的最高效力的规范体系。实际状况是，其时固然有法，但却无法实现其国家治理功能；即或在民治范围，也是功效微弱的。此即"有法无治"的早期国家时期的社会形态。

但是，这一现实绝不意味着人民对法律处于无需求状态。

否则，从春秋中期开始的以公开法律为核心诉求的"变法"序幕，不可能迅速形成历史大潮，其标志性事件即为郑国子产于公元前536年的"铸刑书"。其后，历经春秋战国时期变法浪潮长期激荡，生发出秦国的深彻变法，必然性地涌现出一个进入古典法治社会的新国家，并在百余年发展之后，使大一统中国全面进入了古典法治社会。从此，中国走上了法治国家的道路。

但是，从西汉中期开始，"汉承秦制"的西汉社会，出现了突兀的历史阻断。西汉皇权意志基于"教化"人民的需求，在意识形态领域实行了"独尊"一学的思想文化专制。以此为开端，皇帝个人意志成为治理国家和全面决定国家行为的最高意志；既定的法律制度，再度被打回次要效力的位置。虽然西汉皇权对这一治道进行了新的定位，名为"霸（道）、王道杂之"，或曰"外王内法"。但就其实质而言，秦帝国时代开创的法治社会的历史道路，事实上已经被阻断，国家形态重新退回到"有法无治"的人治社会。此后，基于人治社会有利于皇权意志最大限度伸展的"优越性"，这种人治社会，在西汉之后历经皇权的无数次更迭，直到清代末期竟然一直没有改变。

总体说，中国的法治道路，中断得太早，再度起步又很晚。

唯其如此，其艰难性可想而知。一方面，我们不能将西方法治模式强行植入中国社会，使其成为中国文明机体的"异物"，进而导致中国社会形态生成烈性病灶，最终走向弥散崩溃。另一方面，我们又对自身曾经存在的法治道路极其缺乏历史认知，致使我们无法清楚中国重建法治社会的历史根基究竟在哪里。

也就是说，作为中国国情之重要构成的历史传统，其中的法治社会历史需求，如何体现于当代国人的现实需求，我们同样缺乏自觉的理性认知。当社会腐败普遍化、深刻化之际，国家与社会上下皆有"重典治乱"的呼声，这无疑是基于中国法治历史传统的正当意志表现。可是，传统"重典"的内涵究竟是什么，历史上的"重典治乱"的具体法治实践是如何展开的，其所应该避免的误区在哪里，这些法治思想应当具体以什么样的当代法律制度体现出来……我们都表现出呼声之后再无下文的茫然失措。

显然，我们要在发现意义上重新确立三个基本的历史认知：

其一，中国历史上，曾经真实存在过古典法治社会。

其二，中国曾经的法治社会道路，被皇权意志强力阻断了。

其三，要在中国建成当代法治社会，历史目光就要越过两千余年的皇权人治社会，明确接续古典法治社会的历史"接力棒"，以曾经的法治社会的良性历史遗产及历史经验、历史教训为根基，真正发现建成当代法治社会所必需的"中国元素"，以明确我们脚下的道路。

面对深远的人治传统，中国走向法治社会的道路分外艰难。

中国不可能照搬西方法治体系而毁灭自身文明根基。

如此，可供当代中国借鉴的法治历史遗产在哪里？

二

中国古典法治社会的思想结晶，主要体现于《商君书》。

依据历史实践，《商君书》是战国后期人士以商鞅生前文章，及商鞅变法时期的秦国官方史料为基础，汇编成书，传之后世。成书及流传过程之中，亦零碎夹杂了战国法家"势治派"与"术治派"，及战国其他思想家的论说片段。但其基本篇章，皆为商鞅所作之辑录。全书基本完整地体现了商鞅的法治思想体系，亦多方论说了商鞅的变法理念和法治实践。因其既具有深刻的法治理论性，又具有扎实的治国实践性，故《商君书》成为整个先秦时代政治文明的巅峰之作。在秦国创建统一文明与古典法治社会的历史上，《商君书》的思想体系具有极为重要的奠基性意义，起到了顶层设计的导向作用。就历史实践而言，《商君书》既是秦帝国创建统一中国文明的指南车，又是秦帝国推行统一法治社会的最高经典。

西汉中期之后，春秋、战国、秦帝国三大时代多元林立而"百家争鸣"的思想创造大潮骤然全面萧条。"独尊"之外的诸子百家原典著作，被全面排除于"官学"视野之外，进入了自生自灭的困境。一部《商君书》，同样在艰难曲折流传中不断被淡化，被误读，被扭曲。

直至近代救亡图存大潮兴起，变法志士始将《商君书》作为全面反思中国古典文明价值观体系的经典参照而大力推崇。其中，以康有为的学生，早年与梁启超齐名的维新派人士麦孟华的著名文章《商君》为代表，而商鞅也被梁启超等人列为"中国六大政治家"之一。自此，商鞅变法被近代思想界重新定位为"千古巨变"。《商君书》则以其所体现的商鞅变法的历史实践，得以正面进入中国近现代思想界的历史视野。诸多关于《商君书》研究的历史性成果，开始在中国社会涌现。

但是，近代以来，我们历经列强入侵，国家多有动荡，政权多有更迭，救亡图存大潮席卷于各个时期。故此，学界对《商君书》的研究，社会对《商君书》的认知，不可避免地被各个时期的政治思潮所左右，难以保持历史认知的客观性，从而必然具有简单化、政治化的深重烙印。因此，对《商君书》的种种研究积累，依然存在诸多偏差；种种误读与扭曲，依然存在。

将近半个世纪的大变革之后，客观审视中国文明遗产的历史条件已经基本具备。其核心标识，是两个基本点：一则，以西方文明为标尺而衡量中国文明的"全盘西化论"思潮，已经基本消除；以中国文明独立性为根基的历史认知，已经基本普及。二则，以中国两千余年古典社会思想专制为根基，对中国文明遗产历来持一家"独尊"态势的独大传统，已经从形式上基本消散。至少，"中国文明根基具有多元化特质"这一新的历史认知，已经成为当代中国社会的普遍历史意识。如此两个基本方面的变化，使我们对包括《商君书》在内的先秦原典研究，有了相对正常的治学条件。

这是很大的历史进步，是中国前所未有的常态发展环境。

如此历史条件下，重读《商君书》，便具有了在客观性基础上发现其真实历史价值的可能性。

三

作为一部古典政治文明著作，《商君书》的内涵很集中。

这一集中特质，表现为全书只有两个方面的基本内容：一是论说治国之道，一是论说法治实践。前者，是国家选择治理模式的体系性理论；后者，是国家实现法治社会之实践路径的体系性理论。如此两个方面的理论，在《商君书》中皆表现为相对完整的系统性思想。故此，我们将其定位为"体系性理论"。

就治国理论的体系性而言，《商君书》以《更法》《画策》《慎刑》《修权》《立法》等为主的诸多基本篇章，都有治国之道的深刻论说。从内容特点看，一方面，是对从远古"昊英之世、神农之世"开始，到"五帝"时期之早期联盟政权，再到上古夏商周三代国家政权的治道，进行了历史梳理；明晰揭示了各个历史时期的"治世"之道，及治理国家的基本路径与实质特征；给立足战国现实的治国路径的选择，提供了根本性的现实方向。

其次，对历史曾经的治国方式，皆进行了具体的解析，明确其长，揭示其短，从而确立其现实继承价值。其中典型，是对人治之道的价值评判，认为其是"世之所以治，治之所以乱"的双重根源。对西周礼治之大而无当的难以实行性，即现代理念的不可操作性，及其弥散于春秋战国之世的没落贵族浮华流风对国民精神的侵蚀性危害，更是进行了具体深刻的论说。

再次，对立足战国现实所应选择的治国道路，进行了多方位的必须性揭示。其核心理念，见于《商君书·立法》篇的著名论断——"圣王之治国也，不法古，不循今；当时而立功，在难而能免。"前一句是治国精神；后一句是治国之两大目标：高明的治国之道，必须要能在当世建立功业，同时必须使国家从所处危难中摆脱出来。

就实现法治社会之内容而言，《商君书》更具有丰厚内涵。

序言性质所限，我们在这里只能大要排列其内涵结构——

其一，商鞅以其在《商君书》中所体现的法治思想，创建了人类国家时代第一个废除残余奴隶制，以"人民"为国民主体的古典法治社会。"人民"一词，最早出现于《诗经》，《大雅·抑》即有"质尔人民，谨尔侯度，用戒不虞"的诗句。《管子》和《商君书》也都使用了"人民"的概念。其时，西亚和欧洲地区尚处于奴隶制的鼎盛时期。

其二，商鞅以《商君书·算地》篇之论说为制度主张，以法律形式创建了人类国家时代第一个土地私有制国家，人民拥有的土地可以自由买卖，从而使中国进入了古典农耕时代的商品经济社会。

其三，商鞅在《商君书·画策》篇中，以深刻的法哲学辩证思维，第一次揭示了法治社会的动态本质，即"行法本位"的法治思想，也就是现代法治的"司法本位"理念。第一次厘清了"法治"与"法制"对于社会存在的不同作用，引导当时社会走出了"法制本位"（将颁布法律视为实现国家法治之最重要行为的理念）的误区；明晰了国家法律的实质性作用在于实施的司法本位理念。从此，在古典中国确立了"法治社会"的历史认知，为后世以至近现代的我们澄清了一个最为基本的法理误区——"法制社会"之概念，在内涵逻辑上是缺乏必然联系机制的，因而在事实上是不存在的。只有"法治社会"之概念，在内涵逻辑上才具有以法律实施为介质而使法律动态融入社会，进而成为有效法律规范的可能。故此，只能是"法治社会"，而不存在"法制社会"。

其四，通观《商君书》之基本篇章，对民治实践的论说非常之多。其中，对法治的"人民"性的论说，是我们无法视而不见的。以《更法》篇提出的"法以爱民"理念为开端，诸多基本篇章皆强调了法治以"利民为本"的思想。这一思想，见于同样在《商君书》中展开的制度主张。其与既往治国之道最大的不同，是摆脱了此前（乃至此后）之古典国家所通常采用的，在于民无补的基础上强征民力及强加赋税的粗粝治道。第一次提出，以巨大的社会利益与实际的个人利益作为补偿，方可激发民众勤耕善战，并忠实行使国家义务的坚实意志。

从近现代法学理念看，这一思想的深刻的历史合理性，在于权利与义务的平衡性所生发的法治结构力量。也就是说，要使人民承担国家义务，必须以赋予人民的相应权利为条件，否则就是强征害民。在人类古典国家文明时代，世界其余所有国家的治道存在，都没有达到如此将权利补偿与民众义务平衡化的法治高度。无疑，这样的"利民为本"的法治之论，是中国古典政治文明的明珠遗产，具有普遍的继承价值。

其五，《商君书》对吏治建构也独有建树。《商君书》的《禁使》篇，是专论如何在官员之间建立有效监督制度的篇章。本质地看，它既是对中国古典法治社会构建政治腐败防火墙的深度理论探索，更是对秦代国家制度的深度实践探索。其逻辑锋线之犀利，其把握节点之准确，其底线规定之坚实，其奖惩设定之妙异，皆为中国古典法治社会之反腐败制度创建的巅峰。从历史实践看，自商鞅变法至清末之世两千余年，这种法治反腐败制度的创建，事实上已经成为中国古典社会前无古人后无来者的绝版。这一曾经的客观存在，是任何否定性论说都抹不掉的历史足迹。因此，作为以客观性为本位的历史研究者，我们必须以最基本的学术良知，对曾经的历史真实保持充分的尊重。

其六，《商君书》对君主最高权力提出了明确的法治规范。这一创造性内容，主要体现在《修权》篇。所谓"修权"，就是对君主最高权力的运用做出一定程度的规范。这是对传统君主权力规则的有限改变，故曰"修权"。具体说，就是在国家实行法治的总体条件下，对君主权力提出若干原则性要求，提出君主行权必须遵守的基本框架与基本要求，以建立法治基础上的正大"君道"。

商鞅在《商君书》中对君主权力提出规范的核心，是反复强调的君主"不得以私害法"，君主必须在法制体系规范内使用权力，实现国家的法治之道。如此"修权"的实际意义，在于确立法治国家权力体系的整体性与相互制约性；最大限度地消除人治社会最高权力的不可知性，即君主意志的摇摆性与随意性，并有效防止君权滥用而最终导致国家崩溃的灾难性后果。从政治哲学的意义上说，商鞅的"修权"，并非以法治形式削弱或转移国家最高权力。事实上，任何时期的法治社会，国家事务的最高决策权都归于最高权力主体，在君主制时代，无疑归于国家君主。故此，商鞅的"修权"，实质上是将原本游离于法治体系之外的君主个体意志，整合进入国家法治框架，从而使国家权力形成一体化结构——既使君主权力意志摆脱了随意性，其正当权力的运行又更为稳固，更能发挥出正向意义上的最大效能。

虽然，在君主制时代，这样的努力并不能使国家权力体系发生本质的变化，但是，真理永远是相对的。我们必须看到，商鞅在变法实践中的这种"小步走"的政治改革，是符合当时社会历史条件的，因而具有极大的现实可行性。历史地看，商鞅以法治"修权"为政治支点，撬动了古典人治社会这座盘踞于中国法治正道的大山，使它们松动解体，进而重构为更具历史合理性的法治社会。

如上所述，仅为《商君书》之局部大要而已。

要发现《商君书》的历史价值，还得真正走进《商君书》。

四

当然，《商君书》必然有其特定的历史缺陷。

对这些历史性缺陷，我们在对其进行考辨评析的过程中，皆以客观性研究为基本治学精神，逐一分辨其来源，并揭示其不具继承性的方面。对于那些在漫长的典籍传承中"加塞"进入的"异物"论说所具有的缺陷，我们同样在精细考辨的基础上做出了批判性定位。须得特殊强调的一点是，我们对《商君书》中因历来误读而被人盲目黑化的文本片段，都以极其谨慎的客观考辨精神为本，从种种考辨中寻求其本真表意，从而确立我们的评判。

在对民族思想遗产进行价值发现的研究中，我们必然会面对基于种种历史流变，进而形成的面貌多样又质地复杂的古代典籍的各式传承版本。尤其是时空距离遥远的先秦时代的众多原典名著，在后世奉行思想"独尊"，且"诸不在六艺之科、孔子之术者，皆绝其道，勿使并进"的两千多年里，皆被"罢黜"，皆被抛入了非官方治学阵地的风尘士林之中，任其自生自灭。诸如在战国时期声名卓著，被视为"显学"而"言盈天下"的《墨子》，竟至沉寂两千多年，被湮没于道家杂书之中。直到清代中期，才由毕沅发掘整理而重见天日，被认为有"草创之功"。如此，众多先秦典籍所呈现的各式传承版本，皆有其复杂曲折的"流浪史"，以致每一名著、每一版本，都有庞大芜杂而枝蔓纷挐的文本特质。可以说，几乎没有哪一个名著版本，是纯净正宗的原生态著作。

与此同时，我们还面临各个历史时期，对这些先秦典籍基于种种理念而形成的种种研究成果，附着于原典文本周边，致使每一部先秦原典著作，都形成了如同江河流淌而纵横交错的一个庞大体系。这一极具中国历史文化特色的传承方式，会使每一个西方学者瞠目结舌。虽然如此，我们却不能放弃劳作。因为，这就是中国文明传承的特有质地，是我们必须面对的历史与现实。

我们必须以敬畏的心态为根基，又必须以现代理念的发现精神为主导，认真辨析其中的"板块加塞""细碎杂物"及种种自以为是的"补丁"修正，力争将每一名著的泥污锈蚀打磨干净，使历史的"残简"重新显出原本的光焰。

如此，是我们对待《商君书》的研究原则。

客观地说，我们追求一种学理精神，追求一种直面历史遗产而能实事求是的研究精神。我们不顾忌与历来名家的见识相左，更不顾忌与某些既定观念的正面冲突。我们立足于真理的相对性，坚信世界上从来没有绝对真理的永恒标尺。

毫不讳言，我们的考辨与评析未必都是正确的。

唯其如此，我们欢迎百家争鸣。

我们希望，重现中国原生文明时代的多元精神。

孙皓晖　董健桥

2023 年初夏

于海南积微坊

前　言

一

　　正文之前，必须对其基础方面做出简约说明，是为前言。

　　商鞅（约公元前390年—公元前338年），本名公孙鞅，战国时期卫国人，故又称卫鞅。《史记》卷六十八有《商君列传》，并在《秦本纪》和相关人物的列传中，记载了商鞅变法的诸多实践活动，及战国名士政治家对商鞅的评价。此前，先秦典籍如《商君书》《战国策》《荀子》《吕氏春秋》《韩非子》等，亦多方面记录了商鞅变法的实际活动与后续效应，及当时人物的多方评价。

　　这些多方位的历史信息，既给我们提供了商鞅在历史实践中的实际作为及历史效应，又给我们提供了商鞅本人的思想依据，同时又留下了战国大争之世对商鞅的即时评价。如此，给我们以历史实践为根本，以政治家的主体思想与当时的社会评价为维度，相对全面而客观地审视一个特定政治家的历史贡献与价值，提供了相对坚实的基础。

　　本书的中心目标，是研究上述综合性历史依据中的特定政治家商鞅的思想结晶——《商君书》，力图从政治家主体思想的维度，去发掘解读隐藏在变法实践中的某些重大却不具直观性的内在设定，即对重大历史事件的政治动机的揭示。从政治哲学的意义上说，以历史实践为依据，深度解读《商君书》关于变法的原发思想，并揭示变法实践随时产生的对法令变革的动态纠偏需求，及这种需求提出后的实践应对方式，是深度理解这场"千古大变"之内在逻辑的关键所在。

只有遵循这样的研究路径——既要将历史实践（变法进程及实际效应）、商鞅其人、商鞅理论三者结合，进行三位一体的深度综合研究；同时，又要对三者进行深度的分项研究，才能将中国古典文明巅峰时代这场伟大的革命性变法的历史经验，及其时代局限带来的历史缺失，深刻全面地发掘出来，成为当代中国走向法治社会的历史借鉴。

本书的任务，便是上述分项研究之一——对商鞅理论的专项研究。具体说，就是对《商君书》的深度开掘。

二

《商君书》是战国时期最重要的政治学派之一——法家的代表作。依据秦后两千余年（包括近现代以来）的种种考证，学界对《商君书》的全方位辨识一直没有停止，其主流观念是：《商君书》成书于战国后期，法家学派后学士子群在收入商鞅生前所作篇章的基础上，又辑录了秦国的相关法令文献；同时，因种种原因零碎"加塞"，渗进了法家术治派、势治派及其余学派的片段论说，后以《商君书》定名。

这是《商君书》的原生形态。

西汉之后，直到近现代社会，《商君书》历经艰难曲折的漫长传承，除了少数篇章的佚失，及唐代依据魏徵编纂的《群书治要》而增补进的《立法》一篇，基本上没有从根基方面撼动《商君书》的原生形态。时至新中国前期的多次意识形态浪潮冲击，及新变革时期回归常态的学术研究，对《商君书》解读与评价虽多有争议，但对其内容的历史真实性并没有根本性的质疑。

高亨先生的《〈商君书〉作者考》对《商君书》的传承辨识，有这样的认定：

> 今本《商君书》即自汉以来相传之本，这部书的内容都符合商鞅的思想实质，没有重大的自相矛盾之处；但各篇并非作于一人，也非写于一时，可以说它是商君遗著与其他法家遗著的合编。如果说全是商鞅所作或全非商鞅所作，都未免流于片面。[1]

高亨先生是中国现代声望卓著的专家。从总体上说，我们未必认可其研究内容中的个别观点或结论。但具体而言，先生此文基本厘清了有关《商君书》成书的历史脉络，具有重要的参考价值。同时，亦有学者指出："当今学者普遍认为，无论该书各篇成书何时，一定是商鞅及其后学的著作，反映了战国时期法家的思想及其主张。"[2]

从基本方面看，我们赞同上述评判。

也就是说，《商君书》历经漫长的全方位扒拨辨识，虽然已经

---

1 高亨：《〈商君书〉注译》，中华书局，1974，第15—16页。
2 仝卫敏：《〈商君书〉研究》，北京师范大学博士学位论文，2007，第1页。

是满身伤痕，多有扭曲，然而《商君书》终究以其思想所反映的历史实践的强固性，及深深植根战国变法风暴的深刻性，始终矗立于历史风雨之中，成书体系没有散佚崩塌，篇章内容基本没有流失。应该说，这是中国古典文明的历史幸运。

三

漫长的传承中，《商君书》形成了各个时期的多种版本。

到明清两代，《商君书》尚有二十余种版本。

经过慎重仔细的多方位辨识，我们选定的用以作为考辨评析的《商君书》版本，是以清代文献大家严万里（可均）的校正版本为基础，再经中国现代大学者蒋礼鸿先生依据严本所做出的校订注释本，并以此为基础进行我们的发现性研究。

严万里在校正《商君书》时做了这样的说明：

> 余得元镌本，始《更法》，止《定分》，为篇二十六，中间亡篇二，第十六、第二十一，实二十四篇，与今所行范钦本正同。后又得秦四麟本，颇能是正谬误，最为善本，其篇次亦同。[1]

该版本之《商君书》，后来被收入清光绪初年浙江书局的《二十二子》辑刊本，是影响很大的一种版本。

蒋礼鸿先生在《商君书锥指》（中华书局，1986）的《例言》中明确认定："（《商君书》）正文依严万里校本。"其在《后叙》

1　转引自孙诒让：《商子校本》，中华书局，2014，第14页。

中又再次申明"（对严本《商君书》）凡所发正，但著其说，不易严本一字"。

我们认为，依据严万里的《商君书》校正版本，而经由蒋礼鸿先生的《商君书锥指》再度精细校释，其内容的可靠性是相对较高的；认定其"最为善本"，是基本符合实际的。在我们的具体的考辨评析中，在时有对照其余版本的情况下，每有文字不同，则多因严—蒋本文义相对通畅，而作为考辨评析的依据。

四

我们的研究，主要是四个基本点：

其一，以历史实践为根基，对《商君书》涉及的战国时期的种种历史事实，以及当时各个学派对这些历史事实的不同观点，力图最大限度地做出客观考辨，以确认《商君书》所持理念的作用及意义。其中，包括对渗入《商君书》的"加塞"片段，及被法家势治派与术治派以"修正"方式扭曲的片段，做出基于历史实践的辨识评析。

其二，对《商君书》中被后世各个时期扭曲的观点与论说，甚或对整篇文章立意的"挪位"，亦力图做出有历史根据的考辨，以还原其真实本意。

其三，对近现代以来的《商君书》研究成果留下的盲点、争议点及空白点，包括少数被认定为"无解"的语汇，进行多方考辨，提出我们的看法或结论，以作当代学界及后来者参考。

其四，以现当代政治文明理念，解析《商君书》中的古典治国理论及法治理论的遗产意义，明其价值，亦明其缺陷，以使这部古典政治文明之经典名著，完成其历史"镜鉴"的转化。

上述四点，皆有一个根基——以历史实践为考辨认定之最终依据。在历史实践面前，任何漠视或脱离历史实践的论断，都不是我们所依据的标准。

让我们与读者一起走进《商君书》。

孙皓晖　董健桥

2023 年 8 月

于西北大学积微坊

更法第一
大争之世　变法图强

1. 孝公平画，公孙鞅、甘龙、杜挚三大夫御于君。虑世事之变，讨正法之本，求使民之道。君曰："代立不忘社稷，君之道也；错法务明主长，臣之行也。今吾欲变法以治，更礼以教百姓，恐天下之议我也。"

2. 公孙鞅曰："臣闻之：'疑行无成，疑事无功。'君亟定变法之虑，殆无顾天下之议之也。且夫有高人之行者，固见负于世；有独知之虑者，必见訾于民。语曰：'愚者闇于成事，知者见于未萌。民不可与虑始，而可与乐成。'郭偃之法曰：'论至德者不和于俗，成大功者不谋于众。'法者，所以爱民也；礼者，所以便事也。是以，圣人苟可以强国，不法其故；苟可以利民，不循其礼。"

3. 孝公曰："善！"

4. 甘龙曰："不然。臣闻之，圣人不易民而教，知者不变法而治。因民而教者，不劳而功成；据法而治者，吏习而民安。今若变法，不循秦国之故，更礼以教民，臣恐天下之议君，愿孰察之。"

5. 公孙鞅曰："子之所言，世俗之言也。夫常人安于故习，学者溺于所闻。此两者所以居官而守法，非所与论于法之外也。三代不同礼而王，五霸不同法而霸，故知者作法，而愚者制焉；贤者更礼，而不肖者拘焉。拘礼之人，不足与言事；制法之人，不足与论变。君无疑矣。"

6. 杜挚曰："臣闻之：'利不百，不变法；功不十，不易器。'臣闻：'法古无过，循礼无邪。'君其图之。"

7. 公孙鞅曰："前世不同教，何古之法？帝王不相复，何礼之循？伏羲、神农教而不诛，黄帝、尧、舜诛而不怒，及至文、武，各当时而立法，因事而制礼。礼法以时而定，制令各顺其宜，兵甲器备各便其用。臣故曰：'治世不一道，便国不必法古。'汤、武之王也，不循古而兴；殷、夏之灭也，不易礼而亡。然则反古者未必可非，循礼者未足多是也。君无疑矣。"

8. 孝公曰："善！吾闻穷巷多怪，曲学多辨。愚者之笑，智者哀焉；狂夫之乐，贤者忧焉，拘世以议，寡人不之疑矣。"于是遂出垦草令。

——｜考辨评析｜——

这篇《更法》，是《商君书》开首篇章，记载了在秦孝公嬴渠梁主持下，秦国庙堂围绕变法而展开的激烈论战。中心点是商鞅与甘龙、杜挚两位世族大臣，就变法之必要性及合理性展开的争论。会议的实际效果，是秦孝公对变法理念表示支持，并在其后立即颁布了第一道法令——垦草令，开始了秦国变法图强的历史实践。

商鞅变法的历史特质之一，在其高度的理性自觉。

这篇《更法》，集中反映了商鞅对强国变法的深刻认知。

所以如此，在于战国初期变革潮流所奠定的丰厚基础。

最简约地说，春秋末期至战国初期，第一波具有历史转折效应的变革潮流，是发生在齐、晋两大国的以私家经济实力之崛起为基础的政治变革。其具体的历史实践方式，体现为两国权力体系自传统的诸侯公室，经由长期的经济军事实力竞争，转移到新兴的私家政治集团手中。齐国的新政权，是田氏集团；始封诸侯的齐国姜氏公室，则被迫退出历史舞台。晋国的新政权，则是韩赵魏三家瓜分晋国而分别形成的新权力集团；始封的王族大诸侯姬氏公室，也同样被迫退出历史舞台。这一波以政治文明重建为主导的变革潮流，其标志性的历史事件，是东周王室两次"新封"诸侯国，实质上是被迫承认。首先是公元前403年，承认韩赵魏三家分别为诸侯国——韩国、赵国、魏国；其后，又于公元前386年，承认田齐为诸侯国——田氏齐国。

第一波变革潮流的历史效应，直接催生了四个新兴的大诸侯国，使当时已经纷乱如麻的诸侯国丛林，实质上进入了以新兴大诸侯国为主导的时代——战国时代。至此，天下七大战国之格局，大体已经在激烈的实力竞争及变革潮流的催动下形成。其中四个，皆是以新兴势力政权为平台的典型战国，即田氏齐国及韩、赵、魏三国；而秦、燕、楚三国，则是历经浅层新政变革而勉力保持大国地位的传统大诸侯国；其能否继续生存发展壮大，并成为真正的新兴战国，尚在未定之中。

第二波变法，则是由新兴战国发动的国家自觉变法，而不是在旧诸侯框架下潜流式的"私政"变革。第一个，是魏文侯时期在魏国启动的李悝变法。李悝变法的基本特征，是以发展农耕为中心的"尽地力之教"，即以多方面的国家政策，鼓励自由民从事耕耘的积极性。李悝变法尚未在根本上涉及土地制度私有化的确立，也尚未涉及国家制度的全面创新。但是，李悝变法的历史实践效果，仍然成效鲜明地推动魏国迅速成为当时实力大涨的第一强国。第二个，田氏齐国也在新国第一王——齐威王时期，推行了以整肃吏治为中心的政治变法，使国力空前增强。第三个，是吴起进入楚国，推行了以"遏制公室豪强，奖励战斗之士"为中心的强军变法；时间虽短，但其效果颇具威力，一度使楚国大军直逼黄河南岸，一时成为"三晋"强大威胁。楚国由此成为比较强大的战国。

就是说，变法潮流的发展，已经提供了丰厚的历史经验。

商鞅变法，正是在前述历史实践基础上的理性大提升。这种理性，首先在《更法》篇中呈现出来的，是关于变法之必要性与合理性（正义性）的深刻认知。就具体内容看，集中体现为四个方面。

其一，秦孝公的理性认知——君道之本，求变图存。

秦孝公嬴渠梁是战国时期的一位天才型政治领袖，也是中国五千年文明史上为数极少的伟大政治家之一。历史实践的呈现是，秦孝公是秦国变法的核心发动者，也是为变法创造相对稳定的"国际环境"的核心主导者。从战国初期的历史实践看，秦孝公的自觉理性，首先是彻底改变了其父秦献公的穷国强战国策，暂时放弃了与魏国争夺河西高原的连绵大战，而改为走以积蓄国力为本的"求变图强"道路。

为此，秦孝公于即位之初，便在对魏国割地妥协而息战的基础上，发布了著名的向天下列国征集治国人才的"求贤令"。商鞅入秦，便是"求贤令"的最大成果。这次"更法"论战，便是秦孝公重用商鞅而实现秦国变法的序幕——庙堂论战决策。

作为国君，秦孝公阐明自己想法的说辞很具策略性，虽不咄咄逼人，但也有明确的引导性。这便是以申明"君道"为基础，而暂时保留了最终的强毅决断。

君道者，为君领国之正道也。秦孝公没有明说而表现于文本客观记载的"君道"基础，是"虑世事之变，讨正法之本，求使民之道"。实际上便是表明了要寻求既适合本国国情，又符合天下潮流的"求变图强"之路。这就是在"虑世事之变"的基础上，进而"讨正法之本，求使民之道"。

秦孝公的公开说法，是先立君道——"代立不忘社稷，君之道也"。这是说，任何一代国君上位，都不能忘记国家（社稷），这是君道根本。再立臣下之行的准则——"错法务明主长，臣之行也"。这里的"错"，通"措"。这是说，对于法令是否该修这等大事，务必申明主张，这是"臣行"的根本。最后，秦孝公商讨性地申明了今日朝会的宗旨——"今吾欲变法以治，更礼以教百姓，恐天下之议我也"。这是说，我想在秦国变法，这是一件大事，恐怕会引起天下非议；是故，有必要在庙堂进行讨论。言下之意显然是，谁都必须说话，必须表明对变法的态度。

这就是秦孝公，引而不发，待机而断，处高而居主动态势。

其二，商鞅理性认知一："疑行无成，疑事无功。"
商鞅开议，先行消除国君的"恐天下之议我"的说法。在议事逻辑上，这是顺畅的。在会议宗旨上，则既表示了自己对变法的强烈信心，又间接地对国君的实际立场做出了鲜明的肯定和支持，同时在态势上对有可能出现的反对势力形成一定的压力。

开首几句话，说的都是明智之人做事的基本定则——意志坚定，信心强大，不受干扰。"疑行无成，疑事无功"便是从另一方向对这一定则的格言式概括——怀疑自己的行动，必然失败；怀疑所做的事情，必然不会成功。继而，商鞅又对这一现象进行了深入解析——"高人之行"及"独知之虑"，普通人群必然难以认知；故此，在开始阶段必然遭到"世"（世人）与"民"（民众）的非议与嘲笑。

对于这种情况的应对态度，商鞅首先引用了一句战国时期流行的政治格言："语曰：'愚者闇于成事，知者见于未萌。民不可与虑始，而可与乐成。'"这是说，一般人对成事的路径是不明白的（闇），智慧者却能看到事物尚未成势时的发展趋势；与普通人群不可能在开始阶段共鸣，而只能在开创有效之后同心成事。继而，商鞅又引用了春秋时期曾在晋国辅佐晋文公变法的名士郭偃的一句话："郭偃之法曰：'论至德者不和于俗，成大功者不谋于众'。"

以农耕社会的信息传播的缓慢程度，及社会教育不普及所造成的现实国民素质而言，这些论断无疑是符合历史实践的。若用现代社会之国民政治素质为标准，否定这些基于历史现实的价值认知，那就是否定了真理的相对性。

其三，商鞅理性认知二：法所以爱民，强国不法其故。

紧接着，商鞅强调必须改变旧法。实际论之，这是必须变法的最深刻原因。原话是："法者，所以爱民也；礼者，所以便事也。是以，圣人苟可以强国，不法其故；苟可以利民，不循其礼。"以现代理念表述，这段话首先揭示了国家建立法制体系的目的，是确保民众的利益，即爱民；建立礼制体系的目的，则是为了各种社会交流之方便快捷。所以，伟大的国君（圣人）如果要强国，就应当抛弃旧法；如果要利民，就不能恪守旧礼。归总而言，要爱民利民，要强大国家，就不能恪守旧法旧礼，而要变法图强。

在《商君书》中，这是以"爱民"为根基，正面阐述法治正义性及人道性的基础论断，具有极其重要的历史价值。但是，在秦帝国之后的两千余年，一直被儒家独尊条件下的主流史书熟视无睹，又刻意忘记，进而强行将商鞅变法及之后的秦法体系，扭曲成"暴政苛法"，对商鞅本人则加以"天资刻薄人也"的诛心式黑化评价。这是对历史实践的公然扭曲。客观地说，应该重新发现商鞅变法的正义性，应当恢复历史的真实面目。

其四，商鞅理性认知三："居官而守法"状态必须改变。

针对世族大臣甘龙提出的反对变法之说——"不变法而治"，"吏习而民安"，商鞅深刻揭示了这种"居官而守法"现象——身居官位而守定成法不许改变——的实质，是"非所与论于法之外也"。这是说，反对变法的此类说辞，看似说"法外"治情，实质上还是在说"守法"，即坚持维护成法，因为"守法"就是维护旧法带给他们的实际利益。是故，不能将此说看作"论于法之外"的治道选择之论。

在此基础上，商鞅进一步揭示了历代社会发展的基本路径，这就是"三代不同礼而王，五霸不同法而霸"，在变革中求发展的历史实践。以此为基础，提出"拘礼之人，不足与言事；制法之人，不足与论变"的论断，揭示了保守势力不能变法强国的实质。

其五，商鞅理性认知四："治世不一道，便国不必法古。"

世族大臣杜挚提出了"功利守法"说，即"利不百，不变法；功不十，不易器"，"法古无过，循礼无邪"的反变法之论。商鞅则依据历史实践的变化，论说了历代之礼与历代之法的变化，指出了自伏羲、神农而黄帝、尧、舜，以至周文、周武两王，历代国家政权都是"各当时而立法，因事而制礼，礼法以时而定，制令各顺其宜，兵甲器备各便其用"的历史事实，进而总结出著名的变法格言："治世不一道，便国不必法古。"

在此结论之下，商鞅又进一步列举了历史上著名的兴亡大事件，以证变法必兴而不变法必亡之法则的成立——"汤、武之王也，不循古而兴；殷、夏之灭也，不易礼而亡。然则反古者未必可非，循礼者未足多是也。君无疑矣。"

其六，秦孝公理性决断：善！不疑矣。遂出垦草令。

任何历史时期，领袖的决断力都是变革开端最强大的推动力。使中国文明史发生重大转折的秦国变法，就是在明君强臣——秦孝公与商鞅的强烈共鸣中拉开历史序幕的。历史实践的呈现是，这一对同道又同心的君臣组合，使其后的秦国变法在二十余年的峥嵘岁月里历经惊涛骇浪而最终完成使命，给之后的中国统一文明的创建，奠定了最为坚实的历史根基。

近代以来，中国社会在救亡图存的历史大潮中，以及进入现代国家后的各个历史时期，对战国时代商鞅变法的深刻理性，已经做出了无数次的重新解读。虽然误读乃至严重扭曲者依然存在，但是商鞅变法的历史实践效应与其基本理念，已经被当代社会主流所相对熟悉，并已经成为中国当代大改革难以撼动的重要历史资源之一；其历史价值的珍贵性，已经反复地体现于现实变革之中。

故此，我们不再展开其在价值继承性方面的论述。

垦令第二
走出民生困境的新政体系

1. 无宿治，则邪官不及为私利于民，而百官之情不相稽，则农有馀日。邪官不及为私利于民，则农不败。农不败而有馀日，则草必垦矣。

2. 訾粟而税，则上壹而民平。上壹则信，信则官不敢为邪；民平则慎，慎则难变。上信而官不敢为邪，民慎而难变，则下不非上，中不苦官。下不非上，中不苦官，则壮民疾农不变。壮民疾农不变，则少民学之不休。少民学之不休，则草必垦矣。

3. 无以外权爵任与官，则民不贵学问，又不贱农。民不贵学则愚，愚则无外交。无外交，则国勉农而不偷。民不贱农，则国安不殆。国安不殆，勉农而不偷，则草必垦矣。

4. 禄厚而税多，食口众者，败农者也。则以其食口之数，赋而重使之，则辟淫游惰之民无所于食。无所于食，则必农；农，则草必垦矣。

5. 使商无得籴，农无得粜。农无得粜，则窳惰之农勉疾。商无得籴，则多岁不加乐。多岁不加乐，则饥岁无裕利。无裕利则商怯，商怯则欲农。窳惰之农勉疾，商欲农，则草必垦矣。

6. 声服无通于百县，则民行作不顾，休居不听。休居不听，则气不淫；行作不顾，则意必壹。意壹而气不淫，则草必垦矣。

7. 无得取庸，则大夫家长不建缮。爱子不惰食，惰民不窳而庸，民无所于食，是必农。大夫家长不建缮，则农事不伤。爱子惰民不窳，则故田不荒。农事不伤，农民益农，则草必垦矣。

8. 废逆旅，则奸伪、躁心、私交、疑农之民不行。逆旅之民无所于食，则必农，农则草必垦矣。

9. 壹山泽，则恶农、慢惰、倍欲之民无所于食。无所于食则必农，农则草必垦矣。

10. 贵酒肉之价，重其租，令十倍其朴。然则商贾少，民不能喜酣奭，大臣不为荒饱。商贾少，则上不费粟。民不能喜酣奭，则农不慢。大臣不荒饱，则国事不稽，主无过举。上不费粟，民不慢农，则草必垦矣。

11. 重刑而连其罪，则褊急之民不斗，很刚之民不讼，怠惰之民不游，费资之民不作，巧谀恶心之民无变也。五民者不生于境内，则草必垦矣。

12. 使民无得擅徙，则诛愚乱农之民无所于食而必农。愚心躁欲之民壹意，则农民必静。农静，诛愚乱农之民欲农，则草必垦矣。

13. 均出馀子之使令，以世使之，又高其解舍，令有甬官食概，不可以辟役，而大官未可必得也，则馀子不游事人，则必农。农则草必垦矣。

14. 国之大臣诸大夫，博闻、辩慧、游居之事皆无得为，无得居游于百县，则农民无所闻变见方。农民无所闻变见方，则知农无从离其故事，而愚农不知，不好学问。愚农不知，不好学问，则务疾农。知农不离其故事，则草必垦矣。

15. 令军市无有女子，而命其商，令人自给甲兵，使视军兴。又使军市无得私输粮者，则奸谋无所于伏。盗输粮者不私稽，轻惰之民不游军市，盗粮者无所售，送粮者不私稽，轻惰之民不游军市，则农民不淫；国粟不劳，则草必垦矣。

16. 百县之治一形，则徙迁者不饰，代者不敢更其制，过而废者不能匿其举。过举不匿，则官无邪人。迁者不饰，代者不更，则官属少而民不劳。官无邪则民不敖，民不敖则业不败。官属少则征不烦，民不劳则农多日。农多日，征不烦，业不败，则草必垦矣。

17. 重关市之赋，则农恶商，商有疑惰之心。农恶商，商疑惰，则草必垦矣。

18. 以商之口数使商，令之厮舆徒重者必当名，则农逸而商劳。农逸则良田不荒，商劳则去来赍送之礼无通于百县，则农民不饥，行不饰。农民不饥，行不饰，则公作必疾，而私作不荒，则农事必胜。农事必胜，则草必垦矣。

19. 令送粮无得取僦，无得反庸，车牛舆重设必当名。然则往速徕疾，则业不败农。业不败农，则草必垦矣。

20. 无得为罪人请于吏而饷食之，则奸民无主。奸民无主，则为奸不勉。为奸不勉，则奸民无朴。奸民无朴，则农民不败。农民不败，则草必垦矣。

＋考辨评析＋

这篇《垦令》，实际是对第一批变革法令的分项说明。

垦者，用力开田翻土也。引申之意，为开发潜在的土地资源。以"垦令"命名，而非具体的"垦草""垦荒""垦农"等，实际上便是取其总体上的经济开发之意。从战国初期的实际形势说，在秦献公二十余年的久战之后，秦孝公是在国土收缩、战力大损、民生凋敝而又列强环伺的艰难大势下即位的。其时，商鞅变法面临的最紧迫问题，便是走出民生困境，挽救濒临崩溃的秦国经济。唯其如此，除了秦孝公以"垦草"一词所表现的拓荒垦草精神之外，尚须有国家层面的法令规划；否则，盲目发动拓荒垦草，效果必然是不可想象的举国混乱。

这篇《垦令》，实际上便是秦国变法初期颁发的以走出民生困境为中心目标，同时又对官府运行做出相应改革的第一份总体性法律文件。以现代理念表述，则可以看作一部经济变革新法令的分项说明书。

从古典政治实践的运行逻辑说，这份文件既可能是商鞅在朝会上对国君与大臣们所做的法令说明的记录文本，也可能是商鞅本人对国君的上书文本，也可能是直接下发给各级官府的国府法令的说明性附件文本。无论是哪种可能，它无疑都是秦国变法的实践体现，而在后世被收入了《商君书》。

从本篇内容与文体看，这种分项说明的基本点有两个：其一是说明立法动机，其二是明确需要达到的立法效果。把握了这两个基本点，这篇《垦令》所涉及的二十项法令的内容就非常清晰了。

其一，政不宿治——规定行政效率的具体标准。

这是一项提升官府行政效力的法令。"无宿治"，就是政事处置不过夜，必须当日事当日清。商鞅是一个大法家，深谙法治的效用在于可操作性这一精义。因此，对于提高官府效力这样的法令要求，不能使用弹性语言，诸如"理政务须高效"这样的非法律语言。法律的规范性必须体现为具体性，不具体无以操作。因此，这里的高效要求，就是"无宿治"——政事处置不过夜。

对于"无宿治"的立法动机，商鞅的说法是，"无宿治，则邪官不及为私利于民，而百官之情不相稽，则农有馀日"。这是说，这一法令的出发点，在于使那些不走正路的官员没有时间去谋私扰民，官员之间的政务来往也无暇拖延；官不扰民或无暇扰民，便能给民众农耕留出充裕时间。一句话，就是要杜绝"邪官"牟利扰民，强制官员专精于政务，保证官府高效运转。

这一法令的最终效果，是达到"农不败，草必垦"。见于实践的逻辑是，"邪官不及为私利于民，则农不败。农不败而有馀日，则草必垦矣"——官员无暇谋私扰民，则民有时日以保农耕成功，则荒地必能大量开发。

其二，訾粟而税——统一税收额度之计算标准。

訾粟而税，就是全国必须依据对谷物收成的计算而确定税额，不得有其余标准。这是统一税收标准。这一法令的立法动机是，"上壹而民平"——国家统一征税，无其余杂出名目，以保民众缴纳之公平性。统一税收标准的法令要求的实际效果是，"官不敢为邪，民慎而难变"。

具体的逻辑说明，是三个基本点。

其一，统一税收标准的必然效果，是为官府确立信用。此即

　　　　　　　　　　　　　　　　　　　法治文明论

"上壹则信"——国家税收标准统一化，便能确立人民对国家说话算数的信任感。其后的社会效果则是——"官不敢为邪"。国家信用一旦确立，官员便不敢信口开河欺骗民众。

其二，"民平则慎，慎则难变"。国家有信用，民众便有公平感，从而必然行事慎重；慎重，便不会轻易躁动反对官府，国家自然趋于稳定。

其三，"民慎而难变，则下不非上，中不苦官。下不非上，中不苦官，则壮民疾农不变。壮民疾农不变，则少民学之不休。少民学之不休，则草必垦矣"。就实际而言，慎重是理性的体现。民有理性，便不会无端为难官府，中间层官员也不受被夹于两头之间的难为之苦，这便是"中不苦官"。若达到"下不非上，中不苦官"之效果，则必然要激励壮年民众积极农耕，青少年则认真学习农耕不休，如此所有荒地必然会被尽快开发。

就历史实践说，商鞅变法的开首活动便是"徙木立信"。也就是说，商鞅变法的核心精神，便是以确立国家信用为变法之社会基础。在首批法令中，商鞅以对统一税收标准的解说为事由，侧重强调了国家"立信"的基础性意义。这一深刻的政治文明举措，被秦国忠实继承推行了七世一百五十余年，使社会获得了强大的凝聚力。否则，秦国的法治便没有广泛的社会认知与坚实的社会基础。

其三，无以外权爵任与官——严厉限制法外任职。

这项法令，是对卖官鬻爵的严厉限制。

滥任官员，是腐败政治的突出病症。滥官的最重要根基之一，是"外权"——国君及朝廷法定管理机构之外的非正当影响力。一般而言，这种"外权"多表现为外邦基于影响力的有意安插，及国君"外戚"的安插所体现的裙带关系；另外的普遍形式，便是高层大臣基于利益向社会卖官鬻爵。变法则要杜绝此类现象，目的在于使政治清明，使社会道德高尚化。

这里的立法动机，是使"民不贵学问，又不贱农"。所谓不贵学问，指不单纯为了做官而求学，而不是鼓励民众不要读书求学，更不是禁止民众求学读书。这里，我们必须强调，要从政治逻辑上理解文本的整体语意，而不能做望文生义的扭曲性误读。所谓不贱农，指不因当官之途的诱惑而抛弃农耕。

此项法令要达到的实际效果，是一系列逻辑效应。首先，"民不贵学则愚，愚则无外交"。愚的本义，是孤僻而缺少对外交往。引申为朴实老实而缺乏见识。战国的荀子在《修身》篇中说："非是、是非，谓之愚。"也就是说，将对的认成错的，将错的认成对的，就是愚。实际上是指没有辨识能力的一种状态。这是战国时代对"愚"的理性认知。故此，后人自谦，便多以"愚"冠于身份之前而自称，如"愚兄愚弟"等。民众不因求官而求学，则朴实无华，也就没有了诸多外部牵涉与结交。"愚"在这里的实质涵义，是指民众的专精务农而心无旁骛，而不是真正的愚蠢无知。后世以至当代一些学人，据这个"愚"字，认定商鞅实行"愚民政策"，实在是严重扭曲。

其次，"无外交，则国勉农而不偷"。这是说，民专精务农，便能在国家勉励之下不偷闲，不偷懒。再次，"民不贱农，则国安不殆。国安不殆，勉农而不偷，则草必垦矣"。这是显然的连带关系，民众守定农耕，国家便安稳不乱；国家安稳，民众不偷懒偷闲，荒地便会得到有效开发，自然民富国强。

其四，不以"厚禄重税"为国策。

厚禄重税，就是对官员实行高俸禄，对民众实行重税收。

这是山东六国较为普遍的"禄厚而税多"的现实状况。秦国要变法强国，必然不能实行这种损伤民众利益的国策。这项法令的合理性，我们已经无须多说。如文本所言，"禄厚而税多，食口众者，败农者也"。食口众，就是吃国家财政饭（民众税收）的人太多，必然伤害农耕纳税人群。

之后说的是解决办法，"则以其食口之数，赋而重使之，则辟淫游惰之民无所于食"。这是说，以官府吃闲饭人数为依据，规定这些人必须服大量的劳役，此即"赋而重使之"。如此一来，官府的"辟淫游惰"之人就没有闲饭可吃。这样做的社会效果是"无所于食，则必农；农，则草必垦矣"——这些闲人没饭吃，就必然会成为农耕人口，对推进农耕有利。

其五，"使商无得粜，农无得籴[1]"——限制粮食买卖。

这是一项粮食管制法令——限制粮食的市场流通。

从商鞅变法的历史实践看，秦国在变法中实现了土地彻底私有化，允许土地自由买卖。由此，秦国创建了农耕时代的商品经济社会。因此，这里的粮食管制法令，不是秦国取缔商品经济，而是实施走出民生困境的必要管控。其时刚刚开始变法，土地私有制尚未确立，这部以走出民生困境为主导目标的"垦令"，要挽救的是国家久战之后的废墟经济。此时，社会人口结构已经被长期战争打乱，既形成了严重的人口危机，劳动力严重缺乏；同时，又形成了大量的"闲散"人口，到处无效流动。这样的战时废墟状况，导致粮食成为最重要的民生命脉与国家生存命脉。为

---

1 蒋礼鸿《商君书锥指》注："王时润曰：'籴、粜二字当互易。《商子》原文当作：使商世（无）得粜，农无得籴……今本籴、粜二字上下互误，故其义难通矣。'"今依此说。

此，要在变法中恢复元气，首先必须对粮食进行有效管控，进而解决人口结构的不合理性，将人口流动引导到最重要的农耕活动上来。

在这样的背景下，出现了不准商人卖出粮食，也不准农户购买粮食——"使商无得粜，农无得籴"的法令，无疑是高明而正确的走出困局的国策。我们必须强调一点，若将这项法令，误读为取缔商品经济活动的法令，那就是严重扭曲秦国变法的历史实践。事实上，这项法令的真实涵义，仅仅是面对严重的民生困局而实行的局部有效管控。这一认定，是符合历史实践真实性的。

限制粮食自由流通的立法效果，在于这样的政策逻辑——

首先，"农无得籴，则窳惰之农勉疾"。农人不能买粮食，就迫使懒惰之人积极从事农耕。其次，"商无得粜，则多岁不加乐"。商人不能卖粮，丰年就没有牟利之乐。再次，"多岁不加乐，则饥岁无裕利。无裕利则商怯，商怯则欲农"。丰年无商人之乐，饥年又无利可牟，商人就会恐慌，不得不弃商转农；如此，农业人口必然增加。最终，"窳惰之农勉疾，商欲农，则草必垦矣"。懒惰的农户积极了，商人也归农了，连带的闲散人口也必然致力于农耕，大量荒芜的土地也就能有效开发了。

其六，取缔淫靡声乐与奇装异服。

这是一项整肃社会文化的法令——"声服无通于百县"。

秦孝公即位之初，秦国的主要国土——关中平原的一小半（华山以东）已经被魏国夺取，河西高原与函谷关连带之崤山地带，也已经割让给魏国。此时，秦国有效领土不可能达到百县。因此，这里的"百县"只是一个一般性泛指，而不是确指。在此交错地缘形势下，山东六国渗透进入秦国的商旅人口及种种游散人口，都在秦国的剩余人口中流播了奢靡之风，既对秦国社会起到了一定的离心作用，也不利于农人在乡野稳定地辛勤劳作。唯其如此，要稳固秦国所剩本土之经济根基，就要严格限制那些具有腐蚀作用与很强流播性的奢靡风习。其中的基本面，便是淫靡的"声"——音乐歌舞，及奇异的"服"。合起来，便是这项法令所说的"声服"。

这项法令，是商鞅变法后期改造秦人的"大家"群居生存陋习，并同时实行成人（加冠之年为成人）分居立户制度的先期基础。同时，也是在秦国社会确立"耕战"精神的基础。

立法动机是这样的——"声服无通于百县，则民行作不顾，休居不听"。这是说，所以不准淫靡乐声与奇异服饰流播于秦国县乡，目的在于使民众劳作或出走看不到这些奇装异服，也听不到这些淫靡乐声。要达到的社会效果是——"休居不听，则气不淫；行作不顾，则意必壹"。逻辑关系是，听不到淫靡乐声，则邪气不侵；看不到奇装异服，则精神专一。最终之社会效果是，"意壹而气不淫，则草必垦矣"。精神专注而邪气不侵，则荒芜土地必能开垦。

需要强调的是，这项法令的本意，不是限制秦人自发形成的传统民间乐舞，也不是限制秦人基于劳作收入而对穿着的正当提升，而只是限制那些淫靡乐舞及正当审美理念所不能接受的奇装异服。这是历史实践所体现的真理的相对性。我们不能基于后世的"自由"理念，而将这一法令扭曲为文化专制政策。

其七，私家不得雇用佣工。

这是限制私家雇用劳动力的法令——"无得取庸"。

劳动力缺乏与流散人口难以就业，是战后经济普遍存在的矛盾现象。这项法令主要针对劳动力缺乏问题，及与之相联系的主要体现在官员阶层中的"懒做"问题。是故，宣示的立法动机很直接——"无得取庸，则大夫家长不建缮。爱子不惰食，惰民不窳而庸，民无所于食，是必农。大夫家长不建缮，则农事不伤。爱子惰民不窳，则故田不荒"。

以现代理念表述：不许雇工，官员及富户家主就无法修缮府苑及相关环境，其子弟群也不能娇生惯养而不劳动，因为他们必须自己动手维护府苑及居住环境。同时，那些靠给人打工混饭吃的流散人口也无处打工，只有归乡农耕。如此，官员子女不懒惰，流散人口归农耕作，农事就不会受到伤害。最终所达效果，是"农事不伤，农民益农，则草必垦矣"。

其八，"废逆旅"——废除私家旅店及私家迎客留宿。

这是一项拆除人口无效流动之社会平台的法令。

"逆旅"，是一个先秦用语，原意是逆着客人来的方向走去迎接。见于社会实践，延伸为对游客的迎送行为以及相关的旅店设施等，接近于今天的"旅游业"这一概念。但是，在当时秦国的实际情势下，法令所指的只是私家旅店行业，而不是官府开办的国营驿站。

文本所做的法令说明，很是简单实在，见原典第 8 段。这是说，废除闲散人口开办的旅店，那些游手好闲而企图通过轻松路径牟利的奸伪者、以私相交往牟利者，及对农耕有怀疑之心者，便没有了牟利之路，而必然归农，就必然增加农耕人口而拓垦荒芜土地。

从历史实践看，秦国在变法崛起之后，经济蓬勃发展，私家开办饭铺酒肆旅店者多有。其中有记载的名士，如秦惠王时期的苏秦第一次入秦，住的旅店就是私家客店。这说明，变法初期的"废逆旅"，只是一道恢复经济的战时法令，并不是坚持取缔私家经营的长期国策。

其九，"壹山泽"——国家统一管理山林湖泊。

这是一项经济管制法令，山林水面一律归国家统一管理。

战国初期，各国山林水面的所有权与实际管理权，处于多样化的混乱状态。以周王室之传统体制，天下土地皆属"王有"——国有。据此，在剩余的数十个中小诸侯国，山林水面的归属大体都处于一种模糊状态——名义上国有而事实上允许民众自由开发。尤其是灾害荒年，山林水面往往成为民众救荒的基本出路。七大战国，基本上也是如此。也就是说，迄至战国初期的变法，还没有一个国家以法律的方式正式将山林湖泊确定为国有，并由国家统一管理经营。

因此，商鞅的这道法令是结合秦国实际的一次基础性创新。

商鞅变法后期确立的土地私有制，明确将秦国的国土资源分为两重所有制——山林与公共水面，一律归国家所有并由国家管理；所有的耕种土地，则实现农户私有并可以自由买卖。应该说，这是农耕经济时代罕见的合理架构。但是，此时的山林水面归国家管理，尚未明确所有制问题。

从实际情势看，秦国的水源环境很好。以当时的说法，是一个"益水"之邦。以关中平原论，就有"九水十八陂"——九条大河及十八座湖泊。至今仍有"八水绕长安"的美誉。当时的河西高原与陇西地区，也还是水流相对丰沛的时期。山地更不待言，几乎县县有山，更不说南山——秦岭，及陇西大山及河西高原、桃林高地、东南崤山等，皆是林木覆盖，苍翠葱郁。这些山林水源，是价值丰厚的自然资源，若任由私人开垦，确实很难得到有效利用。

这道法令的说明是，"壹山泽，则恶农、慢惰、倍欲之民无所于食。无所于食则必农，农则草必垦矣"。这是说，山林水面统一由国家管理之后，那些厌恶农耕、懒惰贪婪而利用山泽资源牟利的人群，便失去了就食之地，只有回归农耕——如此，则荒芜之地必能开发。

其十，"贵酒肉之价"——提高对奢侈消费的税收。

这是又一项走出民生困境的特殊法令。

农耕经济时代，酒与肉几乎一直都是稀缺商品。战国中期的孟子曾有一句典型话语"七十者可以食肉矣"（《孟子·梁惠王上》），足以证明肉食的稀缺。而作为五谷与水果加工产品的酒，则更是珍贵。在秦统一帝国之后的多个战乱时期，都曾经颁布过全面的"禁酒令"。这一历史实践足以证明，对酒肉两大奢侈品的消费管控，在自然经济的任何时期都有可能发生。尤其在战时及战后废墟经济阶段，更是必要的，必然的。

秦国变法的酒肉管控，尚不是全面禁止，而仅仅是通过大幅提高对这两种商品消费的征税，从而大幅提高酒肉的市场价格，使酒肉变成普通人难以消费的奢侈食品。用现代理念表述，就是以市场手段调整经济。

这样做的目的，仍然在于使民重农重垦。其社会实践的逻辑，见原典第 10 段。这是说，以超出平时十倍的数额大幅度提高酒肉价格，商贾（行商坐贾——行走贩运为商，坐地开店为贾）就因很少人买酒买肉而不能牟利，民众也不能酣畅酌酒而多生事端。商贾少了，国家之社会层面便减少了闲散人口对粮食的浪费；民众不能聚酒，就不会怠慢农事；官员不能在荒年饱暖聚酒，国事就不会拖延。如此等等，都会使社会减少浪费，民众全力事农，则经济必然开发。

从历史实践看，商鞅变法的酒肉管控法令是有实效的，也是有意义的。但是，在认知理念上却是有缺陷的。这一缺陷是，将从事物资流通的商贾阶层不当作社会生产力体系之一环，而看作不产出粮食的无效闲散人口。应该说，在春秋末期的古典重商学派"计然派"（由计然创始而范蠡继承的学派）出现之后，战国初期的私家商旅经济已经大为发展，商鞅理当对"计然派"的价值有所认知。在此大势下，商鞅的初期变法依然尊奉了李悝变法"尽地力之教"的单一重农理念，在价值观上是有历史缺陷的。

十一，"重刑而连其罪"——连坐法的雏形。

这项法令，是后来见于历史实践的连坐法的初版。

重刑理念，是商鞅战时法治思想的基本要点之一。其具体立法思想，我们将在后面随着对《商君书》的全面考辨而逐一看到。作为变法开首，这里仅仅确立了"重刑而连其罪"，尚不是一切违法行为均行连坐。所谓"连坐"，就是"连带坐其罪"的意思。具体说，就是将对罪犯的责任追究与刑罚处置扩展至一定程度的社会关系结构网；见于历史实践，有"本族""三族"或不确定的"数族"之说。在官员犯罪上，首先"连坐"的则主要是举荐人。

依据行法的历史实践，在夏商周三代也有诸多连带杀戮，但多见于权力争斗中的实际处置方式，即灭其党羽斩草除根。在一般非政治领域的社会性法律中，譬如夏商周三代的法律——《禹刑》《汤刑》《吕刑》之中，没有法条所明确规定的连带治罪。也就是说，法律明确规定的"连坐"治罪，是商鞅变法的首创。

对于这一法令的立法解说，其逻辑，见原典第 11 段。依据历史实践，秦国当时最突出的社会问题是"私斗成风"，民众风习是"勇于私斗，怯于公战"。这一风习如果不能彻底解决，则秦国强兵富国根本不可能实现。作为求实求治的大法家，商鞅没有将解决这一问题的路径寄希望于道德说教——尽管其整体法治思想中也有"治国之道，壹刑，壹赏，壹教也"这样的理念——而是采用了前人从未全面、彻底实践过的雷霆手段，坚决实行"重刑连坐"法令。当时的"重刑"对象，显然主要是私斗罪犯人群。

上述立法说明以现代话语表述，就是说，只有实行重刑连坐，那么"五种人"就会发生根本改变——"褊急（笔者按：偏狭躁动）之民不斗，很刚（笔者按：狠勇刚烈）之民不讼，怠惰（笔者按：怠慢懒惰）之民不游，费资（笔者按：喜欢挥霍）之民不作，巧谀恶心（笔者按：巧言令色而心术不正）之民无变"。（以下，如引文中括号夹注笔者的解释，不再另注"笔者按"）这五种人没有了伸展余地，不在秦国境内滋生为祸，农耕经济就必然发展。

虽然，这一法令在战国时期的秦国产生了很大的历史效应，甚至可以说从根本上一举铲除了秦国的心腹大患——私斗风习。但是，从历史实践所呈现的法治路径看，这一法令的价值观只具有战时岁月的相对真理性，而不能作为可以继承的法治价值观看待。也就是说，在《商君书》中，在商鞅的整体法治理念中，"连坐制"都是特殊的个例猛药，是"一次性"法治手段，而不具有历史继承的价值。后世几个时期（包括近现代中国后期的民国政权），都曾经力图以实行"保甲连坐制"来改变政治颓势，最后都遭遇了严重失败。这是我们在审视历史遗产中必须强调的原则——真理的相对性原则。

十二，"使民无得擅徙"——禁止人口流动法令。

在战国时期，禁止人口流动的方向主要有两个基本点。其一，预先防止以及在现实中禁止本国人口流向国外；其二，防止出现国内无业闲散人口，并禁止已经出现的无业人口的盲目流动。这项法令落实为一个具体限制——"使民无得擅徙"，即民众不能擅自决定迁徙到异地居住。也就是说，非经官府批准，民众不能自由流动。

这样限制的目的是"诛愚乱农之民无所于食而必农。愚心躁欲之民壹意，则农民必静。农静，诛愚乱农之民欲农，则草必垦矣"。这里，对"诛愚乱农"与"愚心躁欲"八个字的理解是关键。依据文本句式结构及商鞅变法的基本思想，以及各种史料综合呈现的历史实践，这八个字所指的两种人很清楚，不存在误解。

其一，"诛愚乱农之民"，指惯于欺压老实人并搅乱农耕生活的霸道恶人。"诛"的本义，是杀戮并以言语谴责，引申为诛灭声讨及欺侮镇压等行为。这里的"诛愚"，就是通常所说的欺压老实人。依据秦国当时严重的私斗仇杀风习，欺压甚或杀戮老实农人的现象，当不是空言列举。

其二，"愚心躁欲"，指本来老实的普通农人，在外因蛊惑下所生发的摆脱农耕以求轻松牟利的躁动欲望。这种人与事，在各个历史时期都多有出现。

故此，前者是欺压良善的恶人，后者是欲望躁动的普通农户。法令解说呈现的逻辑效应是——只要禁止了人口流动，欺压良善的恶人便无法四处游动谋生，或因为犯罪而逃脱；欲望躁动的普通农耕户，也不能离开自己的居住地，而无法经商或自由牟利；如此，社会情绪必然因不正当欲望的消除而归于"壹意"——农人心静归耕，此谓"农静"。农静的连带效应，是闲散恶人只能回归农耕，经济必然因事农人口增加而得到拓展开发。

十三，"均出馀子之使令"——民各立户而开拓税源。

这是一项开拓税源的新法令。

从历史实践看，战国时期的广义税收主要有三种形式：以粮食为主的实物税、货币与实物地租、一定数量的工程劳役（赋）。商鞅变法之前，各大战国与中小诸侯国所采取的征收方式，主要是以官府登记的户主为依据，按户征收私家税；对劳役（赋）与地租，也同样按户征发缴纳。在多有大家族共同居住，且又有诸多依附人口的实际情况下，官府所能登记的人口数量必然大大缩水，任何大家户主，都必然可能覆盖诸多隐形纳税人（数量不定）。后世以至当代史学界，其所以对战国人口大大低估——大多学者认定为两千万左右，其根基皆在于所依据的户籍登记本身，就是一个大大缩水的虚假依据。

商鞅变法，独具非常深刻的社会观察力，认识到当时现实的人口状况，是一个巨大的被户主暗影覆盖的误区。不解决这个问题，国家税源就必然继续缩水。为此，秦国变法的首部法令，便包括了本条内容。这项法令有这样几个重要规定——

首先，户主的所有儿子，都与嫡长子一样，要独立承担核定的劳役与税租（均出馀子之使令）；

其次，服劳役量依据本人的辈分（年龄）而定（以世使之）；

再次，提高他们免除赋税的条件（高其解舍）；

最后，这些人不能逃避劳役，必须以到掌管徭役的官员处领取粮食为依据（令有甬官食概）。

如上法令所要达到的目的——无人可以逃避劳役（不可以辟役），想做大官的机会很少（而大官未可必得也）。如此，这些贵族户主之子弟，便不会游手好闲（则馀子不游事人），则必然从事农耕；事农人口增多，则"草必垦矣"。

在商鞅后期变法中，拓展税源的法令进一步体现于改变秦人传统的群居（族居、大家数代同居等）方式，规定男女到加冠之年皆须成婚，并独立门户而成为纳税主体。我们在《商君书》的后面，将看到这些日渐清晰的变法进程。

十四，禁止官员及闲散人士"游居"县乡村社。

这是禁止贵族文化流播于乡间农民生活中的一项法令。

这一规定，禁止上层人士到县乡进行"游居"活动，即"国之大臣诸大夫，博闻、辩慧、游居之事皆无得为，无得居游于百县"。历经春秋两百余年，到战国时期，贵族阶层与自由民阶层（国人）之间的种种鸿沟已经大为缩小，社会风习渐渐趋于自由奔放。官员、士人、富商及种种有地位的国人，或因战争时期的相关事务，或因各种时令节气之风习，经常到县乡村社"游居"徘徊，"深入"农民社会。譬如春日踏青和诗，以及法条所提之"博闻"（交流见闻）、"辩慧"（辩论学问）等，已经成为当时社会（尤其是山东六国）的普遍风习。

秦国虽相对少见，但也一定时有发生。商鞅变法基于"农战为本"的理念，对这种有可能侵蚀"农静"的现象，自然要严加防范。因此，对官员与士人及一切有条件的富贵人物的"游居"活动，一律禁止，使其"无得居游于百县（各县）"。

此禁的逻辑效应是——"则农民无所闻变见方。农民无所闻变见方，则知农无从离其故事，而愚农不知，不好学问。愚农不知，不好学问，则务疾农。知农不离其故事，则草必垦矣"。

依据诸多史家考据，"闻变见方"当为"闻辩见方"。其具体意思是，听不到游居者的种种辩说言辞，也看不到邪说之士（邪说谤人为"方"）。如此，聪慧的农人（知农，即智农）不会被诱发离开农耕的念头，老实的农民（愚农）则更加卖力农事。其最终社会效果，必然使土地得到开发。

十五，对军营市场的严格管制。

这是一项对军营市场实行严格管控的法令。

依据文本，这项法令主要有三条禁令。其一，军营市场不得有女子参与，无论是从业成员，还是军营商人的随同家人，均不能有女子成员。其二，军营商人必须自行采购军队所需的兵器衣甲，每次必须在军队出动前按照军令要求完成。其三，军队所需的军粮，无论进出军营，皆不能由商人私自运输，必须有军队派定的辎重军官率员监督押运。

战国时期之商旅活动，已经相对发达。各国大军，皆处于随时准备出动打仗的状态。若一切军营所需，皆由军队直接经手，军队将不堪重负。故此，各国军营都有相对固定的基地性质的大型军营，专门设置"军市"，统一解决军需难题。所谓的"军市"，就是在这种大型化的基地军营内部，设立由民间商旅经营的专门市场，而非任何大小军营都有。这种"军市"，由军队辎重粮草机构管理，完全不同于民间市场的经营方式。故此，旨在富国强兵的秦国商鞅变法，对军营市场做出了不同于山东六国的这三项严格限制。

第一项限制的目的，在于杜绝商贾女子与军人通奸淫乱，即

"奸谋无所于伏"。第二项限制，在于杜绝商人在兵器衣甲制作供应上的惰性。第三项，在于杜绝商人偷盗军粮，或将不合格粮食偷运进军营以充军粮。最终，严格管控"军市"的目的，在于使"轻惰之民不游军市，盗粮者无所售（偷盗军粮的商人无法卖掉所偷粮食），送粮者不私稽（欲将坏粮送进军营的人则无法进入并滞留军营）"。如此，逻辑效应则是——"轻惰之民不游军市，则农民不淫（不游手好闲）；国粟不劳（不浪费），则草必垦矣"。

十六，举国一法，政令统一，杜绝政出多门。

这是一项事关国政变革的法令，意义重大。

战国时期，无论是七大战国还是仅存的三十余个中小诸侯国，事实上还都存在着封地制。封地制的最大特质，便是由封主（领主）自行治理，不需要和国家法令保持一致。其中以楚国最为典型，各个封主可以拥有自己的私兵、自己的税赋政策、自己任命的私官、自己的治理方式，全然是一个个仅仅在名义上隶属于国家的独立小方国。其余战国与中小诸侯国，虽然未必存在如此典型的现象，但也只是程度不同而已。唯其如此，战国时期的每个国家，都普遍存在"政出多门"而国家无法做到政令统一的现象。这一分治弊端，直接导致国家力量无法高效凝聚，是几乎所有国家在局势上起伏不定的根本原因。

商鞅在秦国变法，对这一弊端进行了彻底改变。

这就是政令统一，举国一法，百县同治。

其时，"郡"尚是一种特殊的军事防区，尚未成为高于县的行政建置。其时的各国治理方式，基本都是国家直接管辖直属于国府（君主）的非封地县。各个封地的情形则是特殊的——国府只

"管辖"而不"治理"。按照历史实际，战国初期的秦国，在割地魏国之后仍然有陇西、关中大部，及东南商於地带（现今陕西东南部山地）等三大块，大体有百县左右。是以，文本中的"百县"，并非确指，而只是泛指"全国各县"。

历史实践的呈现是，这一初期法令只是提出了一个总体要求，尚未将全国"百县一治"落到坚实的基础上。在后来的变法中，秦国又实行了"虚封制"，这才解决了封地自治这一最大的历史难题。"虚封制"的制度内涵是，形式上保留了对功臣封赏的最高荣誉——直接享有封爵与定量土地。但是，封地仍然由国家管辖治理，功臣对封地没有直接治理权，也没有归属权（所有权）。对受封功臣官员而言，封地的意义只在作为其应获禄米的计量依据。具体操作方式是，由国府按照封地大小折合为禄米，每年或每季转移支付于功臣封主。

至此，商鞅变法在国家治理体系上，完成了实践逻辑的成功"闭环"，达到了山东六国与天下诸侯国都没有实现的真正的"举国一治"，为后来的秦帝国的郡县制奠定了坚实的政治制度基础。

这篇《垦令》所说的"百县之治一形"，即统一政令，其所要达到的社会效果的逻辑是：只要政令统一而举国一治，"则徙迁者不饰（离任官员因为标准统一而很难粉饰政绩），代者不敢更其制（接任者也不敢更改治理法令），过而废者不能匿其举（因过失被废黜的官员也无法隐瞒曾经的不当举措）。过举不匿，则官无邪人。迁者不饰，代者不更，则官属少（官员的人数就会减少）而民不劳。官无邪则民不敖（民众便不会因逃避邪恶官员而离开土地），民不敖则业不败。官属少则征不烦（征发扰民少），民不劳则农多日。农多日，征不烦，业不败，则草必垦矣"。

以政令统一而改变官员状态的法令，来稳定并激发农耕经济。应该说，这是商鞅超越时代的政治文明认知。

十七，"重关市之赋"——对商业活动加重税赋征收。

这是一项对市场商贾活动实行重税制的法令。

文本陈述的逻辑很简单——"重关市之赋，则农恶商，商有疑惰之心。农恶商，商疑惰，则草必垦矣"。这是说，本项立法的目的，是通过"抑商"的手段，达到"重农"的目标——激励农民耕耘的积极性。使农民不愿经商，商人不敢懒惰（因为税收高）。对于多经战时经济的人类文明而言，这一条很容易被后世以至近现代社会所理解，我们不必多说什么。

十八，商贾家族必须以人口数量负担徭役。

这是一项严格核定商贾人口之徭役量的法令。

本项法令的基本要求，是商贾家族的所有成人——二十岁加冠之后为成人——包括仆役及商旅雇工（文本中的厮、舆、徒、重），都必须完成官府规定的徭役量（日期）。

在当时的山东六国与其余中小诸侯国，对于流动商旅的徭役征发普遍都是，或者因为不好规定而不征发，或者以加税代替徭役。至于商旅家族的仆役与雇工，则一般不在官府的管控视野之内。在此大情势下，秦国变法的这一法令，无疑是对社会全面化的"无死角"管控，是很有实际效应的一项政策。

依据法令说明，其所要达到的目标的逻辑效应是——"以商之口数使商，令之厮舆徒重者必当名，则农逸而商劳。农逸则良田不荒，商劳则去来赍送之礼无通于百县，则农民不饥，行不饰（不需要来往送礼）。农民不饥，行不饰，则公作必疾（对官府派定的事务就努力而为），而私作不荒，则农事必胜。农事必胜，则草必垦矣"。

一切都落实到农民的耕作状态上，非常讲求实效。

十九，对运输粮食的徭役队伍严格管控。

这是一项管控运粮队伍的法令。

官府运粮，一般是由服徭役的民众组成车队，在官府派出的吏员与少量军士监督下（押运）完成。这里的相关规定，不是针对押运的官方人员的具体规定，而是对车队民众的管控规定。

主要是三方面基本限制。其一，运粮的徭役民众得自备牛车，不得私自雇佣车辆（取僦）代自己运粮。其二，运粮车队在出发之前，必须由官署如实登记基本事项——运粮者姓名、车辆种类、车载粮食数量等，并经现场核定与登记事项完全符合，这就是文本所说的"车牛舆重（载重数量）设必当名"。其三，返回的空车，不能拉运私自揽来的私货（代人运物）。

这一管控法令的目的，是要快速运粮而不出现混乱。其实践逻辑是——"令送粮无得取僦，无得反庸，车牛舆重设必当名。然则往速徕疾，则业不败农。业不败农，则草必垦矣"。

快去快回，不出差错，不误农耕。这就是本项法令的目标。

二十，对探视在押犯人的严格管控。

这是一条针对探视犯人的监狱管理法令。

商鞅的法治理念，是坚持"行法"（司法）为本。这是完全符合近现代法治实践的一种超前理念。在《商君书》后面的篇章，我们还将多次看到商君对这一理念的精辟论说。在变法以农耕开发为核心目标的起始阶段，仅仅是将与农民相关的探视犯人这一条做了单独颁布，绝不意味着"行法"实践的全部。

这一法令，同样很具体，也很简单，操作性极强。

法令规定的内容，是两条限制。其一，不得为犯人向官府吏员说情，以求特殊对待。其二，不得向在押犯人送食物（饷食）。

这样严格管控的最终目标，仍然是确保农民心神不溃散，精力集中于农耕。其阐发的逻辑效应，见原典第 20 段。

这是说，外部没有人关切这些罪犯（奸民），罪犯就没有了依靠，就会减少出狱后继续犯罪的现象。这里的"奸民"，用的是"奸"字的本义，即奸恶之人。因为，在法令中"奸民"明确指被关押的犯人，故无须特殊解释。

这里之所以特别提出对"奸"字的内涵认定，是因为《商君书》的后面篇章还有"以奸民治善民"的著名论断，被许多人严重误读，因而引发对商鞅变法的种种扭曲。我们在这里先行提及，以免读者看到我们在后面对"奸民"的考辨解析，便生出误会而认定我们的评析前后矛盾。

《商君书》渊深博大，我们须认真对待，而不是望文生义。

农战第三
疾农力战：商鞅变法的总纲领

1. 凡人主之所以劝民者，官爵也；国之所以兴者，农战也。今民求官爵，皆不以农战，而以巧言虚道，此谓劳民。劳民者，其国必无力；无力，则其国必削。

2. 善为国者，其教民也，皆作壹而得官爵。是故非疾农力战，则无官爵。国去言则民朴，民朴则不淫。民见上利之从壹孔出也，则作壹，作壹则民不偷营。民不偷营则多力，多力则国强。

3. 今境内之民皆曰农战可避，而官爵可得也，是故豪杰皆可变业，务学《诗》《书》，随从外权，上可以得显，下可以求官爵；要靡事商贾，为技艺：皆以避农战。具备，国之危也。民以此为教者，其国必削。

4. 善为国者，仓廪虽满，不偷于农；国大民众，不淫于言，则民朴壹。民朴壹，则官爵不可巧而取也。不可巧取，则奸不生。奸不生则主不惑。今境内之民及处官爵者，见朝廷之可以巧言辩说取官爵也，故官爵不可得而常也。是故进则曲主，退则虑所以实其私，然则下卖权矣。夫曲主虑私，非国利也，而为之者，以其爵禄也。下卖权，非忠臣也，而为之者，以末货也。然则下官之冀迁者，皆曰："多货，则上官可得而欲也。"曰："我不以货事上而求迁者，则如以狸饵鼠尔，必不冀矣。若以情事上而求迁者，则如引诸绝绳而求乘枉木也，愈不冀矣。二者不可以得迁，则我焉得无下动众取货以事上，而以求迁乎？"百姓曰："我疾农，先实公仓，收馀以事亲，为上忘生而战，以尊主安国也。仓虚主卑家贫，然则不如索官。"亲戚交游合，则更虑矣。豪杰务学《诗》《书》，随从外权；要靡事商贾，为技艺：皆以避农战。民以此为教，则粟焉得无少，而兵焉得无弱也！

5.善为国者，官法明，故不任知虑；上作壹，故民不偷营，则国力抟。国力抟者强，国好言谈者削。故曰：农战之民千人，而有《诗》《书》辩慧者一人焉，千人者皆怠于农战矣。农战之民百人，而有技艺者一人焉，百人者皆怠于农战矣。国待农战而安，主待农战而尊。夫民之不农战也，上好言而官失常也。常官则国治，壹务则国富，国富而治，王之道也。故曰：王道作，外身作壹而已矣。

6.今上论材能知慧而任之，则知慧之人希主好恶，使官制物，以适主心。是以官无常，国乱而不壹，辩说之人而无法也。如此，则民务焉得无多，而地焉得无荒？《诗》、《书》、《礼》、《乐》、善、修、仁、廉、辩、慧，国有十者，上无使守战。国以十者治，敌至必削，不至必贫。国去此十者，敌不敢至；虽至，必却。兴兵而伐，必取；按兵不伐，必富。国好力者以难攻，以难攻者必兴；好辩者以易攻，以易攻者必危。故圣人明君者，非能尽其万物也，知万物之要也。故其治国也，察要而已矣。

7. 今为国者多无要，朝廷之言治也，纷纷焉务相易也。是以其君惛于说，其官乱于言，其民惰而不农。故其境内之民，皆化而好辩乐学，事商贾，为技艺，避农战，如此则亡国不远矣。国有事，则学民恶法，商民善化，技艺之民不用，故其国易破也。夫农者寡，而游食者众，故其国贫危。今夫螟螣蚼蠋，春生秋死，一出而民数年乏食。今一人耕，而百人食之，此其为螟螣蚼蠋亦大矣。虽有《诗》《书》，乡一束，家一员，独无益于治也，非所以反之之术也，故先王反之于农战。故曰：百人农，一人居者，王；十人农，一人居者，强；半农半居者，危。故治国者欲民之农也。国不农，则与诸侯争权，不能自持也，则众力不足也。故诸侯挠其弱，乘其衰，土地侵削而不振，则无及已。圣人知治国之要，故令民归心于农。归心于农，则民朴而可正也，纷纷则易使也，信可以守战也。壹则少诈而重居，壹则可以赏罚进也，壹则可以外用也。

8. 夫民之亲上死制也，以其旦暮从事于农。夫民之不可用也，见言谈游士事君之可以尊身也，商贾之可以富家也，技艺之足以糊口也。民见此三者之便且利也，则必避农，避农则民轻其居，轻其居则必不为上守战也。凡治国者，患民之散而不可抟也，是以圣人作壹抟之也。国作壹一岁者十岁强，作壹十岁者百岁强，作壹百岁者千岁强，千岁强者王。君修赏罚以辅壹教，是以其教有所常而政有成也。王者得治民之要，故不待赏赐而民亲上，不待爵禄而民从事，不待刑罚而民致死。国危主忧，说者成伍，无益于安危也。夫国危主忧也者，强敌大国也。人君不能服强敌，破大国也，则修守备，便地形，抟民力，以待外事，然后患可以去，而王可致也。是以明君修政作壹，去无用，止浮学事淫之民壹之农，然后国家可富，而民力可抟也。

9. 今世主皆忧其国之危而兵之弱也，而强听说者。说者成伍，烦言饰辞而无实用。主好其辩，不求其实，说者得意，道路曲辩，辈辈成群。民见其可以取王公大臣也，而皆学之。夫人聚党与说议于国纷纷焉，小民乐之，大人说之，故其民农者寡而游食者众，众则农者怠，农者怠则土地荒。学者成俗，则民舍农从事于谈说，高言伪议，舍农游食，而以言相高也。故民离上而不臣者成群。此贫国弱兵之教也。夫国庸民以言，则民不畜于农。故惟明君知好言之不可以强兵辟土也。惟圣人之治国作壹，抟之于农而已矣。

┼ 考辨评析 ┼

这篇《农战》，是商鞅在秦国变法的纲领性论说。

从战国时期的政治文明实践上说，这份逻辑严密而词意简约的成熟文件，极可能是商鞅对秦孝公的上书文本，也可能是在朝廷重臣会议上的变法"报告"的记录整理稿。从内容上看，《农战》的结构很清晰——以"疾农力战"为根本国策，之后分别从五个方面论说了这一国策的必要性，及在实践中必须落实的基本方面。

其一，基础论断："官爵"是国家最重要的政治资源。
本篇开宗明义，首先提出了一个基础性的论断——"凡人主之所以劝民者，官爵也"。就逻辑结构而言，这是以确立当时社会的公理性认知为起点，作为之后进一步展开变法路径论说的基础。战国时代的历史条件有两个基本点，一是铁器农耕的兴起，二是通行天下各国的战时社会管控。基于如此两方面的历史实践，这样的以"官爵"为第一重要"劝民"手段的价值认知，在当时社会确实具有相对的公理性意义，是没有争议的。

此处的"官爵"，实际上是互相联系而本质上具有同一性的两种社会地位，即"官"和"爵"。在社会实践的具体表现中，它们是有区别的两种形式；但在本质上，它们又具有同样的进入贵族阶层的认定功效。具体说，官，是国家权力体系中的某一层级的职务，其特质是拥有一定的实际权力；爵，则是一种确立被授予者社会地位的贵族资格认定，其特质是享有崇高的荣誉，并享有一定的经济利益与特定的社会利益。而对于原来就是国家官员的人，则二者可以合于一身，进而成为高层贵族。

对于民众而言，"官爵"则可能有三种情况。其一，因其才能或功劳，被直接选拔为官员或官府吏员。其二，因其有具体功劳（譬如农耕杰出而多纳粮食，或经商有成而多缴税金等。战国秦与帝国秦，都曾有诸多农爵商爵），但是本人却资质有限（譬如不识字或拙朴无才），便只能获得爵位而身列贵族，却不能做官。其三，布衣平民出身的士人，因有大功，则可以官爵合于一身，进入上层贵族。

古典文明时代，在由复杂庞大的族群聚集成的国家里，拥有"官爵"之一，必然是贵族社会最重要的身份特征。从古典政治文明的历史实践看，"官爵"实际是国家拥有而由君主掌控的最重要的政治资源。这一资源，具有"点石成金"的实际功效。因为它包含了巨大而实际的复合型利益，所以是整个人类古典社会历史上对人性最有激发性的政治元素。

唯其如此，商鞅将"官爵"看作激励民众的最根本资源。

我们必须强调指出，商鞅变法中提出的这一基础性的价值认知，在当时的社会确实具有相对真理的意义。但是，在价值继承的意义上看，这一认知的历史缺陷是显而易见的。因为，历史实践已经证明，在人类文明进入近现代社会之后，生产力的不断发展使人类的生存方式不断趋于多元化。在这样的历史条件下，个体的生存发展路径大大拓宽，是否进入政治领域做官而改善自己的生存状况，已仅成为生存发展的选项之一，而不再具有唯一性。因此，这一价值认定并不具有适用于各个时代的普遍意义。虽然政治文明仍然是人类文明的轴心，但它已不再是个体提升地位的唯一路径。

因此，这一论断是不具有历史继承性的价值观。

但是，我们不能因此而否定这一价值观在特定时代的作用。

其二，强国路径——"利出一孔"激励农战。

对于"官爵"资源，商鞅认为必须在强国中发挥最大作用。

在《农战》篇中，是这样阐发这一理念的——"善为国者，其教民也，皆作壹而得官爵。是故非疾农力战，则无官爵。国去言（消除巧言虚道之风）则民朴（可靠），民朴则不淫（民心不乱）。民见上利之从壹孔出也，则作壹，作壹则民不偷营（转营他业）。民不偷营则多力，多力则国强"。这是说，激励民众（教民）的最重要一点，是使民众只能从一条路——国家路径获得"官爵"，从而在集中精力于农战的基础上提升自己的社会地位，以这样的民众精神为基础，最终达到国家强大的总体目标。

在这一基本国策下，就必须杜绝"今民求官爵，皆不以农战，而以巧言虚道，此谓劳民（奸巧之民）"的社会现象。

两条合起来，就是著名的"利出一孔论"。这一强国主张，实际上确定了三个"必须"：其一，国家必须确保民众获利（取得官爵）的路径只有一条，即国家路径（一孔）；其二，民众必须通过农战两种方式获利，即取得"官爵"；其三，凡不通过国家路径（一孔），或不通过农战方式而获得"官爵"者，必须以法令形式确定为非法。变法国策确立之后，其后的论说则围绕对种种非法取得"官爵"的人群与行为的认定展开，为彻底消除这些非法现象提供认知原则。

其三，必须防止逃避农战而获利的浮华人群产生。

这些人群，在《农战》中主要是三种人。

第一种，通过"变业"方式而逃避农战的"豪杰"人群；

第二种，以"务学《诗》《书》，随从外权，上可以得显，下可以求官爵"的文士人群；

第三种，普通人（要靡）中通过"事商贾（服务于商贾），为技艺：皆以避农战"的人群，即"劳民"——奸巧人群。

这三种人形成的社会风习，就是本篇提出的"今境内之民，皆曰农战可避，而官爵可得也"的社会现象。这几种人群都有了（具备），就是"国之危也。民以此为教（以这些人为榜样），其国必削"。

如此，上述各点，已经明确了"教民"以立"农战"精神的有效路径。其后之重心，则转向一个更为根本的大问题。

其四，防止民众逃避农战，根基在杜绝官府腐败恶风。

在立定"利出一孔"而"教民耕战"的国策后，《农战》篇立即围绕两个基本问题展开。其一，如何改变与法令有违的社会风习，让"农战"精神深入所有的社会环节？其二，如何持续坚持下去，将确立"农战"精神作为根本的治国大道。第一方面是"民治"问题，第二方面则是"吏治"问题。

对于如此两个重要问题，商鞅没有侧重提出具体的"治民"之法，而是明确提出，必须以彻底消除国家各级官府的腐败恶风，作为实现民风清正"朴一"的根本路径。即或在战国这样的思想大爆炸时代，这也是非常深刻而超前的"治国首在治民，治民首在治官"的政治文明的总体理念。对这一总体理念，《农战》篇以国家政风为视角，从以下四个方面展开了剖析。

第一，必须确立各级官府的法治正气，确保"尚农尚战"能够成为长期坚持的治国大道。这就是"善为国者，仓廪虽满，不偷于农"的道理所在。

对于坚持这一治国之道，商鞅陈说了这样一个具有连带效应的内在逻辑——要坚持农战国策，基础在于持续确立民众"朴一"（朴实专一）之风，持续消除诱使民众逃避农战的种种不良风气。要实现这一目标，则要实际根除民众"巧取官爵"的不良风习。要从根源上消除民众"巧取官爵"之恶风，便要杜绝诱发此等风习的国家层面的腐败恶风——各级官员"卖权以牟利"的邪恶政风，从而确保各级官府在法治正气的基础上坚持既定的治国大道。

应该说，这体现了上溯"搜根"式的犀利的洞察目光。

唯其如此，《农战》篇深刻揭示了国家"吏治"的核心目标所在，不是为"吏治"而吏治，而是以法治严明的"吏治"正风，推动实现全部民众的"朴一"之风——"疾农力战"。此即"国大民众，不淫于言（国家官员依法办事，不浮华巧言），则民朴壹（民众朴实专一于农耕）"的逻辑效应。

但是，官府在事实上却经常有不正之风——"朝廷之可以巧言辩说取官爵也。故官爵不可得而常也。是故（官员）进则曲主（曲意逢迎君主），退则虑所以实其私。然则下卖权矣（实际上，是基层官员出卖权力以谋私利）。夫曲主虑私，非国利也，而为之者，以其爵禄也。下卖权，非忠臣也，而为之者，以末货也"。

这是从本质上揭示官府恶风的根源，在于"以实其私"。

接着，是这些不良官员所以不良的各种实际理由，可谓生动鲜活，具有超时空的形象感，使人顿生腐败恶风古今皆同之感。请看《农战》篇原文——"然则下官之冀迁者，皆曰：'多货，则上官可得而欲也。'曰：'我不以货事上而求迁者，则如以狸饵鼠尔，必不冀矣。若以情事上而求迁者，则如引诸绝绳而求乘枉木也，愈不冀矣。二者不可以得迁，则我焉得无下动众取货以事上，而以求迁乎?"

用现代语言表述，则更见超越性。基层官员要升职，都说"只要出钱多，让上司满足，我便能上去了"。还有人说，"我不以金钱财货献于上司，想升官便如同以狸猫喂老鼠，必然不成。若仅仅以真情（做事勤苦）与友情而求升职，则如拿着断了的墨绳去矫直弯曲的木头，更不会成功。不送不行，靠做事认真也不行，我怎么能不以扰民所得来的财货奉献上司，而得以升迁啊！"

国家官府的这种不正之风，必然渗透于民众之中。

官员卖权，则民风必然邪出。此等官场恶风蔓延，民众也就必然走偏，且有自己的说法。且看《农战》篇的痛切陈说——"今境内之民及（身）处官爵者，见朝廷之可以巧言辩说取官爵也……百姓曰：'我疾农，先实公仓，收馀以事亲，为上忘生而战，以尊主安国也。(结果是)仓虚主卑家贫，然则不如索官。'(于是)亲戚交游合(结伙聚议)，则更虑矣(想得更多)。豪杰务学《诗》《书》，随从外权(追随或结交官员)；要靡事商贾(服务于商贾)，为技艺(以从事非农耕的技艺谋生)：皆以避农战。民以此为教，则粟焉得无少，而兵焉得无弱也！"

上行下效，千古皆然。

第二，确保官府坚持推行"作壹"之"官法"。

这一段是从本质上说话——民众能否专精于农战(作壹)，根源在于治国之道，核心在于"官法"——任用能够推行治国之道的人担任官员的法令。此即"善为国者，官法明(任用官员的法令明确)。故不任知虑(不用那些对国家治道有疑虑的浮华智士)；上作壹(国家坚持一种用人标准，且官员只能专一于确定的治道)，故民不偷营(农民才不会转移行业)，(如此)则国力抟(国力必然集聚)"。

这里的逻辑效应是——官法明，则国力抟；国力抟者，强。

同时，必须禁止的不良风气，是"国好言谈"。因为国好言谈者，削。提出这一主张的理由是——"故曰：农战之民千人，而有《诗》《书》辩慧者一人焉，千人者皆怠于农战矣。农战之民百人，而有技艺者一人焉，百人者皆怠于农战矣"。这是说，有《诗》《书》之学而喜好空谈者，一人足以使千人懈怠于农战；农民但有一人"偷营"而转向技艺之路，则足以使百人懈怠农战。因此，必须杜绝浮华技艺之风流播于民众。

虚浮的"国好言谈"风习，在国家层面上也带来重大危害。社会实践的逻辑效应是——"国待农战而安，主待农战而尊。夫民之不农战也，上好言而官失常也。常官则国治，壹务则国富，国富而治，王之道也。故曰：王道作，外身作壹而已矣"。这是说，"言谈"虚浮之风一旦兴起，国君也可能变成"好言"虚浮之人，官员群体也会失去常态；能保持常态做事的"常官"，是治理国家的保障；"常官"能推行既定国策，是国家富裕的保障；这是王道——天下最重大的事情；只要"王道"确立，官府只要坚持推行（作壹）就行了。

第三，以法令禁止礼治典籍在民间的流播。

这一禁令，是后世儒学家否定商鞅变法的主要攻击点。

我们先来看看《农战》篇提出这一禁令的实践依据，即对立法动机的陈说。《商君书》文本深刻复杂，既多有严密的逻辑效应推进，又多有深刻重叠的交错论说。我们的解读方式，以综合解析为主，即归纳其在本篇文本中多处展现的同一内容，展现其核心理念的层次；而不是跟着文本段落逐句前进，使解析陷入茫然失序。如此，商鞅主张推行此项禁令的实际理由，主要有以下几点——

（一）礼治典籍，是形成官员群体虚浮风气的根源。使所学之人不依法履职，而是"希主好恶（探察国君好恶），使官制物（以此处理事务），以适主心。是以官无常，国乱而不壹"。对此等现象，最终的结果是官员不以法治办事，即"辩说之人而无法也"。官员不思法治的结果，就是扰民而使土地荒芜——"则民务（民众事务）焉得无多，而地焉得无荒？"

（二）礼治四典——《诗》《书》《礼》《乐》，与礼治六纲——善、修、仁、廉、辩、慧，是扰乱国家法治的十大危害。其在社会实践中的逻辑效应是——"国有十者，上无使守战（国家无法使民众专精农战；此处的守，守土耕耘也；守战，农战也）。国以十者治，敌至必削（败），不至必贫"。

如果推行法治，禁止礼治之学，则是另一种逻辑效应——

"国去此十者，敌不敢至；虽至，必却。兴兵而伐，必取；按兵不伐，必富。国好力者以难攻，以难攻者必兴；好辩者以易攻，以易攻者必危"。

两种逻辑效应的展现，带来最后结论——"故圣人明君者，非能尽其万物也，知万物之要也。故其治国也，察要而已矣"。这是说，所谓圣人明君，并不是他们能洞察万物，而是他们明白世间万物的要害所在；故此，明君确立治国大道，只在抓住根本（法治）而已。

（三）国行礼治，不得治国要领，徒然使国家贫穷衰弱。

商鞅在《农战》篇中，重点不是论说法治的必要性，而是重点论说周代礼治流风给战国"大争之世"带来的危害，从而间接确立法治的坚实基础。其采用的论说方式，依旧是《商君书》独有的以历史实践为依据，以逻辑效应之展现为深化路径的思辨方式。在以后的篇章，我们将看到更多更为精彩的充满思辨性的法哲学命题与论说。

这里的逻辑效应是——"今为国者多无要，朝廷之言治也，纷纷焉务相易也。是以其君惛于说，其官乱于言，其民惰而不农。故其境内之民，皆化而好辩乐学，事商贾，为技艺，避农战，如此则亡国不远矣。国有事，则学民恶法，商民善化，技艺之民不用，故其国易破也"。以治国不得要领，一气推进至国破境地，可谓刀劈斧剁，剧烈演进，触目惊心也，实为千古罕见的古典政治学论说。

（四）严禁摇唇鼓舌的"游食者"侵蚀农耕精神。

商鞅法治的历史特征之一，是立足实际，注重落实细节。

在提出国家层面的"治道"问题之后，商鞅的目光转向了危害农耕精神的群落——"游食者"人群。这种人以《诗》《书》

"学民"自诩，摇唇鼓舌于乡、亭、里，以谋划运筹种种村社活动为营生，饱食终日而乐此不疲，成为严重侵蚀农民之农耕精神的社会蛀虫。其导致的逻辑效应是——"夫农者寡，而游食者众，故其国贫危。今夫螟螣蚼蠋（四种伤苗害虫），春生秋死，一出而民数年乏食。今一人耕，而百人食之，此其为螟螣蚼蠋亦大矣！虽有《诗》《书》，乡一束（每乡一部），家一员（每家一位学民），独无益于治也……故曰：百人农，一人居者，王；十人农，一人居者，强；半农半居者，危。故治国者欲民之农也。国不农，则与诸侯争权，不能自持也，则众力不足也。故诸侯挠其弱，乘其衰，土地侵削而不振，则无及已"。

唯其如此，"游食者"与农作物害虫等同，必须治理。

第四，"令民归心于农"之根本，在"国作壹"而行法治。

危害被揭示到如此深度，必然的逻辑要求，是提出解决办法。于是，又开始了倒卷回溯式的分析，再次回到本篇开始提出的国家"治道"这一根本上来——"圣人知治国之要，故令民归心于农。归心于农，则民朴而可正也，纷纷则易使也，信可以守战也。壹则少诈而重居，壹则可以赏罚进也，壹则可以外用也……凡治国者，患民之散而不可抟也，是以圣人作壹抟之也。国作壹一岁者十岁强，作壹十岁者百岁强，作壹百岁者千岁强，千岁强者王。君修赏罚以辅壹教，是以其教有所常而政有成也……是以明君修政作壹，去无用，止浮学事淫之民壹之农，然后国家可富，而民力可抟也"。

这段话的核心内涵是，国家治道归一，就是实行法治；坚持法治一年，则国家强大十年；坚持法治十年，则国家强大百年；坚持法治百年，则国家强大千年；能够强大千年，就会成为不可改变的王道。从后来的发展看，商鞅这一预言式的论断，基本上接近于历史实践的主干曲线，具有超越时代的相对真理性——

商鞅变法行二十余年法治，使秦国连续六代稳定强大；

秦国坚持一百五十余年法治，最终统一中国并创建统一文明；

秦帝国统一法治虽然只有十五年，但其创建的统一文明体系却有效延续两千余年而不灭。

对法治文明的自信心如此恒深恒大，堪称光耀千古。中国统一文明所以"不骞不崩"（《诗经·天保》），如日月之恒，实则早已深藏于《商君书》强大绵密而又无比深刻的理性洞察之中。

其五，君主不为"高言伪议"之众说所惑，方能坚持法治。

在《农战》篇的最后部分，商鞅提出了国家"君道"的一个重要主张——君主必须治道"作壹"，不能听取礼治"浮学"之群的"高言伪议"而徒乱心志。

在君主制时代的政治实践中，这是极其重要的一条。在诸多正常情形下，甚至是决定性的一条。因此，不仅是商鞅在变法之初明确提出这一条；后来的《吕氏春秋》也明确提出"听群众人议以治国，国危无日矣"的警示（《吕氏春秋·不二》篇）；在《韩非子》的《孤愤》篇中，也明确提出变法的五要素之一——君主必须不受左右邪说所惑。也就是说，在实际执掌领政权力而推行变法的大政治家的实践中，君主在接受理性法治的治国主张后，应当绝对不受其余种种治道邪说的魅惑，否则将功败垂成。

这里的逻辑效应是这样展开的——"今世主皆忧其国之危而兵之弱也，而强听说者（强迫自己去听说者之言）。说者成伍，烦言饰辞而无实用。主好其辩（君主若喜好言辞是非），不求其实（便会不求实际），说者得意，道路曲辩，辈辈成群。民见其可以取（悦）王公大臣也，而皆学之。夫人聚党与说议于国纷纷焉，小民乐之，大人说（悦）之。故其民农者寡而游食者众，众则农者怠，农者怠则土地荒。学者成俗，则民舍农从事于谈说，高言伪议，舍农游食，而以言相高也。故民离上而不臣者成群。此贫国弱兵之教也。夫国庸民以言（国家若用浮民之言），则民不畜于农（民众便不会喜欢农耕）。故惟明君知好言之不可以强兵辟土也（只有明君知道喜好言谈听辨之风不能强兵拓土）。惟圣人之治国作壹，抟之于农而已矣"。

最终的结论——只要君主做到"治国作壹，抟之于农"，强国之道便告成功。这一简要的最终结论，从逻辑上回归了《农战》篇的核心精神——强国当以实行法治为路径，以激励农战而富国强兵为目标，方能真正实现变法宏旨。这便是《农战》篇，从各个方面论述了重农重战乃治国之要，从而在实际上成为商鞅变法的总纲领。

请注意一点，对商鞅治国之道的历史缺陷，应正确认识，因为商鞅所有的政治思想，其历史缺陷都具有同一性，而不是分项式的个体认知缺陷。

去强第四
辩证治国：民众当分群施治

1. 以强去强者弱，以弱去强者强。国为善，奸必多。国富而贫治，曰重富，重富者强；国贫而富治，曰重贫，重贫者弱。兵行敌所不敢行，强；事兴敌所羞为，利。主贵多变，国贵少变。国少物，削；国多物，强。千乘之国，守千物者削。战事兵用曰强，战乱兵息而国削。

2. 农、商、官三者，国之常官也。三官者生虱官者六：曰岁，曰食，曰美，曰好，曰志，曰行，六者有朴必削。三官之朴三人，六官之朴一人。以法治者强，以政治者削。[1] 常官治者迁官。治大，国小；治小，国大。强之重，削；弱之重，强。夫以强攻强者亡，以弱攻强者王。国强而不战，毒输于内，礼乐虱官生，必削。国遂战，毒输于敌，国无礼乐

---

1 "以法治者强，以政治者削"，严可均校本作"以治法者强，以治政者削"。按，陶鸿庆《读诸子札记》谓"治法""治政"二字皆当倒乙。"中华经典名著全本全注全译丛书"本《商君书》（石磊译注，中华书局，2009，第39页）同，今并从。

虱官，必强。举荣任功曰强，虱官生必削。农少商多，贵人贫、商贫、农贫，三官贫，必削。

3. 国有《礼》、有《乐》、有《诗》、有《书》、有善、有修、有孝、有弟、有廉、有辩，国有十者，上无使战，必削至亡；国无十者，上有使战，必兴至王。国以善民治奸民者，必乱至削；国以奸民治善民者，必治至强。国用《诗》、《书》、《礼》、《乐》、孝、弟、善、修治者，敌至必削国，不至必贫国。不用八者治，敌不敢至，虽至必却；兴兵而伐必取，取必能有之；按兵而不攻必富。国好力，曰以难攻；国好言，曰以易攻。国以难攻者，起一得十；国以易攻者，出十亡百。

4. 重罚轻赏，则上爱民，民死上；重赏轻罚，则上不爱民，民不死上。兴国行罚，民利且畏；行赏，民利且爱。国无力而行知巧者必亡。怯民使以刑，必勇；勇民使以赏，则死。怯民勇，勇民死，国无敌者强，强必王。贫者使以刑则富，富者使以赏则贫。治国能令贫者富，富者贫，则国多力，多力则王。王者刑九赏一，强国刑七赏三，弱国刑五赏五。

5. 国作壹一岁，十岁强；作壹十岁，百岁强；作壹百岁，千岁强。千岁强者王。威以一取十，以声取实，故能威者王。能生不能杀，曰自攻之国，必削；能生能杀，曰攻敌之国，必强。故攻官、攻力、攻敌，国用其二，舍其一，必强；令用三者，威必王。

6. 十里断者国弱，五里断者国强。以日治者王，以夜治者强，以宿治者削。举民众口数，生者著，死者削。民无逃粟，野无荒草，则国富，国富则强。

7. 以刑去刑，国治；以刑致刑，国乱。故曰：行刑重轻，刑去事成，国强；重重而轻轻，刑至事生，国削。刑生

　　　　　　　　　　　　　　　法治文明论

力，力生强，强生威，威生惠，惠生于力。举力以成勇战，战以成知谋。

8.金生而粟死，粟生而金死。本物贱，事者众，买者少，农困而奸劝，其兵弱，国必削至亡。金一两生于境内，粟十二石死于境外。粟十二石生于境内，金一两死于境外。国好生金于境内，则金粟两死，仓府两虚，国弱。国好生粟于境内，则金粟两生，仓府两实，国强。强国知十三数：境内仓口之数，壮男壮女之数，老弱之数，官士之数，以言说取食者之数，利民之数，马牛刍藁之数。欲强国，不知国十三数，地虽利，民虽众，国愈弱至削。国无怨民，曰强国。兴兵而伐，则武爵武任，必胜；按兵而农，粟爵粟任，则国富。兵起而胜敌，按兵而国富者，王。

┼考辨评析┼

这篇《去强》，是《商君书》的基本篇章之一，通篇论述秦国变法所要坚持的民治之道，以及必须采取的相关法令制度。以《去强》为题目，在于表明本篇是以去除民众风习中的强悍不法匪气为基本内容，是为"去强"。以商鞅变法的实践逻辑效应，"去强"而消除民众不法匪气，则民众奉公守法并抟力于耕战，民众便会成为捍卫国家的强大群体。故此，"去强"之本意不是以法治使民众变为弱小群体，而是变为与国家意志具有一致性的正向强大群体。

从整体上说，《去强》篇是既立足历史实践，又立足人性差异，从而深具辩证思维的治国理论。具体地说，它既充分体现了商鞅变法对天下战国（包括诸多中小诸侯国）普遍施行的种种不同治道的深刻认知，又体现了商鞅对秦国历史传统与当时实际民习——浓烈而普遍的"私斗"恶风——的清醒认知。唯其如此，商鞅在以民治为核心内容的本篇中，对待民众群体，没有从笼统抽象的整体意义上做出评价，而是从个体人性差异及个体之间实际存在的社会联结，对民众群体进行了具体区分，并对不同群体提出了针对性的治理之道。

在春秋战国时期的思想家与政治家群体中，这是唯一摆脱了政治伪善与道德伪善，而将鲜明实践性与可行性操作相融合的治民理念。若以西周王室的王道礼治的传统理念看，或以儒家孟子提出的"民为贵，社稷次之，君为轻"的抽象定位看，商鞅这一理念似乎都是冰冷的，都是脱离了人民性的。但是，若深入商鞅提出的具体法治理念，深入秦国变法的历史实践，则商鞅所提出的"法以爱民"的人民性理念，便会充分而实在地呈现出来。也就是说，当代的我们，不能以贵族化的抽象的道德本位标尺，去要求处于治国实践中的政治家脱离具体事件及具体民众群体的现实状态，而仅仅守定一种抽象评价。果真如此，现实中治国的政治家们便不能解决民众群体深陷其中的社会无序争夺的乱象。

总体地看，商鞅对民众群体的具体分析与分别治理的超越性理念，及之后对其治理路径的辩证论说，在战国思想家群体中，都是独一无二的。即或同时期以慎到为代表的法家势治派，以申不害为代表的法家术治派，及后来的法家学术"集大成"者韩非，都缺乏这种立足于领政实践的深刻理性认知。

然而，《去强》也是被后世史家误读最严重的篇章之一。

误读的核心，是对"强""弱""奸""善"四个概念之本意，不加考辨而望文生义，得出与《商君书》本意相违背的认定；又据此错解，进而认定商鞅治道具有非人道性，甚或被部分现当代知识人物冠以"法西斯主义"的政治定位。

故此，对本篇的考辨解析，我们不在文化读者都可以理解的章句内涵上着力。也就是说，我们在本篇不对章句作逐一的解读，尽管《商君书》重要篇章的几乎每一句话，都是具有相对真理性及继承价值的思想遗产。我们对本篇考辨评析的重心，在于具体地弄清楚"强""弱""奸""善"四个基本概念在本文中的正确含义，以图正本清源，消除可能持续下去的历史误读。

在此之前，必须说明，基于中国文字的惊人数量与无比丰厚的延伸表意功能，及单字之间转注假借和字义引申相交错的规则，我们对待任何古典著作，都必须采取审慎态度。尤其对于某些特异概念，绝不能望文生义。具体说，我们必须清楚《商君书》所使用的某些特定文字的本意，而后方能明白其在各个篇章中因不同的词句组合而体现的实际含义。从这一基础原则出发，我们才能对《商君书》在战国时代使用的"强""弱""奸""善"四个单字概念或组合概念，做出符合其思想体系一致性的正确理解。

其一，"强""弱"两字的本义及延伸用语。

依据《说文》《广韵》等主流古典工具书，"强，蚚也"，段玉裁注："下云蚚，强也，二字为转注……叚借为强弱之强。"当代亦有人另解，以后羿射杀巴山大蛇的远古神话为根基，解"强"字为"弓射大虫"，亦算一说。

"弱"字依《说文》，解为"桡也"，段玉裁注"桡者曲木也。……直者多强，曲者多弱"，是谓弱也。应当说，无论何种考据解说，基本上都不影响造字之后在长期实践中的延伸运用。这就是中国文字特有的"字存义亡"现象，即字形一旦确立，其象形本意便往往在实际使用中不再具有重要意义，进而甚至被忽视或遗忘。

强、弱两字，也是这样。"强"字一旦生成，便在实践运用中生发出多种与其他单字组合而成的具有种种差异的概念。首先，是基于正面本意的力量厚实而与普通同类事物结成的词组，如强大、强壮、强劲、强手、强烈、强干等。其次，是取能够以力量压制同类事物之意的词组，如强制、强取、强力、强使等。再次，是取力量过度使用之意的词组，如强横、强悍、强迫、强暴、强盗等。

同样，"弱"字一旦生成，在实践中延伸出来的词组同样丰富。首先，取其正面本义的词组有弱植、弱智、弱力、弱才、弱孤、弱兵等。其次，取其舒缓收敛之意的延伸词组有弱道、弱湍等。再次，取其缓慢侵削之意的词组，有弱取、弱国、弱敌。在此类用语中，"弱"皆为动词，是削弱其国、削弱敌人之意。

其二，《去强》篇中的"强""弱"正解。

在《去强》这一篇中，开首第一句话——"以强去强者弱，以弱去强者强"——便涉及对"强、弱"两字的诠释理解。此间，前半句的第一个"强"，是国家强力之意；第二个"强"，则是民众的强横不法习俗；弱，则取其正面本意，国家实力弱小之意。合起来，以现代理念解释就是，国家若以强力镇压方式强制消除民众的强横不法习俗，则两败俱伤，国家实力必然变得弱小。

后半句"以弱去强"的"弱"，则不是"弱"的本意，也不是"削弱民众"的动词延伸之意，而是战国时期普遍流行的"弱"的另一延伸——"弱道"之意。就其本源而言，"弱道"是道家的政治哲学用语，所指为舒缓有度的治国之道。商鞅论说变法路径，借用"弱道"概念，并非取其"小国寡民"的政治目标，而是取其舒缓有度这一内涵。其实质所指，则是非暴力手段的法治之道。如此，后半句的内涵以现代理念表述，便是以法治之道消除强横不法的民众风习，则两方俱胜，必然使国家强大。

如此，全句内涵的正解便是——以国家强力镇压民众的强横不法习俗，则两败俱伤，国家必然变弱；以具有公平正义特质的法治之道消除民众的强横不法习俗，则两方俱胜，国家必然强大。

其三，"奸""善"两字的本义及延伸用语。

在《商君书》的治国论说中，"奸""善"两字的使用率很高。故此，必须澄清对《商君书》中"奸""善"两字（或曰两个概念）的误读与错解，方能还原商鞅变法之思想体系的客观性与完整性。要做到这一点，我们必须从文字考据开始。

首先，从本源上看，"奸"是一个上古夏商周三代便有的古字，即本字，几与另一个"姦"字同时产生。两字皆为本字。对此，我们在本篇评析完成之后，以"附记"方式说明这一复杂性。其最早被用于古典文献的实例，是《尚书·舜典》——"帝曰：'皋陶，蛮夷猾夏，寇贼奸宄。汝作士，五刑有服，五服三就。五流有宅，五宅三居，惟明克允！'"在这部中国最古老的经典中首次出现的"寇贼奸宄"四字，依据孔安国释义，是"群行攻劫曰寇，杀人曰贼。在外曰奸，在内曰宄"，《国语·晋语六》也有"乱在内为宄，在外为奸"之语。如此，"寇贼奸宄"四个字就可组成两个词语——寇奸、贼宄。"寇奸"，是来自外部敌寇的作乱行为；"贼宄"，是发自内部贼臣的作乱行为。《尚书》所记载的这段话，是说面对内外危机形势，舜帝下令大法官皋陶立即做出种种严厉处置。

这就是说，这个"奸"字，最早出现时的本意，是对一种行为的定性表意——来自外部的蛮夷作乱于夏（即"猾夏"。孔安国注："猾，乱也；夏，华夏。"）的非正义行为，并不具有男女之间发生非礼关系的意思。

其次，经千余年演变，迄至战国时期，"奸"字的运用发生了两个方面的变化。一则，沿袭上古本义，扩展成与"干"相通的一个本字（秦统一文字之前就有的基本字），成为干预、干政、干犯、干求等概念的基础字。因此，战国时期凡具此意的"奸"字，读音仍然是 gān 音，而不是 jiān 音。当时的典型使用例证为《左传·成公十六年》有"奸时以动"语，唐代学者陆德明释为："奸音干，本或作干。"故此，先秦之后的古典文字工具书《说文》，对"奸"的原初表意解释为"犯"，即干预之意，亦并无男女非礼关系之表意。

与此同时，在文字省形的基础需求下，因"奸"字形简而"姦"字形繁，故演变为与"姦"相通的单字；因此，在先秦之后的古典社会，"奸"字逐步取代了字形复杂的"姦"。由此变化，增加了两种表意。一则，是上古本意延伸出来的"邪恶"行为或邪恶之人的表意。二则，与另一个"姦"同意，即非礼制规范的男女交合，成为"奸淫"词组的基础字。凡具这两种表意的"奸"，则其读音与"姦"同，读 jiān 音，而不能读 gān 音。关于在《商君书》清代版本中将"奸"写作"姦"，我们将在本章最后的"附记"中特殊说明，此处不影响主干考辨。

再次，我们在这里的侧重点，是要弄清楚在"奸"表"干"意的生成时期，这个被读为"干"的"奸"字，其最初的象形意涵是什么。因为，在"干"的本义上出现的"奸"字，历代主要工具书如《说文》《康熙字典》等，对与"干"同意的"奸"字的结构，都没有做过解释。以致当代诸多汉语学人望文生义，在网络上大发粗鄙奇谈，认定"奸"的本意，就是"与女性发生性行为"，实在是亵渎圣贤造字。

从中国象形文字的基本法则看，凡以偏旁符号为字根而生成的组合字，多以左边的偏旁字（符号）为主导，而以右边的字符为从属，其表意方式为"某（右边）从某（左边）"。依此法则，"奸"字的表意结构，则以"女"为主导，"干"为从属；其表意结构之本义，即为"女子能事外部活动，则为奸"。这个"奸"，读"干"音，为干练、干才之意。应该说，只有如此诠释"奸"字的表意，才是符合历史实践与中国文字法则的正解。如此诠释，为理解《商君书》中的"奸民""善民"之所指，提供了文字学基础。

此外，最有力的证据，是《商君书》在《说民》篇中，直接对"奸""善"两字做出的明确解释。《说民》第2段云："合而复者，善也；别而规者，奸也。"依据历史文献学的主流解释，这里的"复"，形象表意是掩盖，本质表意是相互掩饰非法之行。这里的"规"，通"窥"，是观察监督别人。

合起来看，意思便很明确——人群聚在一起而相互掩盖非法行为，叫作"善"；人群分开而能在自己守法的同时监督别人的不法行为，叫作"奸"。接下来的论述，是在实践中的连带逻辑效应——"章善（表彰弘扬此等行为）则过匿（违法之行便得以隐藏），任奸（任用能监督别人的干练之人）则罪诛（违法犯罪便能得到惩罚）"。

唯其如此，《去强》篇里的"善"，并非其本意——淳朴向好，而是礼治传统所要求的为人"隐恶"——隐匿相关人物的不法恶行，实质上是一种王道礼治的伪善传统。所以，这种非"善"之本意的"隐恶"伪善，是对法治之道的极大破坏。与此相反，这里的"奸"，是监督行为，是干练之民的守法行为。在文字表意演变的意义上说，这里的真实表意是，"善"非善，"奸"非奸；"善"是伪善，"奸"是干练。

以这一立足历史实践的认知为基础，《去强》篇中的著名论断，就有了合理的正解。原文为，"国以善民治奸民者，必乱至削；国以奸民治善民者，必治至强"。用现代理念表述，这句话的真实意思是：国家若以相互隐恶的伪善者去治理守法干练的民众，必然生发混乱而削弱国家；国家若以具有监督意识的干练之民去治理伪善者群体，则国家必然稳定而强大。

需要说明的一点是，在《商君书》的其他篇章中，也有用邪恶之意的"奸"字的论说，虽然不多，但也需要注意区别。只要结合文本的整体思想逻辑去理解，误读与错解就可以避免。

其四，治国之道的三个基本方面。

在厘清本篇被严重误读的核心点之后，还必须清楚本篇在后续论说中提出的以法治国的有关方面。从文本形式看，此篇很可能是庙堂论政时的"发言"记录，也可能是商鞅在某一场合对官员的"报告"记录。故此，这些相关方面，在本篇都是概说三两句便转向不同问题，其相关具体论说都出现在以后的篇章中。故此，我们在这里对这些简要提及的治国方面，不做专门考辨，以免与其余篇章之考辨评析重复。在这些论说方面中，唯有三个基本方面，虽也只是简要提到，但在其余篇章中却没有呈现。

故此，这三个基本方面在此列出：

一则，要法治，不要人治。其原文表述——"以法治者强，以政治者削"。这里的"以法治者"，是以法制体系为治国依据的法治之道。这里的"以政治者"，其"政"与"治"不是一个双音节词，即不是现代理念所熟悉的"政治"概念，而是"当政者"或"为政者"之意。如此，后一句话的表意是：以当政者意志为治国之道，国家必然衰弱。这两句话虽短，却确立了治国之道最为重要的选择——法治，而否定了"以政治者"的人治。在任何时代，这都是最为根本的治国路径的选择。身处现当代的我们，已经充分理解了这一选择对于一个国家的重大意义。但在多种治道并存的战国时代，这一选择的艰难性却已经很难为我们理解了。

但是，现当代学者的注译研究，大多对"以政治者"产生严重误读。典型有二：其一，是高亨先生1974年首版的《商君书注译》，将此句解读为"以政令治国，事无定夺，所以国削"。此为显然错解。因为，无论任何时代，"政令"都是法律体系的另一种形式；将"政令"解释为"事无定夺"的官员个人意志，是不符合法治实践的。其二，是黑龙江出版社于2003年首版的《二十二子详注全译》丛书中的《商君书译注》（作者为石磊、董昕），将"政"增字注释为"政，即儒家仁政"。显然，这是似是而非的推论，不符合历史实践。因为，儒家提出的"仁政"，是一个不可分割的两字概念，商鞅不可能以单字之"政"来指代。同时，单字之"政"，在先秦典籍中也没有专指"儒家仁政"的任何例句。

二则，治国之要，务在扎实做好日常国务，力戒宏大粗疏。

其原文表述——"治大，国小；治小，国大"。这则论断，堪称一则治国格言。若不以战国历史实践中出现的类似论说为参照，而仅仅以其字面意思直译，还真是难以解其本意。近现代以来的史家研究，大多都是对这一论断从字面解读，将"大"注释为治道广大的王道礼治，将"小"注释为治道缩小的法治。上述之高亨先生的《商君书注译》及黑龙江出版社的《商君书译注》，都是如此。事实上，这些望文生义的解读，在解读者本人或可自圆其说；但是，若代入原典文本，立即显得疏离甚远。因为，这一论断若是治道选择，用"大"与"小"来定位某一治国之道，显然不妥。须知，治国之道无大小，只有所选择理念的对与错，或曰只有选择的适合度。另一方面，《商君书》中多有涉及治道选择的论说，从来都是有鲜明态度的——反对礼治也反对人治，只以法治为唯一选择，从来没有过从"大""小"意义上定位治道之论说。因此，诸如此类的误读，显然是不能成立的。

我们所说的可供参照的"引子"论说，是战国后期荀子大师在《强国》篇中的"为政者，积微速成"的论说。此论，在《强国》篇中独成两百字上下的大段。这里简说其核心精神：举凡治国理政者，往往都注重大事而厌烦琐细政务。大事者何？战争也，灾难也，动乱也，庙堂构建也等。殊不知，此等事往往很少出现，即或出现也不会耗费太多岁月。相反，国家种种政务是天天都有的，及时正确地处置这些琐细政事，虽耗费时光，但却能积累起很强大的国家实力。所以，"为政者，积微速成"——注重每日处理琐细政务，反能迅速积累起巨大成效。荀子认为，这一道理很清楚，一般君主官员却很难做到；犹如《诗》云"德𬨎如毛，民鲜能克举之"——道德虽轻如鸿毛，一般人却很难举起来。

依据历史实践，身处战国后期的荀子大师的"积微"论，与商鞅这一格言的精神完全一致。是故，荀子之论很可能是对《商君书》论断展开的论说。而无论是否如此，荀子的"积微"论，都给我们解读《商君书》这一格言提供了足够的同时代参照。

据此，"治大，国小；治小，国大"的本意便很清晰——治国若宏大粗疏，实则大而无当，如此国家必然弱小；治国若扎实细密，每日处置好具体政务，则国家必然强大。

三则，富国之本在于实物形态的粮食丰足，而不在金钱存量。

其原文表述——"民无逃粟，野无荒草，则国富，国富则强……金生而粟死，粟生而金死。本物贱，事者众，买者少，农困而奸劝，其兵弱，国必削至亡。金一两生于境内，粟十二石死于境外。粟十二石生于境内，金一两死于境外。国好生金于境内，则金粟两死，仓府两虚，国弱。国好生粟于境内，则金粟两生，仓府两实，国强……按兵而农，粟爵粟任，则国富"。

这一理念，充分体现了商鞅变法讲求实际的治国精神。

其核心内涵，是粮食本位的富国理念。首先提出了"国富"标准，即"民无逃粟，野无荒草，则国富"。很具体，民众不因无粮而逃亡（实则是家家有粮食储备），田野不生荒草（没有荒芜的耕地），这便是国家富裕。再次，粮食之实际价值远远超过金钱，国家必须重粮食而轻金钱。两者在实践中的辩证关系是"金生而粟死，粟生而金死"——国家若看重金钱，必然导致空仓无粮；国家若看重粮食，金钱便没有破坏力。

在治国实践中，其辩证关系是——"国好生金于境内，则金粟两死，仓府两虚，国弱。国好生粟于境内，则金粟两生，仓府两实，国强……按兵而农，粟爵粟任，则国富"。这是说，在国家之法令政策中若以积累金钱为本，则粮仓与金库都会变空（两死）；若国家法令政策以保护粮食为本，则金钱与粮食都会蓬勃增长（两生）；减少战争而注重农耕，并使因农耕之功而得到爵位（粟爵）的人担任农耕官吏，则国家必然富裕。

──＋附记＋──

对本篇的考辨评析，有一个特殊问题需要说明。

这个问题是：如前言所述及，我们的考辨评析所依据的版本，是"严蒋本"——清代大学者严万里收藏并修订，而经由近现代大学者蒋礼鸿先生再度修订而被认定为"最为善本"的主流版本。这一版本的基础，无疑是清代版本。在清代版本的《去强》篇中，原文为"姦"字，未见"奸"字出现。但是，这一版本的新中国重印本，皆将"姦"字变为"奸"字。高亨先生在20世纪70年代的《商君书》注译本，及同时期其余专家注译的版本，也全部变为"奸"字，再无"姦"字出现。

于是，诸多问题随之出现——

其一，在"奸"与"姦"同为本字的历史背景下，《去强》中的"奸"字，是否在一开始的原生态版本中就是"姦"字？所谓本字，就是在中国文字的创造阶段就已经出现的基本文字。具体说，就是在秦帝国统一文字时期已经存在，并被纳入统一文字范畴的文字，就是本字——中国文字大系中的基本字。依据历代文献工具书的认定，"奸"与"姦"皆为本字，虽早期表意不同，但"姦"可以"通假"于"奸"。事实上，在文字省形发展的历史原则下，"奸"字在秦汉之后，已经渐渐取代了"姦"字。

其二，清代版本的《商君书》，是否就是战国晚期成书的《商君书》的原貌？也就是说，清代版本中是"姦"字，是否就意味着秦汉时期直到东汉，以至宋代的《商君书》版本，都是"姦"字而不是"奸"字？

因为，在考据中国古典文献的传承历史时，东汉造纸技术的出现，及宋代雕版、活字印刷术的出现及书写字体标准化程度的不断提升，是两个必须考虑的社会基础因素。两次皆是传播手段的大改变。前者，从简牍转化为纸张，所有文献都必然在重新抄写中发生某些变化。后者，从手工抄写变为标准字体的雕版和各类材质的活字印刷，所有文献又必然因大规模、全面化地再度复制、转写，发生再次审定而带来的某种变化。及至明清两代，已经进入了木制雕版印刷的又一个新时期，不同学者审定的古典文献又经不同作坊的雕版印制，必然产生种种复杂变化，形成多种版本。各家藏书所以有"善本"之说，皆因此等传播的基础技术而形成。在此等多经"涅槃再生"而呈现的清代古文版本，如何能必然保证与战国时代成书的原生态版本的《商君书》一字不差？

其三，从蒋礼鸿一代近现代大学者开始，到新中国的高亨等一批大学问家出现，他们都具有高深的学养，对《商君书》都有基于近现代理念的深入研究。在他们的时代，新中国因为推行简化字，而在古典文献的重新出版印制时，发生了一次大规模使用"简化字"的改变。于是，《商君书》的"姦"字，在诸多当代文本中都变成了"奸"字。

于是，许多人认定，"奸"字是简化字，与清代文本的"姦"字不同。

问题是，蒋礼鸿先生、高亨先生都是近现代历史上的著名大学者，他们不知道"奸"与"姦"的关系吗？如果"奸"字取代"姦"字，果真是简化字制度的原因，以他们的学术良知，他们会接受这种"简化"吗？他们为什么没有向文字改革委员会等相关机构质询或建议？须知，当时的他们，在专业问题上是不可能没有发言权的。

说到底，他们之所以接受了这种貌似时代因素使然的一字之变，是因为他们对中国古典文献的艰难曲折而多经"涅槃再生"的历史有深刻的认知。在既深知清代古文版本是"姦"，又深知"奸"与"姦"皆为本字，且"姦"可以通"奸"的情况下，这些大学者们以义理通达为本，默认了这道历史文献在自身流传中所造成的"裂缝"，或曰"伤口"。

其四，这道文献"伤口"可以这样描述——

说清代古文版本与宋代之前的版本未必符合，没有证据，只能怀疑。

但是，若以清代古文版本为准，将这个字认定为"姦"字，则义理显然不通。至少，《商君书·说民》对"奸""善"两个概念有明确解说。

我们的考辨评析，基础是清代严万里整理后的版本（经蒋礼鸿先生考订），但在这个具体的问题上，却没有使用"姦"字，而以义理通达为本，采用了"奸"字。这一过程，没有文本依据，只有历史逻辑的推理。故此，也是一道客观存在的文献"伤口"。

最后，我们要强调的是，客观呈现历史文献的"伤口"，及其与现实研究之间无法（无证据）弥合的裂缝，是我们作为研究者的诚实性所决定的。今天的我们，诚实地承认"伤口"与"裂缝"的存在，是期待后来者能够合理解决。我们期待一种可能，将来的考古深入化，或许能发掘出先秦时代的《商君书》竹简版本，终可厘清文献原貌。总归说，我们的处理原则是四句话——保留现状，承认"伤口"，提出问题，启迪后学。

历史总是在有问题的状况下发展的。

不回避问题，是任何研究者的良知与责任。

说民第五
确立民治之道　是为治国之本

1.辩、慧，乱之赞也；礼、乐，淫佚之征也；慈、仁，过之母也；任、举，奸之鼠也。乱有赞则行，淫佚有征则用，过有母则生，奸有鼠则不止。八者有群，民胜其政；国无八者，政胜其民。民胜其政，国弱；政胜其民，兵强。故国有八者，上无以使守战，必削至亡；国无八者，上有以使守战，必兴至王。

2.用善，则民亲其亲；任奸，则民亲其制。合而复者，善也；别而规者，奸也。章善则过匿，任奸则罪诛。过匿则民胜法，罪诛则法胜民。民胜法，国乱；法胜民，兵强。故曰：以良民治，必乱至削；以奸民治，必治至强。

3.国以难攻，起一取十；国以易攻，起十亡百。国好力，曰以难攻；国好言，曰以易攻。民易为言，难为用。国法作民之所难，兵用民之所易，而以力攻者，起一得十。国法作民之所易，兵用民之所难，而以言攻者，出十亡百。

4. 罚重爵尊，赏轻刑威。爵尊上爱民，刑威民死上。故兴国行罚则民利，用赏则上重。法详则刑繁，法简则刑省。民不治则乱，乱而治之，又乱。故治之于其治，则治；治之于其乱，则乱。民之情也治，其事也乱。故行刑重其轻者，轻者不生，则重者无从至矣。此谓治之于其治也。行刑重其重者，轻其轻者，轻者不止，则重者无从止矣，此谓治之于其乱也。故重轻，则刑去事成，国强；重重而轻轻，则刑至而事生，国削。

5. 民勇，则赏之以其所欲；民怯，则刑之以其所恶。故怯民使之以刑则勇，勇民使之以赏则死。怯民勇，勇民死，国无敌者，必王。

6. 民贫则弱，国富则淫。淫则有虱，有虱则弱。故贫者益之以刑则富，富者损之以赏则贫。治国之举，贵令贫者富，富者贫。贫者富，富者贫，国强，三官无虱。国久强而无虱者，必王。

7. 刑生力，力生强，强生威，威生德，德生于刑。故刑多则赏重，赏少则刑重。民之有欲有恶也，欲有六淫，恶有四难。从六淫，国弱；行四难，兵强。故王者刑于九而赏出一。刑于九则六淫止，赏出一则四难行。六淫止则国无奸，四难行则兵无敌。民之所欲万，而利之所出一。民非一则无以致欲，故作一。作一则力抟，力抟则强；强而用，重强。故能生力、能杀力，曰攻敌之国，必强。塞私道以穷其志，启一门以致其欲，使民必先行其所恶，然后致其所欲，故力多。力多而不用则志穷，志穷则有私，有私则有弱。故能生力不能杀力，曰自攻之国，必削。故曰：王者国不蓄力，家不积粟。国不蓄力，下用也；家不积粟，上藏也。

8.国治：断家王，断官强，断君弱。重轻去刑，常官则治。省刑要保，赏不可倍也。有奸必告之，则民断于心。上令而民知所以应，器成于家而行于官，则事断于家。故王者刑赏断于民心，器用断于家。治明则同，治闇则异。同则行，异则止。行则治，止则乱。治则家断，乱则君断。治国者贵下断，故以十里断者弱，以五里断者强。家断则有馀，故曰日治者王；官断则不足，故曰夜治者强；君断则乱，故曰宿治者削。故有道之国，治不听君，民不从官。

——┼ 考辨评析 ┼——

这是论说民治之道，即国家社会治理的一篇专论。因直接涉及对民众整体及各种群体的不同认知及定位，并论说因此而对应产生的治民之法，处处涉民，故名《说民》。

民治，是任何时代的国家政权都必须解决好的最基础问题。也就是说，民治之道的选择，是治国理政的根基。否则，国家必然因内乱而崩溃灭亡。战国时代政治文明的核心内涵，即国家治道，已经发生了重大变化。在这一时代的思想大爆炸中，以政治文明之理论体系为核心的法家、儒家、墨家、道家、兵家、杂家（以《吕氏春秋》为代表）等学派，皆以总结既往国家兴亡的经验教训为基础，提出了各具特色的国家治理学说，即各不相同的"治道"主张。就理论形式之共性说，这些学派的"治道"思想，核心内容一般都有三个基本方面：其一是"君道"，即对国家君主之行为规范的设定，及对其历史依据的论说；其二是"吏治"之道，即对官员群体之行为规范的设定，及对其历史依据的论说；其三是"民治"之道，即对民众之行为规范的设定，及对其历史依据的论说。

在这三者中，"君道"处于最高端，是国家的灵魂指向所在。"吏治"之道，是处于中间位置的社会秩序运作的主干。"民治"之道，则是最基础部分，是具有最终决定国家命运之意义的根基部分。就国家时代文明形态的总体框架看，三者各有其存在价值，缺一不可。若就其相互之间的依存关系看，则"民治"问题显然居于最根本地位。最直观的历史呈现就是：国家民治若陷入混乱，则国家必然崩溃。

先最简约地梳理一下春秋战国各家提出的"民治"之道。

儒家"民治"理念的基本面有三：一则，依据礼治体系提出的伦理规范——"三纲五常"；二则，基于王道人治理念提出的"仁政"主张；三则，以诸多礼治典籍为精神基础，提出对民众实行"教化"的主张。三者总起来说，如同礼治之基本缺陷一样，都失之于大而无当。大而无当的实质，是以弹性极大的道德上限为社会行为规范，从而导致实际上在社会中完全不具有可操作性。故此，虽道德感很强，却只能在极小一部分人中实现。

道家之"民治"理念相对简单，可以概括为"小国寡民，无为而治"两个方面。从实质上看，除了以上古国家之小诸侯林立的"小国寡民"为理想境界之外，道家实际上对"民治"之道没有任何国家层面的具体主张。因为，"无为而治"，实质上是排除一切治道的。总体看，道家比儒家还要模糊，还要大而无当。

墨家体系的"民治"理念，则是一种以"救世"精神为本的抗暴行动之实践。其"救世"精神的实践体现，是"兼爱、非攻"两个方面。"兼爱"，是爱天下所有人；"非攻"，是不侵掠任何人，也反对任何主体以任何形式侵掠别的社会主体或个人。基于这种救世精神与实践理念，墨家以学派之力，成为中小诸侯国最有力的反侵略战争的同盟力量。虽然可贵，但对建设各个国家的社会秩序却没有正面效用。至于"救世"之后如何"治世"，即通过何种"民治"之道建立社会生存秩序，墨家没有提出正面主张。与此同时，墨家始终坚持以学派理念判断国家行为之是非曲直，既疏离于任何国家的法治之外，又疏离于民众置身其中的社会秩序之外。因此，墨家精神虽然可贵，但却始终只能是一种"补缺"之用的"救世"理想，而不是建设性的"民治"主张。

兵家较为特殊。因每个兵家大师的基本面都有富国强兵主张，因而在涉及基础力量、兵源素质、庙堂运筹等根本性战略问题时，其"民治"主张虽论说粗疏，但都非常接近于法家。这里不再详陈。

被后世定位为"杂家"的《吕氏春秋》，则较为复杂。一个基本面是，《吕氏春秋》赞同并支持商鞅开创的法治大道；另一个基本面，吕不韦在《吕氏春秋》中又以三代王道为基础，对"民治"之道又提出了多种基于礼治规范的伦理要求，诸如商业活动中的"义利"关系处置等。总体说，《吕氏春秋》的"民治"主张，基本上是以建立法治社会为根基，以部分礼治伦理规范为补充的"修正"主张。

与如上各家鲜明不同的，是法家的"民治"思想体系。

战国法家大师之融入政治实践最深者，商鞅也。商鞅的法治思想，不仅表现为思想体系，尤其表现为成功的治国实践。因此，商鞅的民治思想体系，内涵特别饱满，且极富于操作性，完全超越了同时代任何思想流派与治国实践者。

其一，商鞅"民治"理念的基本点。
首先，商鞅对"民众"做出了具体区分，主张分别治理。

在整个《商君书》中，"民众"不是一个囫囵的群体，而是基于人性本能、利益需求、外部作用力等种种因素的交错渗透，进而形成的庞大复杂的差异性群体。这是一种客观存在，但任何一家流派都没有对此给出发现性的揭示。因此，各家提出的"民治"之道或"治世"之道，皆失之大而无当的囫囵化，很难具有现实操作性。商鞅独具慧眼，以秦国为实践基地，对"民众"群体做出了种种具体划分，且提出了不同的法治原则。这是此前任何一家都没有做到的，是伟大政治家洞察能力的深刻体现。综合《商君书》其余篇章之内容，及《说民》篇之呈现，其具体的划分是——

依据从业不同的基本划分，有七种基本民众群——

农民，即专一从事农耕的人群；

农战之士，即以农耕为本同时输出兵员的农户群；

工匠，有私家作坊的技艺者，及国营作坊的职业工匠群；

商贾，异地贩运的商人群，及坐地开店的贾人群；

流动技艺人，自由技艺者及受雇于各种户主的技艺者群；

游士，以礼乐虚浮之学游动谋生的人群；

附庸人口，依附于贵族的租田户、门客、仆役、技艺人士、私家护卫等各种人口群。

依据人性行为特质的划分，有五种基本人群——

奸民，即本性邪恶的人群，此字读 jiān 音；

干民，干练人士群，字形同"奸"，读 gān 音；

善民，淳朴向好人群，用"善"字本义；

善民，相互遮掩违法行为的伪善人群，用"伪善"之意；

疲民，无固定从业而流动谋生的懒惰人群。

上述人群之划分与认知论说，见于《商君书》各篇，皆有其因治态而异的论说，而不是抽象的定义性划分。尽管这种划分与近现代社会所产生的阶级、阶层划分的精细度尚有一定距离，但是已经依稀具有了民众因社会地位与利益需求不同，而分为不同群体的接近本质的深刻认知，具有超越同时代任何学派的相对真理性。

在这些基本理念的基础上，商鞅在《说民》篇提出了基本的"民治"之道，也就是法治大道下的"民治"原则。

其二，消除八种礼治流风，是确立民治之道的基础。

在《说民》开篇，商鞅首先提出了八种基于王道礼治传统而产生的严重危害民治的流风。这"八风"是：辩（不切实际的空言之风）、慧（为人处世的机巧之风）、礼（耗财劳力的虚浮礼仪之风）、乐（民间婚丧的浮华奏乐之风）、慈（放纵年少之人的娇惯之风）、仁（包容恶行的伪善之风）、任（任用亲朋之风）、举（引荐私人之风）。

对此"八风"的危害，商鞅的论说是：辩、慧流风，"乱之赞也"——礼治浮学的辩说与巧思是民众风习沉沦的诱发力量；礼、乐流风，"淫佚之征也"——礼乐流风是民众放荡淫逸的外在征候；慈、仁流风，"过之母也"——娇纵后生的慈仁流风是未来一切过失的根源；任、举之风，"奸之鼠也"——礼治时代担保及举荐的任官流风，是奸恶行为的保护居所（鼠，居所也。）

礼治流风激荡，导致民治混乱而最终国家败亡的逻辑效应，是这样步步相连的——"乱有赞则行，淫佚有征则用，过有母则生，奸有鼠则不止。八者有群，民胜其政；国无八者，政胜其民。民胜其政，国弱；政胜其民，兵强。故国有八者，上无以使守战，必削至亡；国无八者，上有以使守战，必兴至王"。这就是说，"八风"不除，民治不能走上法治正道。

其三，任用基层（乡亭里）民吏的原则。

总体原则是，用干练之民治理伪善之民。

商鞅首先准确把握了法治条件下的"民治"的关键点，是直接出自民众的基层吏员。具体说，就是乡亭里三级的乡长、亭长、里正。在商鞅变法过程中，秦国逐步完成了县级官署之下的农村三级政权建制，即乡、亭、里三级制。最基层的"里"，相当于现代的自然村，"里正"为其村民首领。之上的"亭"，相当于现代的建制村（大小不尽相同），包括多个"里"，"亭长"为其首领。再上的"乡"，大体相当于现代的乡镇，包括数目不尽相同的多个"亭"，"乡长"为其首领，同时设有辅助议事的"三老"之位（由年高德劭的老人担任，是谓乡贤）。这三级小吏，乡亭之长皆为官身或半官身吏员，唯"里正"为真正农民。但从根基上说，乡亭之长实际也都是农民。从吏治之道说，则全部都是"民"。国家对农耕民众的实际治理，全部通过这些"农民"吏员完成。故此，选用何等民人担任这些基层吏员，也就是任用何等民人直接治理所辖村民，自然成为民治根基确立的关键点。

对这一任用基层吏员的总体原则，《说民》篇这样论证——"用善，则民亲其亲；任奸（奸读为干，干练能才之意），则民亲其制。合而复者，善也；别而规者，奸（干）也。章善则过匿；任奸则罪诛。过匿则民胜法，罪诛则法胜民。民胜法，国乱；法胜民，兵强。故曰：以良民治，必乱至削；以奸民治，必治至强"。

这段论述的最重要之点，是对"奸""善"两个概念做出了直接解释——"合而复者，善也；别而规者，奸也"。其中的"复"

字，为覆盖之意。这是说，聚集在一起便相互遮掩过失者，是谓"善"。依据法治理念，这不是真正的淳朴向好的良善，而是礼治流风影响下的伪善。"别而规者，奸也。"这里的"规"字，本义是窥视，延伸为注意与监督，是说人群分开之后，自己依然守法且能监督别人的不法行为。依据法治理念，这种人是干练之民（同上篇之考辨：奸同干，干亦同奸，此处读 gān 音，干练之意），是应当被任用为吏员之人。其实际意思是说，用干练守法之人来做乡、亭、里的基层吏员，来实际落实民治法令，才是正道。

如此做法的逻辑效应是——"以干民治，必治至强"。

其四，民治之要，在"法作民之所难，兵用民之所易"。

这是从人性的普遍弱点出发而提出的一条民治原则。

商鞅法治思想之伟大，在于准确而深刻地于两千四百余年前就确立了实现法治社会的两个基本点：一则是立足"人性恶"，一则是立足"行法"（司法）本位。西方国家直到近代资本主义革命，才得以提出以这两个基本点为根基的法治理论，并确立为近现代法治文明的普遍基础。若非中国统一文明在秦帝国之后发生内在变形，在扭曲黑化商鞅变法的同时，又在实践中抛弃了战国时期开创的法治文明而倒退回归人治，中国古典文明之后续发展，将远非历史实践所展现的那样不断萎缩，以致在近现代开端时期几度陷于亡国危难。

立足"人性恶"而实施法治，其基本点就是以纠正人性的普遍弱点为民治之要领；以"作民之所难"的民治之道，达到"用民之所易"的强国目标。这里的"民之所难"的"难"，实际上就是人性的普遍弱点，即趋下不趋上的弱点。因为，沉沦下滑不费力，则易；奋争上行须努力，则难。此即虚浮沉沦易，正道奋争难。人性固然皆有"血气争心"，但要全力走向正道，却绝非依靠人性本能所能办到。民众之善性彰显而正道奋争，需要以民治之道的"清恶"为基础，需要以法治之道的"扬善"为条件。

商鞅提出的民众流风所体现的人性弱点，就是"民易为言，难为用"。这里说的是两种情况：一则，人性的普遍弱点是"易为言"，即人容易为虚浮流言所惑，陷入轻松省力的"好言"（喜欢大言空谈）习俗，而使农战精神涣散。再则，人性的另一普遍弱点是"难为用"，即通过致力农战将自己变成国家所用之人，同时又给自己带来巨大实际利益，则很难。

虽然如此，民治之道的精要，是要通过强制性的"国法"，助力民众消除趋于沉沦的本能，此即"作民之所难"。同时，通过"法出必行"的重赏，使致力耕战而立功的民众能够立即获得荣誉、地位及实际利益，从而使民众走上通过自身努力而大大改善生存状况的路径。如此，民众必然成为乐意耕战，且积极为国家所用的有效力量。由此，强兵便成为容易的事情。此即"兵用民之所易"的道理。

但是，如果将这则民治之道反过来实施——"法作民之所易，兵用民之所难，而以言攻者，出十亡百"。也就是说，若是放任民众基于本能而陷入虚浮沉沦，很容易；对努力耕战的部分民众不重赏不激励，要征发兵员便很难。在此等状况下，要说出战对敌，必然是"出十亡百"——出兵十个便能逃亡一百个。因此，不行正确的民治之道，国家必然败亡。

其五，民治之道的两大原则："法详"与"刑重"。
商鞅的治民之道，有两个基础性原则。

　　　　　　　　　　　　　　　　　　法治文明论

一是立法原则——"法详",即法律体系要力求完备。

二是司法原则——"刑重",即轻罪重治原则。

对于如上两原则的合理性,本篇后文皆有具体论说。应该注意到,原典第 4 段论说,商鞅是以达到法治国家的总目标为最终方向论说的,而不是以法律实施的公平性与合理性(正义性)为方向论说的。这是商鞅论述变法主张的一个基本点,其所有的逻辑效应推理,最后的目标都是法治强国,概无二端。故此,作为思想遗产,有其符合战时法治的相对真理性的一面,也必然有因一定的历史缺陷——行法实践中的公平性与合理性被相对忽视——而不能常态继承的一面。

本篇中,商鞅首先提出了一个基础思想——"罚重爵尊,赏轻刑威。爵尊上爱民,刑威民死上。故兴国行罚则民利,用赏则上重"。须得注意,这里的"重""轻"两字,被当代史家普遍错解为程度上的重与轻之意,与商鞅思想体系的真正内涵距离很大。其正确的本义,在这里是身份高下的表示。同时代的《韩非子》中有"重人"概念,即身份高贵的权臣。"轻",则是身份卑微的人。战国诸子百家的典籍,亦多以"重、轻"表示身份高下。当然,这两个字也同时有量度与程度的表示,这表明了中国文字的多义性特征。其正解要点,全在理解文本的整体指向。

如此确立这两个字的真实含义之后,这一基础思想立见其深刻特异——惩罚显贵之人(罚重),则彰显爵位的尊贵;赏赐卑微之民(赏轻),则彰显国法威严;爵位尊贵,则使君主爱民;国法威严,则民众能誓死效忠国家。是故,兴盛之国对违法贵族实施重罚,则有利民众;对卑微而有功之民激赏,则君主权威稳固(上重)。

这一思想因其实用有效而延续至后世,变形成为后世古典社会确立君权，及将帅确立军中威望的一条权谋性经验——罚贵赏贱；又被概括为"罚不避重，赏不遗贱"的政谚；且被经常性运用于实践。此虽后话，但也确定无误地证实了商鞅变法"罚重赏轻"主张的本意。

在此基础上，《商君书》遂对上述两方面的原则进行了分项论说。

第一是立法原则——"法详、刑繁"。这一原则的真实涵义，是法律体系要尽可能地完备，此谓"法详"，宁可实施起来繁难（刑繁），也不能走"法简"的路子。在后来的秦国法治实践中，这一原则已经发展为现实存在的"凡事皆有法式"的程度，可谓古典社会之立法巅峰。立法原则之实现，可谓充分到位。历史实践之效果，也非常成功。

对于立法原则的必要性及现实逻辑效应，本篇这样论说——"法详则刑繁，法简则刑省。民不治则乱，乱而治之，又乱。故治之于其治，则治；治之于其乱，则乱。民之情也治，其事也乱"。这是说，国家法律详细了，行法必然繁难；国家法律简单了，行法就省事；法律简单而行法省事，则容易导致乱象；乱发而强治，压下一波乱象便仍会发生乱象。故此，实施民治的有效路径，就是要在国家安定之时仔细治理（治之于其治），便会实现真正的稳定；动乱之时再强治，则乱局难以消除。最终，商鞅从人性之普遍弱点出发而做出论断：民情是趋于治道的——"民之情也治"，但其行为却是趋于多变混乱的，即"其事也乱"。故此，民治需要完备的法律体系来规范。

第二是行法（司法）原则——"刑重其轻"。请注意，这里的"重"是程度之重，而不是前文的身份显贵之意；这里的"轻"，也同样是程度之轻（轻罪），也与前文的身份之"轻"有别。这一行法原则，是基于上述基础思想而产生的，其行文依然是逻辑效应的演进——"故行刑重其轻者，轻者不生，则重者无从至矣。此谓治之于其治也。行刑重其重者，轻其轻者，轻者不止，则重者无从止矣，此谓治之于其乱也。故重轻，则刑去事成，国强；重重而轻轻，则刑至而事生，国削"。

这一逻辑效应，用现代语言表述，其真实的意思便是——在司法实践中若重罪用重刑，轻罪用轻刑，则会使轻度违法不能消除，重度犯罪更无法制止；这便是前面说的，治民于乱发之时的做法。所以，对轻罪处以重刑（重轻），则轻度犯罪会被消除，达到民治安定及国家强大之效果（事成国强）；反之，重罪重刑，轻罪轻刑（重重而轻轻），则刑治完毕而事端必生，国家必然衰弱。

应该说，在商鞅变法所呈现的法治思想体系中，这种立足于社会实践并有着严密的逻辑效应的推演，其理论认知是非常深刻的，其历史实践也展现了巨大的成功，具有很强的相对真理性。

但是，从价值继承的意义上看，这一主张所赖以立足的君主制时代已经过去；又因为《商君书》完全以治道目标为中心点，而相对缺乏当代法治理念所要求的对"公平、正义"两大原则的追求——法律体系内在的量刑适当的合理性原则——因而必然具有历史缺陷。因此，这种"轻罪重刑"的司法原则，在当代社会是不适当的，不具有继承性。

但是，我们不能因此缺陷而否定这一主张的相对真理性。也就是说，我们不需要继承它，但也没有理由指斥它在当时的合理性及历史作用。在《商君书》中，这种因时代消逝而显出历史局限性的情况所在多有。因此，我们必须明确，对待这种历史局限性该当具有的认知原则。否则，我们将陷入人道主义与法治正义旗帜下的历史虚无主义，从而将现代文明理念变成了一种丧失历史客观性，进而摧毁中国文明历史基础的荒诞认知。

其六，治民基本路径：激发"民勇"，奖励"民富"。

在立法、司法两原则之后，《说民》篇接着提出了以法治民的基本路径，即激发"民勇"，奖励"民富"。与《商君书》开篇《更法》中提出的"法以爱民"相对应，《说民》篇呈现了商鞅变法的治国特质。

对于激发"民勇"，商鞅是与消除"民怯"相联系而论说的。

这里的逻辑效应，见原典第5段。用现代语言表述，就是说，对于勇敢作战的民众，国家就要给以该当的赏赐，以满足其所求；对于怯懦逃战的民众，则要以刑治处罚，使其明白畏战是一种犯罪。是故，对"怯民"以刑治，则能激发其勇；对"勇民"以重赏，则能使其成为敢死之士。最终，"怯民"勇敢了，"勇民"敢死了，国家就无敌了，就必然是天下第一了（必王）。

对于奖励"民富"，商鞅是与摆脱"民贫"相联系而论说的。

首先，在一般意义上商鞅论述了一个普遍性现象——"民贫则弱，国富则淫"。这是说，民众贫穷则国家衰弱，国家富足则产生淫逸奢靡之风。请注意，这里说的腐败根源是"国富"，而不是民富。也就是说，商鞅已经在客观上将"国富"（财富集中于国家）与"民贫"认定为对立而又有联系的两种现象。其次，论说其逻辑效应——"淫则有虱，有虱则弱"。即淫逸奢靡就会生虱（社会蛀虫），有虱害则国家变弱。

须得留意，在《商君书》各篇章中，多有"虱"及"虱官"的提法。高亨先生辨析认定，"虱官"之意不通，为字形相近之误，当作"虱害"。应该说，这是成立的。但是，"虱官"之本意，专指腐败官员，作为对"害虫官员"的贬称，并无不通。我们认为，若作"虱害"之说，涵义虽更具普遍性，但却有失专指本意；因此，还当维持"虱官"之原意，则更见商鞅政治认知之鲜明深刻，如此并无不妥。

紧接其后，《说民》篇提出了使贫民变"富民"的法治路径及逻辑效应——"故贫者益之以刑则富，富者损之以赏则贫。治国之举，贵令贫者富，富者贫。贫者富，富者贫，国强，三官无虱。国久强而无虱者，必王"。依据其内涵，这段论说的语序稍作调整，将"治国之举，贵令贫者富，富者贫"作为总则置前，则更见通畅。我们即按照这样的语序，用现代语言来表述这段话——

治国的实际举措，最重要的是能让贫者变富，富者变贫（财富减少），使贫富差距相对均衡。依此目标，对贫民，应以有利其变富的法令激励他们（益之以刑），使其能从专精农战中得到国家赏赐，也得到实际利益而变富。对富人，则应以鼓励其种种无偿捐助，如助力军费、助力大型要塞工程、助力民生水利工程（以此获得国家爵位）等，使他们的财富减少（相对变贫）。在后来的历史实践中，秦国所以出现了吕不韦、寡妇清、乌氏倮等著名的巨商出身的高官高爵，即是这一现实国策推行的结果。在当时的现实中，这些巨商大富所以能通过大损其财而贵其门庭，其前提条件一定是国法推行对富商"损之以赏"的国策。

其七，强国路径：以法治之道激发民众力量。

在《说民》的第 7 段，商鞅明确提出了以法治之道激发民众力量，进而达成强国目标的路径。对此路径，商鞅从关涉民治的法治重刑原则开始，通过环环相扣而又一以贯之的逻辑效应，逐层深入，进行了充分论证。

一则，是对以法治国的总则性论说——"刑生力，力生强，强生威，威生德，德生于刑。故刑多则赏重，赏少则刑重"。对于民治之道，重刑原则具有最广泛的影响力。是故，以法治激发民众之力的论证从此开始。这是说，刑罚能通过惩恶而生成民众正道奋争的精神力量（刑生力），民众正道奋争之力则能生成强大的国家力量（力生强），强大的国家则具有主导天下的威严（强生威），国家威严则能生成惠及天下的大德（威生德）。基于强大威严的大德，则产生于法治（刑）。所以，"刑多则赏重，赏少则刑重"——刑罚多，则国家必然对有功之民赏赐丰厚（赏重）；若赏赐减少，则反衬刑罚太过严厉（刑重）。总的归结是，"刑多、赏重"，也就是重刑与重赏同行，方是治理民众的法治之道。

二则，以法治之道去除人性中的恶欲。

先揭示了恶欲的具体形式及连带危害——"民之有欲有恶也，欲有六淫，恶有四难。从六淫，国弱；行四难，兵强"。原作文本里，对"六淫""四难"没有列出具体所指，因此而成历来史家的疑难模糊之处。其中，当代史家对"四难"做出推断性解释的，是高亨先生《商君书注译》之说："四难当指务农、力战、出钱、告奸四件事。"基本为当代学界普遍采用，当有一定合理性。但是，对于"六淫"，古代以至当代研究者，几乎都没有做出明确的解释，大部分都是绕了过去。只有一种推断性说法，认为应该等同于《去强》篇的"六虱"。但是，此说很少被其余研究者赞同引用。

我们的考辨认定，有两个基本点：一则，从原文出发，考辨本意。原文为"欲有六淫"，其本意是人的欲望有六种。六种欲

　　　　　　　　　　　　　　　　　　　　　　　法治文明论

望难以自我克制，使人浸淫其中不能自拔，故称"六淫"，后世称为"本能"。二则，以历史实践为依据，推论其真实涵义。就文本论说特点看，《商君书》犀利深刻，其所提概念凡有所指，皆能明确其物性表征，如"礼治十者""国有八者""六虱"等，皆有明确所指。而此处偏偏只提"六淫""四难"名称而不言所指，只能是一种情况——这是当时社会人人所知的常识性概念，无须具体列出。

另一证据，是战国后期成书的《吕氏春秋·贵生》篇，也有运用"六欲"概念而不做解释的现象。吕氏原文为"所谓全生者，六欲皆得其宜也"。对此"六欲"做出注释的，是后世东汉学者高诱，其云："六欲，生、死、耳、目、口、鼻也。"即是说，求生、畏死、耳听美声、目睹美物、口求美食、鼻求美味，是人之生而俱有的六种本能，是谓"六欲"。高诱作注的事实说明，数百年后的社会知识普及程度，已经落后于战国的思想大爆炸与私学大普及了，此类知识已经需要专门学者来解读了。如此，从战国后期的吕不韦也没有对"六欲"做出具体解释的事实看，基本可以认定，这是一组在当时社会条件下不需要解释的概念。

据此可以确认"六欲"就是《商君书》所言的"六淫"。

对于"四难"之说，我们认为高亨先生的推定基本成立。

在此基础上，再来看法治除恶的具体路径。对这段文本，我们作了重新标点，以使其内涵联结更为清晰——"故王者刑于九而赏出一。刑于九则六淫止，赏出一则四难行。六淫止则国无奸，四难行则兵无敌。民之所欲万，而利之所出一。民非一则无以致欲，故作一。作一则力抟，力抟则强；强而用，重强。故能生力、能杀力，曰攻敌之国，必强。塞私道以穷其志，启一门以致其欲，使民必先行其所恶，然后致其所欲，故力多。力多而不用则志穷，志穷则有私，有私则有弱。故能生力不能杀力，曰自攻之国，必削。故曰：王者国不蓄力，家不积粟。国不蓄力，下用也；家不积粟，上藏也"。

这是一段充满辩证思维的古典法哲学论说。

除"六淫""四难"之外，本段文意简约，逻辑严密，但却并不艰涩。此段论说的核心点，是"使民必先行其所恶，然后致其所欲，故力多"的民治路径。也就是说，要使民力聚合为国家实力，便要先消除民众难以克服的人性恶欲，将民众难以自行办到的事情（四难）变成民众踊跃效力的现实行为。而后，便要满足民众的欲望，即正当的利益追求。如此，方能聚合民力，使国家"多力"，从而达致"国不蓄力（因民力随时可用），家不积粟（因国家仓廪满储）"的强大状态。

其八，提出"民断"决定国家兴亡的早期民主观。

本篇结论中，商鞅提出了超越时代的国家兴亡观。

这一兴亡观的完整表述，是首先提出主张，而后按照逻辑效应层层深入论说。总体主张是，"国治：断家王，断官强，断君弱"。这是说，国家治态的境界差别是，国家大事若决定于民众之家，则国家可达王天下的高度；国家大事若决定于官府，国家也可以强盛；国家大事若只能决定于君主，则国家必然弱小。何谓"民断"？直白地说，就是民意之决断。由民意决断国家大事，是典型的早期民主理念。在中国古典农耕文明时代，能将"民断"提升到如此历史高度，不能不令人惊叹。

上述论断之后，是清晰的逻辑效应——

第一层，"重轻去刑，常官则治。省刑要保，赏不可倍（背）也。有奸必告之，则民断于心"。这是说，实行轻罪重刑而犯罪现象大为减少之后，只要依据法令正常遴选官员，便能够治理好民众；要减少犯罪现象，就要做到两条：一是实行什伍户籍担保制度，二是不能违背对民众的赏赐，不能失信于民。如此，民众有奸必告，便是民众已经做到了决断正误于心，即"民断于心"。究其实，"民断于心"便是后文说的"民心"，也是现代政治学上说的"民意"——对国家大政的满意度及信任度。在这一层，"民断于心"是根本。

第二层，"上令而民知所以应，器成于家而行于官，则事断于家。故王者刑赏断于民心，器用断于家"。这是说，国家颁布法令，民众便明白如何以行动响应；爵位公器由每个家庭奋争获得，而通过国家实现，国事大局便能决断于民众之家。所以，国家法治之道有两个基本点：刑罚与赏赐必须断于民心，即"刑赏断于民心"符合民意；爵位公器之获得，则必须由每个家庭奋争而来，即"器用断于家"。

第三层，"治明则同，治闇则异。同则行，异则止。行则治，止则乱。治则家断，乱则君断。治国者贵下断，故以十里断者弱，以五里断者强。家断则有馀，故曰日治者王；官断则不足，故曰夜治者强；君断则乱，故曰宿治者削"。这是说，治道公开（明），则民众同心；治道昏暗（闇，即"暗"之义，暗箱操作之意），则民众因不明政道而心志各异。同心则有行动力（生命力），心志各异则死水一潭（止）。有行动力则国家稳定（治），僵死则国家混乱。稳定兴盛，必决于家断；国家动乱，必起于君断。治国贵在"下断"——基层民众之认知。所以，十里之民方能决断大局者，则国家必弱；能在五里之内由民意决断大局者，则国家强盛。请注意，此处的"里"，并非面积单位，而是最基层的自然村。能做到"家断"，则国家富裕。故此，每日勤于民治而能达到"家断"者，则"王"天下。以"官断"国事，则力有不足，因为官府即或连夜努力治理，也只能做到国强地步。若仅以"君断"国事，则国家必然混乱。所以说，君主与官员若隔夜处置政事，则国家必然遭到削弱。

最终论断——"有道之国，治不听君，民不从官"。

这实在是一条令人惊叹的超时代认知——遵奉法治大道的国家，治国不需要君主命令，民众不需要服从官员意志。其隐藏的前置话语是，一切皆以法律制度为准绳。

大哉商君！这是中国古典政治学最为宝贵的思想遗产。

任何扭曲《商君书》及商鞅变法实践者，都应该认真理解商君"法以爱民"的思想，及在《说民》篇里提出的超时代理念——国家之兴亡大事，应定于民意决断；民众对国家的认知，取决于国家信用。

算地第六
以法律形式确立土地私有制

1. 凡世主之患，用兵者不量力，治草莱者不度地。故有地狭而民众者，民胜其地；地广而民少者，地胜其民。民胜其地者务开，地胜其民者事徕。开则行倍。民过地，则国功寡而兵力少；地过民，则山泽财物不为用。夫弃天物，遂民淫者，世主之务过也。而上下事之，故民众而兵弱，地大而力小。

2. 故为国任地者，山林居什一，薮泽居什一，溪谷流水居什一，都邑蹊道居什一，恶田居什二，良田居什四，此先王之正律也。故为国分田数小。亩五百足待一役，此，地不任也。方土百里，出战卒万人者，数小也。此其垦田足以食其民，都邑遂路足以处其民，山林薮泽溪谷足以供其利，薮泽堤防足以畜。故兵出粮给而财有馀，兵休民作而畜长足，此所谓任地待役之律也。

3. 今世主有地方数千里，食不足以待役实仓，而兵为邻敌，臣故为世主患之。夫地大而不垦者，与无地者同；民众而不用者，与无民者同。故为国之数，务在垦草；用兵之道，务在一赏。私利塞于外，则民务属于农；属于农则朴，朴则畏令。私赏禁于下，则民力抟于敌，抟于敌则胜。奚以知其然也？夫民之情，朴则生劳而易力，穷则生知而权利。易力则轻死而乐用，权利则畏法而易苦。易苦则地力尽，乐用则兵力尽。夫治国者能尽地力而致民死者，名与利交至。

4. 民之性，饥而求食，劳而求佚，苦则索乐，辱则求荣，此民之情也。民之求利，失礼之法；求名，失性之常。奚以论其然也？今夫盗贼上犯君上之所禁，而下失臣子之礼，故名辱而身危，犹不止者，利也。其上世之士，衣不暖肤，食不满肠，苦其志意，劳其四肢，伤其五脏，而益裕广耳，非性之常也，而为之者，名也。故曰：名利之所凑，则民道之。

5. 主操名利之柄，而能致功名者，数也。圣人审权以操柄，审数以使民。数者，臣主之术而国之要也。故万乘失数而不危，臣主失术而不乱者，未之有也。今世主欲辟地治民而不审数，臣欲尽其事而不立术，故国有不服之民，主有不令之臣。故圣人之为国也，入令民以属农，出令民以计战。夫农，民之所苦，而战，民之所危也。犯其所苦，行其所危者，计也。故民生则计利，死则虑名。名利之所出，不可不审也。利出于地，则民尽力；名出于战，则民致死。入使民尽力，则草不荒；出使民致死，则胜敌。胜敌而草不荒，富强之功，可坐而致也。

6. 今则不然，世主之所以加务者，皆非国之急也。身有尧、舜之行，而功不及汤、武之略者，此执柄之罪也。臣请语其过：夫治国舍势而任谈说，则身修而功寡。故事《诗》

　　　　　　　　　　　　　　　　　　　　法治文明论

《书》谈说之士，则民游而轻其君；事处士，则民远而非其上；事勇士，则民竞而轻其禁；技艺之士用，则民剽而易徙；商贾之士佚且利，则民缘而议其上。故五民加于国用，则田荒而兵弱。谈说之士，资在于口；处士，资在于意；勇士，资在于气；技艺之士，资在于手；商贾之士，资在于身，故天下一宅而圜身资。民资重于身，而偏托势于外，挟重资，归偏家，尧、舜之所难也；故汤、武禁之，则功立而名成。

7. 圣人非能以世之所易，胜其所难也；必以其所难，胜其所易。故民愚则知可以胜之，世知则力可以胜之。民愚则易力而难巧，世巧则易知而难力。故神农教耕而王，天下师其知也；汤、武致强而征，诸侯服其力也。今世巧而民淫，方仿汤、武之时，而行神农之事以随世禁，故千乘惑乱。此其所加务者过也。

8. 民之性，度而取长，称而取重，权而索利。明君慎观三者，则国治可立，而民能可得。国之所以求民者少，而民之所以避求者多。入使民属于农，出使民壹于战。故圣人之治也，多禁以止能，任力以穷诈，两者偏用，则境内之民壹。民壹则农，农则朴，朴则安居而恶出。故圣人之为国也，民资藏于地，而偏托危于外。资于地则朴，托危于外则惑。民入则朴，出则惑，故其农勉而战戢也。民之农勉则资重，战戢则邻危。资重则不可负而逃，邻危则不归于无资。归危外托，狂夫之所不为也。故圣人之为国也，观俗立法则治，察国事本则宜。不观时俗，不察国本，则其法立而民乱，事剧而功寡，此臣之所谓过也。

9. 夫刑者所以禁邪也，而赏者所以助禁也。羞辱劳苦者，民之所恶也；显荣佚乐者，民之所务也。故其国刑不可恶，而爵禄不足务也，此亡国之兆也。刑人复漏，则小人辟淫而不苦刑，则徼幸于民上，徼于民上以利求。显荣之门不一，则君子事势以成名。小人不避其禁，故刑烦；君子不设其令，则罚行。刑烦而罚行者，国多奸，则富者不能守其财，而贫者不能事其业，田荒而国贫。田荒则民诈生，国贫则上匮赏。故圣人之为治也，刑人无国位，戮人无官任。刑人有列，则君子下其位；戮人衣锦食肉，则小人冀其利。君子下其位，则羞功；小人冀其利，则伐奸。故刑戮者，所以止奸也；而官爵者，所以劝功也。今国立爵而民羞之，设刑而民乐之，此盖法术之患也。故君子操权一政以立术，立官贵爵以称之，论劳举功以任之，则是上下之称平。上下之称平，则臣得尽其力，主得专其柄。

＋ 考辨评析 ＋

这篇《算地》，实际是商君对秦国土地资源的战略筹划。

战略筹划的核心，是以法律形式确立土地私有制，并论说其现实必要性与历史合理性。因此，本文的基本内容，并非像有些学人对题目的解释那样，是"计算"土地。实际上的基本内容，是在土地所有制处于混乱状态的变法开始阶段，以"农战并重"为战略目标，总体筹划第一次土地分配总原则；并对这一原则，及确立以合理利用土地为基础而发挥农战潜力的治国之道，做出具体说明。总体上说，是以激发民众耕战精神为目标的一篇有关国土规划的全面论证。

我们来看《算地》篇是如何分层提出创造性对策的。

其一，揭示地人关系混乱的原因——国家治道的失误。

首先，从揭示君主（国家）的普遍缺失开始——

"凡世主之患，用兵者不量力，治草莱者不度地。故有地狭而民众者，民胜其地；地广而民少者，地胜其民。民胜其地者务开，地胜其民者事徕。开则行倍。民过地，则国功寡而兵力少；地过民，则山泽财物不为用。夫弃天物，遂民淫者，世主之务过也。而上下事之，故民众而兵弱，地大而力小"。

这段论说，揭示了战国时期各大中小诸侯国普遍存在的在国土与人口问题上的混乱现象。其心中无数的盲目性表现是，"用兵不量力，垦荒不度地"，由此导致"民胜其地"（人口多而耕地少），或"地胜其民"（土地多而人口少）的不平衡。进而导致的国家状况是，"民过地，则国功寡而兵力少"——民多地少，则国家经济收入少而兵力弱；或者"地过民，则山泽财物不为用"——地多超过民力耕耘能力，则山林水面荒废而不能为国家所用。这是"弃天物，遂民淫"的治国之道，即浪费宝贵资源，放任民众自流的治理方式。如此治国之道，最终必然导致国家陷入"民众而兵弱，地大而力小"的境地，即人口虽多兵力却弱，国土虽广实力却小。

这种历史现实，是战国初期的客观存在。以人口数字说，不仅当时很少有国家清楚自己真实的人口数量；即或是现当代的经济史、财政史、人口史等诸多学科，对于战国人口数量的"统计"，也严重失实。具体说，便是严重低估。现当代各个领域之史家主流，一直持战国人口两千万上下的观点，与历史真实相距甚远。

依据历史实践，春秋战国时期造成人口登记严重缺失的主要原因表现在四个方面：一则，王道礼治时期残存的"户主"登记制尚未根除，因而只计算"户主"的家族人口，而不计算依附于"户主"的租户、仆役、私兵等人口，从而造成官方登记之缺失。二则，因战争动荡而大量存在的逃民，即逃亡他国，或在各国之间流动而居无定所，导致事实上无法登记。三则，封地领主对大量依附人口的种种隐瞒。其时，封地制在各大国与中小诸侯国普遍存在，大多数国家的大半领土都是新老贵族的封地。国君直领的"王畿"或"公室"土地，虽然比任何一个爵位贵族的封地都大，但是与诸多爵位贵族的封地相加的总量相比仍然很小或较小。其所导致的现实，就是国家人口的大多数都在各块封地之中。如此情势下，各个封主为逃避国府赋税征发而隐瞒的人口，事实上就是一个很大的数目。四则，是人口登记制度的严重不健全。其时，各国对隐匿的依附人口，对不确定的各种流动人口，对非户主人口等，事实上都难以登记统计。历史事实是，当时各国均没有秦国变法之后建立的有效严格的人口登记制度，即户籍制度与身份牌制度等。

基于上述原因，可知战国人口数字事实上被后世大大低估。

一个历史事实的佐证是，被低估的人口总量与当时各国军队数量之多的明显矛盾。在战国时代，关于军力及其潜力，有两个天下皆知的基本指标：一是兵力数量，一是"成军人口"数量。兵力数量很直观，无须多说。"成军人口"，是指可供兵力征发的青壮男子总数量。这两者的数量，都与人口总量有不可分割的必然关联。故此，依据兵力数字与成军人口数量，则不难推算出接近于真实的人口总量。显然，以如上两者的数量为依据所推算出的战国人口总量，与现当代各专业史主流（以教材为代表）研究成果对战国人口之"统计"总量，实际差异甚大。

一个显然的问题是，以两千万人口之总规模，如何在战国时期能出现七个平均兵力达到四五十万的国家？按照成军人口与实际军队数量的通常比例，即 10：1 计算（军队人数大体占成军人口的十分之一），再以成军人口与国家人口总数量的通常比例，即 1：4 计算（成军人口大体占人口总数量的四分之一）。如此，七个大国的平均人口已经超过千万，相应地，七大战国总人口数量便得到相对清晰的评估。这里，尚没有计入其余中小诸侯国的人口数量。在此等虽然粗略，但却有相对坚实的历史常态依据的推算下，战国时代的总人口数量当在一亿上下。即或将因为战时原因而导致超额征发兵员的情况估计在内，战国时期的总人口数量，也必然大大超过两千万。

当时的土地数量的乱象，与上述人口数量之乱象几乎一样，都是当时不很清楚，后世更不清楚的模糊存在。后世以至当代学人不清楚，基本原因是对战国时代在天下"大争"中全力创造的富裕繁盛的估计远远不足。须知，如果没有相对的富裕繁盛，战国时期各国出现的诸多大型水利工程，乃至秦帝国时期一系列远远超过后世古典社会之能力的超大型工程，就是无法想象的。

如上一切乱象，商君都归结为各国君主治国之缺失，即国家治道之缺失。其现实表现是，"夫弃天物，遂民淫者，世主之务过也"。这是说，此等乱象，皆为当世君主治国有过，而官员也上行下效的结果。因此，必须有明确的法治对策。

其二，提出"任地待役之律"，确立土地分配原则。

清楚问题所在后，商君提出了对土地的分配原则。

对这一原则的表述，从梳理国家可利用土地的比例开始，见原典第 2 段。结合商鞅变法的历史实践，这显然是在正式推行土地私有制之前，对作为静态出发点的第一次分田，所制定的法律原则。因为，此后的土地流动，就会因"民得买卖"而进入市场领域。在此之前，大量的公有土地，以及原有的非法律规定的大量被以贵族名义占有的不合理"私田"，都得重新分配，以确立全社会实行土地私有制的合理起点。请注意，这是中国历史上第一次大规模的以法治形式展开的土地革命，具有空前伟大的意义。如此起点，必然会带来种种基于利益交错而引起的激烈争论。如果缺乏具有强大说服力的分配法则，一定会引起巨大的社会动荡。作为天才政治家的秦孝公与商鞅君臣，不能不提出一份足以说服社会各阶层的土地分配纲领。

这篇《算地》，应该是商鞅呈献秦孝公的上书，或者是在庙堂公议中的论说大纲，而被后来的成书官员们收入《商君书》。在这篇论说大纲里，商鞅破天荒地以引用历史经验与"先王之正律"为开始，呈现出有利于说服各阶层官民的舒缓风格。虽则如此，但论说的深刻性与见识的犀利性，皆没有丝毫减弱。请看——

首先，提出了值得借鉴的历史经验，即"先王之正律"。实际上，则是历来的国家用地（任地）的客观比例：山林占十分之一，溪谷流水占十分之一，湿地植被及湖泊占十分之一，城堡之间的山谷道路占十分之一，差等田地（恶田）占十分之二，良田占十分之四。

其次，依据这一"先王之正律"，提出了国家分田的"数小"原则。实际说，就是可供分配的田地数字，要小于劳动力单元（一役）的充分需求。这里的"一役"，代指每位户主即为一个分配单元，若是确指一个成年劳动力，则与下文内涵完全不合。所谓"数小"原则，就是以不能完全满足一家农户（一役）之耕力为适当。就实而论，在生育自发自由而又被国家鼓励的历史大环境下，即或是在商鞅变法确立的"男子加冠即成婚立户（分家）"

制度下出现大量小家庭，每位户主也普遍在中年时期发展为十口左右的大家庭，其劳动力也随之增加。因此，这一土地分配数量，以现实户主（一役）为单元，也充分考虑到劳动力应有的弹性——不固定的增加或减少。不能实打实算，也不能满打满算，应该有一个适度的原则。

商君的具体理由是，若每户（一役）分配五百亩地，虽然完全满足了人口单元的土地需求，但是"地力"却不能充分发挥——"此，地不任也"。也就是说，要让农民勤奋耕作，而又有一定余力。这样，既能努力勤耕而充分发挥地力，又有多余人力走上战场，否则无以强兵。在战国时期，这一"尽地力之教"的提出者，是魏国的李悝。此处，商君显然借鉴了这一经验。以此为依据，商鞅主张每户的土地量以五百亩以下为适当。这就是"数小"原则，即低于充分需求的原则。这一原则，已经被变法实践证明，很有实用功效。

这里，并没有具体明确地提出每户（一役）应该分几多土地，应有实际原因。我们的合理推断是，这一数字的具体化应该在各县完成，实际上是一个有弹性区间的由地方官府把控的数字。因为，在这一总原则之下，各县土地资源不尽一致，须根据垦荒数量、开阡陌数量、土地存量、人口结构等因素，由官府及乡亭里吏员各方进行大量的实际操作才能确定。仅仅是庙堂公议，是不可能完成的。故此，商鞅不会在确立原则阶段具体提出。

再次，从征发兵员的需要出发，论说了"数小"原则的必要性。其论说理由是，"方土百里，出战卒万人者，数小也"。这是说，秦国所以能在"方百里"土地的范围内（以当代公制换算，约为两千平方公里，大致是一个县的面积），从民众中征发一万兵员，就是因为实行了"数小"原则。这一实证性论断，应该是此前已经进行过"地区实验"，即在某地经过试行而成算在胸。现代的我们，不要将古人想得简单化，不能认为那时的政治作为都是自发的，不会有事前的实证操作。历史实践的呈现是，战国时代的治国经验与决策智慧之丰富，超越后世的想象。

最后，论述了实行"数小"原则的逻辑效应，并明确其法律上的操作原则——"此其垦田足以食其民，都邑遂路足以处其民，山林薮泽溪谷足以供其利，薮泽堤防足以畜。故兵出粮给而财有馀，兵休民作而畜长足，此所谓任地待役之律也"。

这里，将"数小"分配原则进一步具体化为法律操作，即"任地待役之律"。其实际形式是：各县分配（任）土地之数量确定，在"数小"（小于五百亩）原则下，以国家在"农战"两方面对各县力役的具体需求为法律依据，进而确定该县土地分配总量。明晰简约，具有相对简单可行的操作性，可谓精辟深刻。

其三，从国情出发，确立治民贵在"能尽地力"原则。

分配土地总原则及法律操作原则确立之后，就是国情论说，见原典第3段。这段国情论说，分为四个层面——

首先，揭示秦国"地大、民众"而不强盛的现实。"有地方数千里，食不足以待役实仓，而兵为邻敌"，这是说，秦国有数块"方千里"的广大土地，但民众力役所缴纳的粮食，却无法堆满国家仓廪；同时，军队又与邻国为敌，这是令人担忧的。

就实际而论，"方数千里"的广大土地，在商鞅变法时期不可能拥有。以当代公制换算，一个"方千里"，约为二十万平方公里，五个"方千里"便是约一百万平方公里。秦孝公商鞅变法之时，河西高原（后来的北地郡，今陕北高原）及崤山、函谷关已经丢失；巴、蜀两大郡尚未入秦；当时的秦国仅余陇西地区、商於地区、关中西部与中部（东部为魏国占领）三大块，合计最多三五十万平方公里。因此，"方数千里"之说，当是成书者基于秦昭王时期大大扩张的秦国国土做了误计，不当作为确数对待。但是，也不能以这一误计为依据，便认定《算地》篇非商君本人之作。因为本篇的基本内容是变法实践，此等顶层筹划非他人所能提出；而其形式则可能是庙堂论政之记录文本入书，误计出现的原因多多，不能因此而否定思想体系之归属。

其次，分析原因——"夫地大而不垦者，与无地者同；民众而不用者，与无民者同"。土地虽大而不能充分开发，与没有土地一样；人口数量众多而利用不当，与没有民众一样。

再次，提出对策——"故为国之数，务在垦草；用兵之道，务在一赏。私利塞于外，则民务属于农；属于农则朴，朴则畏令。私赏禁于下，则民力抟于敌，抟于敌则胜"。这里，商鞅提出的国家筹划（国之数），就是"为国之数，务在垦草"，"用兵之道，务在一赏"；其后，则是这样做的逻辑效应。

最后，提出基于人性而"能尽地力"的治国之道——"奚以知其然也？夫民之情，朴则生劳而易力，穷则生知而权利。易力则轻死而乐用，权利则畏法而易苦。易苦则地力尽，乐用则兵力尽。夫治国者能尽地力而致民死者，名与利交至"。

从设问开始——如何证明上述对策的正确性呢？基于人性之诉求也。请注意，这一人性诉求是基于"民情"，即基于处于"朴、穷"状态的民众之内在需求。此种诉求虽然具有普遍性，对它的分析却仍然是基于激发"朴、穷"之民的需要，不是无端的人性分析。"朴、穷"之民，普遍具有两大诉求：一则，朴民将出力看得很容易，故而愿意为国家效力（轻死而乐用）；另则，穷民对实际利害得失有很重的权衡计较之心，故而"畏法而易苦"（守法而愿意吃苦）。这两种人性诉求，都有利于国家以重赏激发，使民"名与利交至"，则国家达到地力开发而实力强盛的目标。

其四，以"民性"为基础提出法治化的民治之道。

整体看，这段论说开始于对"民性"的分析，见原典第 4 段。

这段论说，以"民性"（人性）存在欲望需求为基础，为其后提出治理之道建构了逻辑框架。对于人性存在的本能欲望，在春秋战国的文明认知体系中，诸多学派都是一方面承认其现实存在，一方面作为必须遏制的人性缺陷对待。战国后期的荀子大师所提出的"人性恶"理念的基本方面，就是指人性中这些很难依靠理性克服的本能欲望。在此方面，法家稍好。一方面，承认其现实存在于"民性"（人性）之中；另一方面，则认为只要实行激励与限制并用的法治之道，就能使人性缺陷转化为奋争动力，从而成为聚结民力的"民性"基础。关于这一点，《算地》上文说得很明白，行文亦并不艰涩，我们就不须以现代语言表述了。

须得注意的是，此段在后面提出应对"民性"欲望需求时，突兀插入的"术治"之说，值得我们认真对待并考辨真伪。

这段论说的文本，见原典第 5 段，是战国时代以申不害为代表人物的法家"术治派"的理念表述。突兀插进，貌似是商鞅借鉴了法家"术治派"理念，进而提出了以"术治"为策略手段，激发并利用民众"名利"欲望而为民治路径的主张……但是，从上下文联结及与《商君书》整体思想参照，这段话语插在此处大显义理不合，具有显然的"加塞"嫌疑。

首先，上下文之间，若去掉这一"术治"部分，则法治之道的阐述非常明确，逻辑效应也清楚通畅。加进这段"术治"论说，则显得十分"蛇足"。其次，从《商君书》的整体法治思想看，假若将"术治"手段抬得如此之高——"数者，臣主之术而国之要也。故万乘失数而不危，臣主失术而不乱者，未之有也"。此论果真是商鞅之说，那商鞅反复论说的法治至上理念又将做何解释？

按照《商君书》学理明晰而逻辑严密的理论特质，这是完全不可能的。更有接下来的"加塞"论说，完全将治国之道当作"计"——权谋方式或策略手段——来实施，更与商鞅一贯坚持的法治大道的公开操作性大相违背，完全不合思想体系及文章结构之义理统一的基本要求。其内容之伪，显而易见。

客观地说，法家"术治派"尽管在根本上也主张法治，而只以权术监察为手段，也具有一定的治国效力。其代表人物申不害在韩国变法曾相对成功，也说明了"术治派"可以具有一时功效。

但是，商鞅在秦国变法中，坚决摒弃了"术治"之道。根本原因在于"术治派"所使用的"权术"之道，是一种"不可示人"（不能公开）的秘密手段，其能否见效完全决定于君主个体"暗箱操作"的娴熟程度，具有极大的不确定性。这种"术治"，完全不具有法律提前颁布，公开人之行为准则的正大特质，从而与法治公开明确的操作性完全背道而驰。唯其如此，"术治派"在后来的历史实践中日渐沦为阴谋政治的代名词，成为中国古典政治文明的一块毒瘤。

其五，提出治理"民性"虚浮之风的法治之道。

在第6段中，法家"势治"之说又突兀出现，与商鞅法治思想之本体严重不合，显然又系"加塞"所致。按照文本逻辑，这段论说是从对"君道"的纠偏开始的。请注意,从本段直到《算地》篇结束的几大段中,零星突兀地插进多处"势治"之说,呈现如下——

一则,"今则不然,世主之所以加务者,皆非国之急也。身有尧、舜之行,而功不及汤、武之略者,此执柄之罪也。臣请语其过:夫治国舍势而任谈说,则身修而功寡……"

再则,"故民愚则知可以胜之,世知则力可以胜之。民愚则易力而难巧……"

三则,"故君子操权一政以立术,立官贵爵以称之,论劳举功以任之,则是上下之称平。上下之称平,则臣得尽其力,主得专其柄"。

必须澄清的是,上述突兀出现于各段中的论说,都是战国"势治派"的基本主张,而不是商鞅的本体思想,故而与上下文义毫无逻辑关系,显然系"加塞"所致。

须知,战国法家还有一派,即以稷下学宫之慎到为代表的"势治派"。这一派主张,是以强化君主"势位"为轴心,而以法律为治理手段的治国之道。从实质上说,这是将具有"势能"的君王,作为具有最高决断效力的主体,其结果必然是君主意志高于法律效力。如此理念,有导致君主意志不可违背,从而使国家走向人治的严重危险。

这一学派的话语谱系,以对君主威权的绝对肯定为基本特征。对君,其基本语汇多为"君势""势""执柄""操权""一政""专柄"等。对民,其基本语汇则多为"民愚""智巧""举功""劝功""小人""止奸"等。如此等等,与王道人治之说由"秉鞭作牧""牧民""权柄"等语汇构成的语言谱系,几乎无限接近。

这样一种无限接近人治的理念，与商鞅的法治至上、壹法、壹刑、国治作壹等基本理念，完全背道而驰，不可兼容，也不可混淆。上述"势治"等语汇，在商鞅严密论说法治思想的话语谱系中，从来没有在同一意义上出现过。一个同语不同义的例子是，在后面的《开塞》篇中，出现过"民愚"这一词语，但其涵义却是对民众处于远古蒙昧状态时的说法，与主张"民愚"不可同日而语。对民众治道，商鞅的基本话语是"民朴"，或"使民朴"这样的词语。"民愚"及"愚民"等词，从来不是法家法治派的正道表述。

依据历史实践的呈现，面对法家的"势治派"与"术治派"，商鞅没有与其交相渗透，而是鲜明主张"法治至上""举国一法"。故此，商鞅在论说任何具体领域的法治之道时，都没有使用"势治"与"术治"语言谱系进行法治理念之论说。文本中，在"术治"之后又突兀出现"势治"话语，皆与《算地》篇逻辑严重不合，亦与商鞅本体思想严重不合。高亨先生在《商君书注译》中，对此类现象大多定论为"上下义理不合"，是十分高明的见识。我们完全赞同。

必须强调一点，作为曾经明确提出"法以爱民"，及"国治：断家王，断官强，断君弱"的法治派骨干人物，商鞅必然具有的治国信念的选择是：既不能将晦密阴暗的"术治"之道引入法治大道，更不能将导致人治危险的"势治"理念及"愚民"之术引入法治大道。

依据政治实践逻辑，我们认为：《商君书》中突兀零散出现的"术治"论说及"势治"话语，其可能是，后世编辑《商君书》的人士组合包含了法家三派；故此，在出现某些文本断点时，便"加塞"了"势治派"与"术治派"的一些论说。另一种可能则是，庙堂公议时，有大臣"帮倒忙"而插话论说，提出"术治""势治"之说而被记录下来，商鞅则以沉默回应，但却没有公开指斥；后学成书时，未加仔细斟酌而作为"资料"保留了这些"加塞"之言，致成"蛇足"。后来则经长期辗转流播，终未能认真澄清。再有的可能则是，成书后各种抄本长期流播，出现的"加塞"机会多之又多，很难具体判定。

据此，我们认为，面对此种复杂情况，我们必须强调三个基本点：

一则，考辨真伪，是研究者的基本责任，不能回避。

二则，不能将"义理不合"的突兀论说，强加于商鞅本人，进而以此为依据扭曲、抨击商鞅法治思想体系，则更为荒诞。

三则，无论是否商鞅本人思想，"势治"与"术治"之说，都是不具有历史继承价值而当废弃的负面遗产。

开塞第七
拓展精神空间以确立治国理念

1. 天地设而民生之。当此之时也,民知其母而不知其父,其道亲亲而爱私。亲亲则别,爱私则险,民众而以别险为务,则民乱。当此之时,民务胜而力征。务胜则争,力征则讼,讼而无正,则莫得其性也。故贤者立中正,设无私,而民说仁。当此时也,亲亲废,上贤立矣。

2. 凡仁者以爱利为务,而贤者以相出为道。民众而无制,久而相出为道,则有乱。故圣人承之,作为土地、货财、男女之分。分定而无制,不可,故立禁。禁立而莫之司,不可,故立官。官设而莫之一,不可,故立君。既立其君,则上贤废而贵贵立矣。然则上世亲亲而爱私,中世上贤而说仁,下世贵贵而尊官。上贤者,以道相出也;而立君者,使贤无用也。亲亲者,以私为道也,而中正者,使私无行也。此三者,非事相反也,民道弊而所重易也,世事变而行道异也。故曰:王道有绳。

3. 夫王道一端，而臣道亦一端；所道则异，而所绳则一也。故曰：民愚则知可以王，世知则力可以王。民愚，则力有馀而知不足；世知，则巧有馀而力不足。民之性，不知则学，力尽而服。故神农教耕而王，天下师其知也；汤、武致强而征，诸侯服其力也。夫民愚，不怀知而问；世知，无馀力而服。故以知王天下者并刑，力征诸侯者退德。

4. 圣人不法古，不修今。法古则后于时，修今则塞于势。周不法商，夏不法虞，三代异势，而皆可以王。故兴王有道，而持之异理。武王逆取而贵顺，争天下而上让。其取之以力，持之以义。今世强国事兼并，弱国务力守，上不及虞、夏之时，而下不修汤、武之道。汤、武之道塞，故万乘莫不战，千乘莫不守。此道之塞久矣！而世主莫之能废也，故三代不四。非明主莫有能听也，今日愿启之以效。

5. 古之民朴以厚，今之民巧以伪。故效于古者，先德而治；效于今者，前刑而法：此俗之所惑也。今世之所谓义者，将立民之所好，而废其所恶；此其所谓不义者，将立民之所恶，而废其所乐也。二者名贸实易，不可不察也。立民之所乐，则民伤其所恶；立民之所恶，则民安其所乐。何以知其然也？

6. 夫民忧则思，思则出度；乐则淫，淫则生佚。故以刑治则民威，民威则无奸，无奸则民安其所乐。以义教则民纵，民纵则乱，乱则民伤其所恶。吾所谓刑者，义之本也；而世所谓义者，暴之道也。夫正民者，以其所恶，必终其所好；以其所好，必败其所恶。

7. 治国刑多而赏少，乱国赏多而刑少。故王者刑九而赏一，削国赏九而刑一。夫过有厚薄，则刑有轻重；善有大小，

　　　　　　　　　　　　　　　　　法治文明论

则赏有多少。此二者，世之常用也。刑加于罪所终，则奸不去；赏施于民所义，则过不止。刑不能去奸，而赏不能止过者，必乱。故王者刑用于将过，则大邪不生；赏施于告奸，则细过不失。治民能使大邪不生，细过不失，则国治，国治必强。一国行之，境内独治；二国行之，兵则少寝；天下行之，至德复立。此吾以刑之反于德[1]，而义合于暴也。

8.古者民丛生而群处，乱，故求有上也。然则天下之乐有上也，将以为治也。今有主而无法，其害与无主同；有法不胜其乱，与不法同。天下不安无君，而乐胜其法，则举世以为惑也。夫利天下之民者，莫大于治，而治莫康于立君。立君之道，莫广于胜法；胜法之务，莫急于去奸；去奸之本，莫深于严刑。故王者以赏禁、以刑劝，求过不求善，藉刑以去刑。

＋ 考辨评析 ＋

在《商君书》中，这是唯一总论人类发展大历史的文章。

此篇题目为《开塞》，颇具意味。主流史家大多将"开塞"解作疏理治道。我们以为，此说似是而非，不符合"开塞"本意。因为，在其后的《壹言》篇，对"开塞"一词有一个功效意义上的明确解释——"塞而不开，则民浑"。浑，单字直译是浑浊不明；现代语义便是蒙昧状态。这一功效解释的本意所指，显然是指当时人群相对闭塞浑浊的精神状态，而不是任何实际问题。也

---

1 "此吾以刑之反于德"，底本"刑"前有"杀"字。按，品节本、汇函本无"杀"字。依文义，我们认为"杀"字有可能是衍文，故不录。

就是说，《开塞》要解决的是社会认知及国家认知的"闭塞"问题，虽非实际问题，却高于实际问题。故此，《开塞》的核心指向，并非"疏理治道"，而是拓展国家与社会处于"闭塞浑浊"状态的精神空间，使国家层面及各阶层民众能够对人类发展步伐及其治道变化有相对清晰的了解，进而为实现以法治国建立广泛的认知基础。也就是说，这是一篇为选择治国之道而拓展国家历史视野的大文章。

应该说，在古典政治家中，这是极其罕见的历史精神。

其一，人类文明各阶段的治道变化脚步。

本篇的论说是从母系社会开始的，见原典第 1 段。这段话非常具有概括性，也非常精辟简约。

用现代语言谱系来解释这段论说，非常具有历史实践性——"民知其母，而不知其父"的母系时代，"其道"（人群相处的实际方式），是以生母血亲关系为主导；无数只有一个生母核心的"私"家群因此而形成，此即"亲亲而爱私"。如此只认血亲，则人群必然有别；只爱一个生母（私），其余人群必有危险。于是，人群圈子相互以"别险"（区分并消除危险）为必须之事，则社会必然大乱。当此之时，人群各自求胜，则争斗大起；全力征杀，则相互争端连绵。各方争端没有公正的规则解决，人群便"莫得其性"——无法正常生存。为此，人群中的贤能者，便建立了解决争端的公正规则，设立了由"无私"者担任的争端判断者，人群都感觉到了"仁"——有了人道相处的感觉。于是，各以血亲为群的"私"家相争，便渐渐没有了，变为以"上贤"疏导天下。

梳理《开塞》所论说的人类生存治道，具体是四阶段：

初始之"上世"，即母系时期，是"亲亲爱私"而无序争夺；

继之，"中世"第一阶段，"上贤出"，建立规则疏导天下；

再次，"中世"第二阶段，"圣人承之"而"定分立禁"；

再再，"中世"第三阶段，基于"禁立而莫之司"（无人具体执行），于是"立官"来落实禁令。

自夏开始，进入"下世"，基于"官设而莫之一"——官各相异而没有决断者。于是开始"设君"，有了最高决断者；由是"贵贵立矣"，进入了崇尚尊贵者的新秩序时期。这就是说，进入了现代理论所说的国家时代。

对于《开塞》的治道阶段划分的理解，我们的理解重心所在，不是考辨其是否具有当代理念的所谓科学性，那样做是不得要领的。因为，《开塞》的核心目标，在于揭示各个历史时期治理方式的变化性，即揭示"世事变而行道异也"这一历史变化的客观性；在于破除当时社会对上古治道的浑浊认知，从而使秦国朝野对变法的历史合理性有充分的理解。但是，由于其所使用的语言谱系与现代人的表述方式已经有很大的历史距离，因而对其表述所必然具有的诸如笼统、模糊、弹性极大等历史局限，我们当有基于历史客观性的正确理解，而不是吹毛求疵式的武断指斥。

其后几段，《开塞》篇继续揭示历代"治道"变化——

神农氏之世，是"教耕而王，天下师其知（智）也"。

商汤周武时期，是"致强而征，诸侯服其力也"。

今世（战国），则"强国事兼并，弱国务力守"。

今世总状态，是"上不及虞、夏之时，而下不修汤、武之道"。

唯其如此，商鞅做出著名论断——"圣人不法古，不修今。法古则后于时，修今则塞于势。周不法商，夏不法虞，三代异势，而皆可以王"。不法古，就是不照搬古人治国之道；不修今，就是不扭曲现实社会之需求；照搬古人，就是"后于时"——落后于时代；扭曲现实，就是"塞于势"——隔绝于时世潮流。这就是"不法古，不修今"的根基所在。

基于此等历史实践，才有了气度开阔的宣示——"故三代不四。非明主莫有能听也，今日愿启之以效"。这是说，夏商周三代之后，所以不能再出现第四个相同的王道时代，即"三代不四"，根本原因，是"世事"已经变化了。用现代语言表述，就是生产力水准与人的生存方式都发生了重大变化，上古三代赖以存在的社会基础已经消逝了，同样的第四代不可能再现了。其后，商鞅表示：不是明君便听不懂上述衍化之道；今日，我愿意用实际效应来证明这个道理。

在古典政治家中，这实在是罕有其匹的理念自信。

其二，今世各国治道的异同比较。

结束了此前历代治道的论说之后，《开塞》又从"今世"存在的各种治道出发，对其中的差异性与同一性做出了解析，提出了以法治之道对应解决的方式——"夫王道一端，而臣道亦一端；所道则异，而所绳则一也"。这里的"王道"，显然等同于《商君书》里多次提到的"君道"，即君主治理国家的总体价值纲领，而不是指西周残留的"王道礼治"的治国传统。"臣道"，则是官员阶层对民众的治理之道及行法路径，构成了与"君道"的不同。王道与臣道，虽有具体的不同，但是同一时期的王道与臣道所赖以存在的价值基础，却是相同的。这就是国家治道的"绳"——联结王道臣道的价值法则——是同一的，或是礼治，或是法治；这就是"所道则异，而所绳则一也"的基础同一性。

对"王道"与"臣道"的异同，这里没有继续细说。其原因，

　　　　　　　　　　　　　　　　　　　　法治文明论

在于其间之不同与相同，是战国时期人人明白的道理，没有必要多说。之下的论说，是从"王道"确立之后的"臣道"意义上展开的，也就是具体论说如何以"臣道"落实"王道"所提出的法治之道。

这一论说，分为如下两个层面：

首先，各个时期"世事"不同，因而治道不同——"故曰：民愚则知（智）可以王，世知（智）则力可以王。民愚，则力有馀而知（智）不足；世知（智），则巧有馀而力不足。民之性，不知（智）则学，力尽而服。故神农教耕而王，天下师其知（智）也；汤、武致强而征，诸侯服其力也。夫民愚，不怀知（智）而问；世知（智），无馀力而服。故以知（智）王天下者并（摒弃）刑，力征诸侯者退（不用）德"。

这一层面，是论说民众在"民愚"——未"开塞"的蒙昧浑浊状态，与"开塞"之后的"世智"状态下，两种不同的治道。对"民愚"状态，以智慧治理，如神农氏；对已经"开塞"的"世智"状态，则以强力治理，如商汤周武。以智慧治理的时期，不用法治；以强力治理的时期，不用德治。

如此历史实践，所证明的历史法则是——"故兴王有道，而持之异理。武王逆取而贵顺，争天下而上让。其取之以力，持之以义。今世强国事兼并，弱国务力守，上不及虞、夏之时，而下不修汤、武之道。汤、武之道塞，故万乘莫不战，千乘莫不守。此道之塞久矣！而世主莫之能废也"。

这一层面，一则认定是，"取之以力，持之以义"的汤武之道，显然已经消逝——"此道之塞久矣！"二则认定是，战国时期强力大争现实性的不可改变——"而世主莫之能废也"。这是对历史与现实的两则明确论断。

其次，推行法治是今世的必然治道。

这一层面是逐层论说推行法治的必然性。

开始阶段，"古之民朴以厚"；故此，"先德而治"。

今世，"前刑而法"，即实行以刑罚为外在形式条件的法治。

古今治道之不同，一般人是不理解的——"此俗之所惑也"。商鞅认为，这在于基础"世事"的变化——"古之民朴以厚，今之民巧以伪"。民众的精神基础不同，故此，治道必然不同。

之后，商鞅做出了逻辑效应论断——"故以刑治则民威，民威则无奸，无奸则民安其所乐。以义教则民纵，民纵则乱，乱则民伤其所恶。吾所谓刑者，义之本也；而世所谓义者，暴之道也。夫正民者，以其所恶，必终其所好；以其所好，必败其所恶"。

这是说，法治的正义性，来自最终效果的正义性，所以是政治道义的根本所在。商君这句"吾所谓刑者，义之本也"，将法治的道德本质一语定格，堪称法治之千古定性。其对后来《吕氏春秋》中的"义者，利之本也"对商业行为的定性，具有引领启迪的历史功效。

其三，法治以"刑多"为要。

对于将"刑多"与"重刑"作为推行法治之要领，今人已经很难理解了。因为，它违背了现代法理关于法律执行必须具有内在逻辑公平性的理念。但是，对于战国时代的战时社会，这一原则却是具有相对真理性的——既是合理的，也是正义的。用商君自己的话说，这是"世事不同，而持之异理"的原因。不是谁对谁错，而是世界变了，衡量是非的标准自然变了。如此明澈，反衬出后世学者的汹汹指斥何其苍白！

因此，我们看商君的论说，见原典第7、8段。

这两层论说的核心点，在于解析"刑多赏少"之作为治国要领的道理所在。以现代法治理念解析其内涵，其具体主张有诸多历史性缺陷。最根本的历史缺陷，是效果至上论，即以达到社会治态之整肃为唯一目标，而缺乏治理方式是否具有合理性与正义性的思考。但是，我们必须清楚，这是历史性缺陷，而不是主观故意的缺陷。

也就是说，这种缺陷，是因为历史条件之高度不足所必然具有的局限性，而不是在当时所能达到的高度上有意为之的暴政。历史实践的呈现是，在战国大争时代，贫弱之国在列强环伺下要走向强大，只能以战时法治为最有效的治国路径。而任何时代的战时法治，都有两个基本点：一则是必须具有法治逻辑的基础性，即依法治理国家；二则是必然具有超越常态社会治理的严格管控性。第二个基本点，就是战时法治更加具有强力性，司法行为快速化，犯罪治理重刑化，都是其必然表现。从这样的历史逻辑出发，商鞅变法所秉持的"刑多赏少"原则，在实际上具有立足当时现实的合理性，也具有相对的真理性。

若从上述论说文本看，其充满辩证思维的"利民"的目标性是非常鲜明的。如对"刑多"原则的最后论说——"治民能使大邪不生，细过不失，则国治，国治必强。一国行之，境内独治；二国行之，兵则少寝；天下行之，至德复立。此吾以刑之反于德，而义合于暴也"。这里的核心，是提出了法治"天下行之，至德复立""刑反于德，而义合于暴"的论断。这两则论断结合，以现代理念表述便是：法治刑多，在表面看是与道德相悖的，但在实质上却实现了最高道德境界；礼治人治的义行仁政，表面看是道德的体现，最终却导致社会走向暴力争夺的混乱。是故，行法不论仁义，是最高的道德境界。

另一论断则是——"夫利天下之民者，莫大于治……故王者以赏禁、以刑劝，求过不求善，藉刑以去刑"。显然，这是坦率直白的目标至上论。这里，清晰地将社会治态看作有利于天下民众的最大现实效应，为达到如此"利民"之最大效应，就要"求过不求善，藉刑以去刑"。唯其具有最终目标的正义性，所以商鞅丝毫没有掩饰其"刑多"与"重刑"的法治之道的强力性。

如上"因时而治"的法治思想体系，亦有千古"开塞"功效。其所大者，不在具体的认知内涵，而在选择治国之道的一种辩证思维方法。此为解读《开塞》之要领也。

壹言第八
治国之道　贵在民众归心于壹

1. 凡将立国，制度不可不察也，治法不可不慎也，国务不可不谨也，事本不可不抟也。制度时，则国俗可化而民从制；治法明，则官无邪；国务壹，则民应用；事本抟，则民喜农而乐战。

2. 夫圣人之立法化俗，而使民朝夕从事于农也，不可不知也。夫民之从事死制也，以上之设荣名、置赏罚之明也，不用辩说、私门而功立矣。故，民之喜农而乐战也，见上之尊农战之士，而下辩说、技艺之民，而贱游学之人也。故，民壹务，其家必富，而身显于国。上开公利而塞私门，以致民力，私劳不显于国，私门不请于君。若此而功臣劝。则上令行而荒草辟，淫民止而奸无萌。

3. 治国，能抟民力而壹民务者强，能事本而禁末者富。夫圣人之治国也，能抟力，能杀力。制度察，则民力抟，抟而不化，则不行；行而无富，则生乱。故，治国者，其抟力也，以富国强兵也；其杀力也，以事敌劝民也。夫开而不塞，则短长；长而不攻，则有奸。塞而不开，则民浑；浑而不用，则力多；力多而不攻，则有奸虱。故，抟力以壹务也，杀力以攻敌也。

4. 治国者，贵民壹。民壹则朴，朴则农，农则易勤，勤则富。富者废之以爵，不淫；淫者废之以刑，而务农。故，能抟力而不能用者，必乱；能杀力而不能抟者，必亡。故，明君知齐二者，其国强；不知齐二者，其国削。

5. 夫民之不治者，君道卑也；法之不明者，君长乱也。故，明君不道卑，不长乱也。秉权而立，垂法而治，以得奸于上，而官无不；赏罚断，而器用有度。若此，则国制明而民力竭，上爵尊而伦徒举。今世，主皆欲治民，而助之以乱；非乐以为乱也，安其故而不窥于时也。是上法古而得其塞，下修今而不时移；而不明世俗之变，不察治民之情。故，多赏以致刑，轻刑以去赏。夫上设刑而民不服，赏匮而奸益多。故，上之于民也，先刑而后赏。故，圣人之为国也，不法古，不修今，因世而为之治，度俗而为之法。故，法不察民之情而立之，则不成；治宜于时而行之，则不干。故，圣王之治也，慎为察务，归心于壹而已矣。

— 考辨评析 —

这是一篇专论国家精神的文章。

就题目而论，"壹言"之现代语言表述，便是"论壹"。这个"壹"包括两个方面：民众的农战一体，国家的刑赏一治。就文章内容而言，实则以民治之道的两大方面——农与战为基础展开，层层论说国家在实施法治之道中必须"齐二"——农战并重，但又必须以实行"贵民壹"的国策为前提，进而达到激励民众农战一体的治国道理。

其一，筑实立国之本的四大基础支柱。

本篇以总论立国之道开始，其逻辑效应，见原典第 1 段。

这是对国家构成及国家立足于天下的总体论说。所谓"立国"，一般包括两个方面：一方面，是国家建立时期的制度创设；另一方面，则是国家要在天下大争中筑实根基。以其基础面而言，分为制度、治法、国务、事本四个方面。同时，又提出了对此四个基础方面的基本要求：制度必须契合时势，即"制度时"；治法（治国方式）必须明彻，即"治法明"；国务必须出于一门，即"国务壹"；事本必须抟力（聚结民力），即"事本抟"。

当然，这不是以现代理念解析国家起源的根基构成所包含的重大要素。《商君书》这篇文章，是从古典社会的治国视野出发，而提出的治理国家最为基础的四个方面。故此，其内容并不像《开塞》篇那样包括揭示国家起源的任务。这是文章的前提性所决定的，我们不能因此而误认其与现代理念不合。

其二，民众聚力之要，在"民壹务"，即专精农战。

总原则之后，立即展开了对民治"抟力"的专门论说。

这一论说，立足于原典第 2 段的逻辑效应。在这一层次的具体论说中，首先将"圣人之立法化俗，而使民朝夕从事于农"，确立为"不可不知"的国家目标。此后，再论说民众专一农耕而能用命于国家的道理——"民之从事死制也"（民众能用命效力于国家制度），根本在于国家"设荣名、置赏罚之明也"（在于国家设立的荣誉制度及赏罚制度之明晰可靠），而使民众"不用辩说、私门而立功"。归根到底，民众以自我奋争的正道便能立功获利，而不用游说人情及贿赂私门去改善处境；同理，"民之喜农而乐战"，是民众眼见了国家尊奉农战之士，而"贱"非农游学之人的事实。

显然，这是告诉国家君臣，对民众必须以事实说话。

这样做的最终目的，是实现"家富"而"功臣劝"，即激励民众走上致富与建立功勋的正大道路，同时达到国家强盛。这里的逻辑效应是——"故，民壹务，其家必富，而身显于国。上开公利而塞私门，以致民力，私劳不显于国，私门不请于君。若此而功臣劝。则上令行而荒草辟，淫民止而奸无萌"。

这一层面论说的实质，是两个基本点：一则富民，二则强国。前者为因，后者为果。故此，前者——激励民众专一耕战建功立业，是治道的核心；无此治道，则国家强大就是空谈。

其三，治国之要，在于"开塞"基础上的"能抟民力"。

在论说民治之后，立即转入治国。

这一论说从治国的核心目标开始，见原典第 3 段。此段论说简约精到，涉及治国之道的三个基本方面：

一则，治国之两大核心目标，在"强"，在"富"；强为国强，富为民富。故此，治国的目标总体上可以归结为"国强民富"。

二则，实现两大核心目标的治道，一在"能抟民力而壹民务"，一在"能事本而禁末"。就实而论，这两点都是治民之道的核心。故此，治国之道的核心内容就是治民。治民（治国）的两个基本点，一是通过"壹民务"（使民专务农耕一道）而聚集民力，二是通过"事本禁末"（专精农耕根本而禁止虚浮游业）而使民众"家富"。

三则，以"杀力"与"抟力"相辅相成，为治国之基本策略原则。"抟力"之要，在于制度严密明晰。但是，仅仅如此还不够。因为，"抟而不化，则不行"——民众力量聚集而不"化"，即若不能根据实际需要而转化使用民力，则国家无法用之于"大争"之世；如果使用军队出战，但却不能使农民从军者实现"富家"，则国家必然生乱。故此，"抟力"的目标，就是"富国强兵"，为实现这一目标，同时得以"杀力"辅助之。所谓"杀力"，即"以事敌劝民也"——用"杀力"攻击敌人，以赏罚劝导民众。因之，它是"抟力"的法治辅助手段。

须得注意的是，这一层面的论说有几处语汇关系相对复杂，故多被当代史家误读。我们需要依据历史实践寻求正解。

这一层面论说的基本支撑点，是三个概念性词语——抟力、化（力）、杀力。单独看，"抟力"，是国家激励聚集民众力量。"化"，则是国家将已经聚结起来的整体民力根据实际需要而转化使用，其主要方面是转化为强大军力。故此，"化"的实际涵义便是"转化力量"，而不是诸多当代史家注释所误读的"消耗"之意。"杀力"，则是攻击敌人并劝导民众的强制力。这三个基本词语的本意清楚了，这一层面的论说就有了通畅正解；不清楚或误读误解，则对文本的解读必然陷入矛盾。

当代主流史家的《商君书》注译本，大多将"抟而不化，则不行"一句的"化"，解释为"用掉，消耗"，将"行"解释为"使用"，又将"不行"解释为现代汉语中的"不可以"。如此，这句话就被以现代语言解释为"民众的力量集中了却不消耗使用不行"。这种注译，显然是误读。这里的"化"，若解读为"消耗，用掉"，则使其表意扭曲为目的不明地消耗民力，在本质上便具有了非人道的恶意嫌疑，从而使精辟杰出的治国理念，变成了不具有继承性的负面思想遗产。故此，这一误读与《商君书》本义偏离太大，必须澄清。

对战国时期的政治、军事、经济等历史实践有基本的了解，是解读《商君书》的基础。否则，如"化"这样的词语，也确实难以正解为"转化军力"之本意。故此，我们的上述考辨，以历史实践为依据，是符合《壹言》通篇论说之本意的。

其四，"不法古，不修今，因世而为之治"的治国精神。

在《壹言》最后层面的论说中，既对治国要领（纲）做了深刻揭示，也对治国精神做出了千古罕见的辩证概括。其中，对我们最具思想遗产价值的，便是商君立足于现实国情的永不过时的治国精神。

一者，治国之纲，在"贵民壹"——使民专一于农耕。其逻辑论说，见原典第4段。

这一层面的基本道理，在之前段落中已经论说清楚，此处为再次强调论说，其本意则同。唯值得注意的是，本层面基于对"能抟力而不能用者，必乱；能杀力而不能抟者，必亡"之可能危局的重视；进而提出了"齐二强国"的新理念。因为，"抟力"与"杀力"这两点，都是"化力"——将已经聚结的民力转化为军力——过程中的两个基本问题。故此，"化力"之道兼顾"抟力""杀力"，是最重要的强兵之道。究其本义，"齐二"者，农战两方等重也，缺一不可也。也就是说，"贵民壹"使民专一农耕而达到"抟力"状态，固然是基础，很重要。但是，不经"化力"，仍然是"抟力"之民，而不是"化"之后的军力，故而不能为国家所用。最终论断，明君治国必须"齐二"——农战俱重：抟力于农，化力于战，杀力于法，则国家大治。

再者，就是最后提出的治国精神——"今世，主皆欲治民，而助之以乱；非乐以为乱也，安其故而不窥于时也。是上法古而得其塞，下修今而不时移；而不明世俗之变，不察治民之情。故，多赏以致刑，轻刑以去赏。夫上设刑而民不服，赏匮而奸益多。故，上之于民也，先刑而后赏"。

这是论说战国时代的治道混乱。混乱的根本原因，在于两点：效法古人而得其"塞"——已经过时无用的老办法；应对现实而"不时移"——不能因时势变化而改变国策。有鉴于此，商鞅提出了振聋发聩的治国精神——"故，圣人之为国也，不法古，不修今，因世而为之治，度俗而为之法"。这里的"不法古"，是不照搬古人治国之道；"不修今"，则是不脱离现实，也不扭曲现实；"因世而为之治，度俗而为之法"，是以当世现实为依据而确立治国之道，以考量民众习俗为依据而建立法治。总体来说，就是立足现实的治国精神。

此后的逻辑效应是——"故，法不察民之情而立之，则不成；治宜于时而行之，则不干。故，圣王之治也，慎为察务，归心于壹而已矣"。其中的实际操作要领，因皆具时代性，可以忽视。唯其坚持的治国精神，足为不朽。如此立足现实而辩证出新，堪称超越时空之国家精神。唯其如此，商君所立者，千古治国大道也。

错法第九
依法治国的两大基本路径

1.臣闻古之明君，错法而民无邪，举事而材自练，行赏而兵强，此三者，治之本也。夫错法而民无邪者，法明而民利之也。举事而材自练者，功分明。功分明则民尽力，民尽力则材自练。行赏而兵强者，爵禄之谓也。

2.爵禄者，兵之实也。是故，人君之出爵禄也，道明；道明，则国日强；道幽，则国日削。故，爵禄之所道，存亡之机也。夫削国亡主，非无爵禄也，其所道过也。三王五霸，其所道不过爵禄，而功相万者，其所道明也。是以，明君之使其臣也，用必出于其劳，赏必加于其功。功赏明，则民竞于功。为国而能使其民尽力，以竞于功，则兵必强矣。

3.同列而相臣妾者，贫富之谓也；同实而相并兼者，强弱之谓也。有地而君，或强或弱者，治乱之谓也。苟有道里，地足容身，士民可致也。苟容市井，财货可聚也。有土者不可以言贫，有民者不可以言弱。地诚任，不患无财；民诚用，不畏强暴。德明教行，则能以民之有为己用矣。故，明主者，用非其有，使非其民。

4. 明主之所贵，惟爵其实，爵其实而荣显之。不荣，则民不急；列位不显，则民不事爵。爵易得也，则民不贵上爵。列爵禄赏不道其门，则民不以死争位矣。人生而有好恶，故民可治也。人君不可以不审好恶，好恶者，赏罚之本也。夫人情好爵禄而恶刑罚，人君设二者以御民之志，而立所欲焉。夫民力尽而爵随之，功立而赏随之，人君能使其民信于此，明如日月，则兵无敌矣。

5. 人君有爵行而兵弱者，有禄行而国贫者，有法立而治乱者，此三者，国之患也。故人君者，先便请谒，而后功力，则爵行而兵弱矣。民不死犯难，而利禄可致也，则禄行而国贫矣。法无度数而事日烦，则法立而治乱矣。是以明君之使其民也，使必尽力以规其功，功立而富贵随之，无私德也，故教流成。如此，则臣忠君明，治著而兵强矣。

6. 故凡明君之治也，任其力，不任其德；是以，不忧不劳而功可立也。度数已立，而法可修；故，人君者不可不慎己也。夫离朱见秋豪百步之外，而不能以明目易人；乌获举千钧之重，而不能以多力易人。夫圣人之存体性，不可以易人，然而功可得者，法之谓也。

┤考辨评析├

这是论说实行依法治国基本路径的一篇文章。

在古文本义中，"错"通"措"。"错法"者，行法之措施也。从文本之实际内容看，是关于落实法治具体路径与具体办法的论说。以现代理念，亦可表述为"如何在现实国情下实现法治强国"的篇章题目。

解读此文，首先要明确时代性这个基本点。具体说，就是首先要清楚本文的立足点，是战国时代的社会现实；而不是以历史虚无主义为认知基础的"普遍现实"，进而脱离历史实践，简单粗暴地否定其所揭示的依法治国基本路径的实践价值及认识价值。

这篇文章的核心理念，是以"赏功"与"刑罚"为两条基本路径，实现法治强国的总体目标。"错法"者，此之谓也。论说的层次推进，则是从总体性的治国之道开始的——

其一，总结历史经验，明确"治道之本"。

原典第 1 段这段论说，从揭示古代明君行法的基本措施开始，总结出既往历史上的"治道之本"是三条：推行法治而使民不犯罪，发动战争而人才自练，赏赐功劳而军力强盛。对能做到这三条的原因，也总结为三点：一则，法律明晰而能利民，便能达到"错法而民无邪"的目标；二则，赏功得当，且不埋没功劳，便能达到"举事而材自练"；三则，封赏爵禄之道明白清晰，便能达到"兵强"效果。

熟悉《商君书》者，皆知商鞅治国"不法古，不修今"的现实精神极其鲜明。而上述论说，却向我们呈现了商鞅作为伟大政治家的另一面——尊重历史并从中探寻成功经验。这与某些以当代认知为绝对真理而动辄傲慢指斥古人的历史虚无主义，适成巨大反差。这一现象说明，古典学人与各种投身实践的名士，其求真求实的历史胸襟如此开阔，足以垂范后世。当然，商鞅在这里总结历史经验，与一贯的"不法古，不修今"的变法精神并不矛盾。因为，他实际是在客观探寻"古之明君"何以能做到民众犯罪少、人才能自练、军力能强盛的根本原因。虽然不能照搬古人治国之道，但却要明白古人是怎么达到如此强盛状态的。在这种尊重历史而认真探索的理念下，商鞅找到了方法论意义上的可继承的历史经验，有如下三条："法明利民"（不论各个时期法制内容的差别），"赏功分明"（不论各个时期功劳如何衡量），"爵禄之道明"（封国赐爵之制度明白清晰）。

其二，明确法治路径，以"爵禄之道明"为基础。

在上述三条中，商鞅认为最需要说明其中道理的，是"爵禄之道明"这一条。因为，从广义上说，"爵禄之道"就是国家封官任爵的准则与制度，是组建国家机器框架的最重要方面；不清楚其中道理，是很危险的。且看原典第 2 段论说。这段论说，对于真正了解历史实践的学者，必能立即感觉到沉甸甸的分量。因为，这些论说是完全基于古典社会的历史实践而做出的现实性论断。首先要清楚一点，这里的"爵禄"，不是后世古典国家狭义的封官赐爵，而是以分封诸侯为根基的整体性"爵禄"制度。故此，方能称为"爵禄之道"。在其下的具体论说中，我们会越来越清楚地感知到这一点。

且看，商鞅首先从上古国家及春秋时期之根本制度的地位上确认"爵禄"的重要性。其逻辑关系，是从其对军力的决定性作用开始的——"爵禄者，兵之实也"。这个"实"字，是需要解读的重点，否则其意不明。在本篇所说的"三王五霸"时期，除王室之外，诸侯国的兵力大小，都是由其国家等级决定的。周代的"爵禄制"，是将功臣封赏分为五个等级，如《礼记·王制》所云："王者之制禄爵：公、侯、伯、子、男，凡五等。"并赐封相应的享有自治权的土地，此谓"封地"，即实际上的诸侯国。

诸侯爵位等级制的最重要意义，一是国土大小，二是成军规模。西周时期的最大诸侯国，是周成王亲弟权虞的唐国，即后来的晋国，其国土几有今日山西、河南、河北三省之大，其军队规模也仅次于王室的"万乘"兵车，有"六军"设置；其余诸侯国，则有鲁、燕、齐等，其国土与军队规模稍次，但也很大，兵车在五千辆左右，被称为"千乘之国"。后来的秦人部族，因拯救西周王室免于灭亡之巨大军功，被周平王以西周时期的千里王畿为封地，始立秦国。其在秦穆公时期，军力规模也达到了五千辆兵车，成为"千乘"大诸侯国。

另一个例子，是一直处于"野蛮生长"状态的楚国。因其自发立国，开始阶段不为西周王室承认。西周中期，才被勉强承认为"子"爵。愤懑之下，楚国不尊王室，坚持"野蛮生长"，国土扩张与军队规模均由自己决定；在春秋二百余年中兼并七十余小国，并自行称王，即国君名号为"王"，与周王室并立为"王"。故此，楚国始终被以晋国为首的中原诸侯群蔑视之，仇视之，斥责楚国是"非我族类，其心必异"的蛮夷之国。

另外一则值得强调的历史现实，是春秋战国两大时代始终存在于各个诸侯国（包括后来的七大战国）的"爵禄封地制"。就是说，其时各国也都实行着"爵禄封地制"，即以臣下功劳大小而定"爵禄"，行分封。爵禄实现的路径，便是享爵者自治的"封地"——以封地税赋作为享爵功臣的禄米。基于所分封土地实质上是国家支付给功臣官员的"禄米"，故此，封地领主拥有两大基本特权：一是对封地的自治权，二是封地私兵的建立权。功劳的大小，爵位的高低，既决定了封地大小，也决定了私家武装的规模。作为大诸侯的晋国，所以能被"六卿"架空，进而被

"三家分晋"，其实质原因便是在上述"爵禄"制度下，卿大夫在各自封地拥有自治权与成军权。

商鞅深刻洞察了这一危害国家统一治理的最大危险。故此，秦国变法废弃了"实封制"，推行了"虚封制"。其实际的制度形式是，享爵功臣只在名义上领有封地，但对封地无治理权，也无成军权；封地由国家统一治理，并按名义封地之大小及税率，每年向享爵功臣转移支付相应禄米。如商鞅本人，在收复河西之地后被封于商於之地，爵号"商君"，名义享有商於十五邑封地，但却没有自治权与成军权。这是"虚封制"的典型。若非如此变法，焉有秦国强大军力。

这就是说，作为分封制之静态出发点的"爵禄之道"，事实上决定着任何一种军队的数量规模、财政来源、兵种划分、训练方式、作战传统、赏罚制度等实际问题的解决方式。此等历史实践的呈现，就是"爵禄者，兵之实也"的真实内容。

了解如上现实历史背景，对商鞅在之后就"爵禄之道"及其实现方式（措施）之重要性的论断，就有了理解的基础。请注意，在所有论断中，"爵禄之所道，存亡之机也"，是最为关键的定性认知。这就是说，商鞅的论断，已经将"爵禄之道"看作国家兴亡的决定性因素。

其三，梳理"爵禄之道明"的历史经验。

其后，商鞅以历史实践证明这一论断——"三王五霸，其所道不过爵禄，而功相万者，其所道明也"。从夏商周三代的历史实践看，确实如商君所论断的，三代都实行了适合于当时现实的"爵禄分封制"，进而推进了社会的稳定发展。

具体说，夏代国家初始，实行的制度是除王畿之地由夏王直领外，对其余各地现存的部族政权，一律"承认"为自治诸侯国，只在名义上保持对夏王室的"臣服"。用现代理念表述，这便是松散的邦联制王国。故此，夏代四百余年割据式政变多发，有穷氏后羿、伯明氏寒浞相继篡权割据；以致夏少康"中兴"之初的王室，仅仅"有地一成，有众一旅"（上古井田制的递进单元，是井、里、通、成四级，最大灌溉单元为"成"，其具体面积已经难以考证。推断当在数千亩与万亩之间）。虽则如此，夏王国还是艰难稳定了下来，延续四百六十余年，为国家文明的后续发展奠定了坚实基础。

之后的商殷王国，则由于国力增强、社会发展及政治经验有所提高等因素，除王室直领王畿之地外，对其余土地实行了"直封制"与"承认制"结合的"爵禄之道"。所谓"直封"，就是将王室能够掌控的非王畿之地，直接封给王室子弟而成为诸侯国。这种诸侯国的基本方面——官员设置、军队规模、民众治权等都受王室节制。但是，还有一大批自发存在的部族政权，譬如西部的周部族，就只有以王室名义"承认"为诸侯国。这种诸侯国，享有几乎完全的自治权，只是名义上"臣服"于王国而已。用现代理念表述，商王国进一步发展，成为相对紧密成熟的邦联制王国。

六百余年后，西周灭商而建立周王国。

周王国的"爵禄分封制"有两个阶段。第一阶段，周王灭商后，依据王室的现实掌控力，仅仅"直封"了不到十个王族与功臣诸侯国，但没有推行"承认制"。周公东征，历经大规模战争而平定多种叛乱势力之后，周王室力量几乎有效覆盖了当时中国文明的基本地域。于是，周王室在直接控制几乎全部土地的基础上，大规模实行了"直封制"——所有被封的众多诸侯国，其设官权、治理权、成军权等基本方面，都受到王室的严格节制。对于无法控制的长江流域众多部族政权，如努力想让周室"承认"的楚国等，则坚持不予"承认"。直到西周中期，楚国才被勉强"承认"为"子"爵诸侯国。如上现实，若用现代理念表述，即是自周公分封之后，周王国已经发展到紧密联邦制的强盛时代，已经具有联邦制国家的基本特质。

商鞅将上述三代的"爵禄之道"，归结为"道明"，即符合现实发展需求的选择——"人君之出爵禄也，道明；道明，则国日强；道幽，则国日削……夫削国亡主，非无爵禄也，其所道过也"。这里的"所道过也"，就是脱离实际而强求不能做到的状态。不强求，不退让，道明也。强求，或退让，都是"所道过也"的不明状态。

这就是商鞅论说的"三王五霸，其所道不过爵禄，而功相万者，其所道明也"的历史经验。

其四，提出"爵禄之道明"的法治路径。

这是本篇的落脚处，基本点是如下五个方面——

一则，赏罚明晰，法立必行——"明君之使其臣也，用必出于其劳，赏必加于其功。功赏明，则民竞于功。为国而能使其民尽力，以竞于功，则兵必强矣"。

二则，强化国家信誉，做到"德明教行"——见原典第3段。

这里没有出现"立信"字眼，但却处处都在论说国家信用的重要性。人群并列同处，而有主仆现象者，在于人有贫富之分也。同是国家而有"并兼"现象，国有强弱之分也。有地而立君，立君而有强弱，原因在于治乱之分。走正道者，一里之地足以容身，还能得到"士民"拥戴；即或居于"市井"，也可聚集财货。只要走正大治道，"有土者不可以言贫，有民者不可以言弱"；国家土地能正确使用（任地），不怕没有财货；国家对民众树立诚信精神，则国家不畏强暴。这是"德明教行"——道德明而法教行，则能使民众"有为"并为国家效力。所以，"明主者，用非其有，使非其民"。实际是说，治道正确的国家，所使用的财货不在库藏，而在民众之所有；国家使用民众力量的根基，不在民众所愿，而在国家信用。

三则，爵禄赏罚贵在严明，"能使其民信于此，明如日月"——见原典第4段。

这段论说之核心，是强调爵禄制度必须在清晰明白的基础上真正落实，即做到"功立而赏随之"。如此才能使民众坚信其可靠性如同日出月落一样不可改变，才能产生巨大功效。

四则，"功立而富贵随之"，方能激励民众耕战精神——见原典第5段。

这一段强调的是，国家建立爵禄制度之后，必须杜绝国君"先便请谒"——国君首先接受自己所喜爱之人的请求而在法度之外私封其爵位——的将国家赏功置于之后的行为。从大局意义上说，就是必须基于国家公德而实行封赏，即爵禄制度"无私德"的法治精神。

最终部分，商鞅提出了一个法治实行中的"君道"问题。

在君主制时代，国君即国家最高权力体现；若"君道"不明，则万事休矣。故此，要推行法治，必先明"君道"准绳。这里提出的"君道"，是实行"爵禄之道"中君主所要秉持的基本原则——即原典第6段论述。

这里论说的基本精神是，国君的治国之道，是以激发民众力量为本，而不是着力于民众虚浮道德的形成。因此，君主要坚持在爵禄封赏中只以实际功劳为唯一标准，而不以虚浮道德行封赏；此即"任其力，不任其德"。同时提醒国君，只要坚持"任力不任德"，国君就完全不须忧虑国家功业的建立。这样的治国"度数"——国家治道的最高原则——确立起来，方可以谈法治；此即"度数已立，而法可修"的道理。故此，君主一定要"慎己"——慎重自己的言行，不要将自己的权力用到不该用的地方。

在此基础上，商鞅以最简要的语言，讲述了两则历史故事：黄帝时期的离朱，于百步之外明见秋毫，却不能将"明目"之能转移给别人。古代大力士乌获，力举千钧，也不能将力量转移给别人。同理，国君的权力意志，存在于自己的"体性"之中，也不能转移给别人。唯其如此，只有"慎己"，才能满足国家需求，进而"功可得"。

这便是本篇强调的法治爵禄之"君道"。

战法第十
战争之本在于国家政治的胜利

1. 凡战法必本于政胜，则其民不争。不争，则无以私意，以上为意。故王者之政，使民怯于邑斗，而勇于寇战。民习以力攻，难；难，故轻死。

2. 见敌如溃，溃而不止，则免。故兵法大战胜逐北无过十里，小战胜逐北无过五里。

3. 兵起而程敌，政不若者勿与战，食不若者勿与久，敌众勿为客，敌尽不如，击之勿疑。故曰：兵大律在谨。论敌察众，则胜负可先知也。

4. 王者之兵，胜而不骄，败而不怨。胜而不骄者，术明也；败而不怨者，知所失也。若兵敌强弱，将贤则胜，将不如则败。若其政出庙算者，将贤亦胜，将不如亦胜。

5. 政久持胜术者，必强至王。若民服而听上，则国富而兵胜；行是，必久王。其过失，无敌深入，偕险绝塞，民倦且饥渴，而复遇疾，此败道也。故将使民，若乘良马者，不可不齐也。

＋考辨评析 ＋

这是仅存的商鞅关于战争与兵学之道的残篇之一。

历史实践中的商鞅，只统领秦国变法中练成的数万新军打过一场战争——收复河西之战。此战，以摧枯拉朽之战力，全歼魏国河西守军及后续援军，直接压迫魏国迁都大梁，将河西高原连同陕原（桃林高地）、崤山连带函谷关一举夺回，可谓战国中期开端罕见的一场干净利落的全胜战争。此战之后，秦国新军"锐士"威名震撼天下，秦国以深彻变法之后的雄厚实力及新型法治国家之面貌，巍然矗立于战国大争之世。由此，山东六国第一次隐隐感到了真正的威胁来临。这一危机感，直接为其后秦惠王时期山东六国的"合纵抗秦"奠定了联合基础。是故，此战规模虽远小于战国中期的连绵大战，但其具有的扭转战国格局的历史转折意义，却是其余大战难以企及的。

就实说，春秋战国时期以一战两战之胜而被视作名将者，不乏其人。孙武只有奔袭楚国之战，孙膑只有桂陵之战与马陵之战，乐毅只有灭齐之战，信陵君只有窃符救赵之战，马服君赵奢则只有阏与之战，而皆成名将。与这样的名将相比，商鞅的收复河西之战，无论其以少胜多的战法，还是震撼性的战胜结果，都超过或等同于上述几位。尤其是名气最大的乐毅灭齐之战，后期骤然转为实施"王道化齐"战略，对一座小城五年围而不攻，导致功败垂成，实在是"以兵胜，以政败"的悲剧。燕军最后的崩溃，其根基实际埋在乐毅时期。相比较于商鞅收复河西之战贯彻如一的战略坚定性，远不在同一水准线上。

然而，商鞅却没有被当时及后世视作名将。

因为，商鞅作为伟大政治家的光焰太强烈，足以掩盖其余。

但是，我们必须强调，商鞅同时也是一位实际上的名将。

这篇《战法》，就是商鞅战争思想及用兵法则的证明。虽是残篇，但丝毫不埋没其历史光焰。我们来看看，这篇《战法》提出了哪些战争思想与战场原则——

其一，"战法必本于政胜"的超时代战争理念。

"凡战法必本于政胜，则其民不争。不争，则无以私意，以上为意。故王者之政，使民怯于邑斗，而勇于寇战。"

这是一个具有根本性质的战争理念，高于战略理念，更高于具体的战场原则及战术原则。战争胜利的根本，在于政治优势。类似论述亦见于《孙子兵法》，其《计篇》首曰："兵者，国之大事，死生之地，存亡之道，不可不察也。故经之以五事，校之以计，而索其情：一曰道，二曰天，三曰地，四曰将，五曰法。道者，令民与上同意，可与之死，可与之生，民弗诡也。"现代中国之著名军事理论家郭化若认为："这些主要条件是：一政治，二天时，三地利，四将帅，五法制。政治，是讲要使民众和君主的愿望一致，可以叫他们为君主死，为君主生，而不敢违抗。"[1]

商鞅的"战法必本于政胜"的战争思想，即是对此理念明确而深刻的阐述。这一论断能在两千多年前提出，实在是具有永恒价值的理念超越。这一理念的实际意义，在于其深刻地揭示了国家本身之综合状态对于战争胜败的根本意义。其后，相对偏重论说战争根本因素的《司马穰苴兵法》与《尉缭子》，皆没有

---

[1] 郭化若：《孙子译注·计篇第一》译文，上海古籍出版社，1984，第37页。

提出如此明确的理念。而《太公兵法》《孙膑兵法》等，则为相对偏重战役筹划与战场战术的著作，未涉此等根本理念。后世之《唐太宗李卫公问对》及"戚继光兵法"（《纪效新书》《练兵实纪》等）等，更趋向于具体作战，已经不再将战争与政治紧密联系了。

从历史实践的发展看，"战争之胜败取决于政治胜利"这一理念的真理性，越到近现代越是明晰。第二次世界大战的实践，几乎就是最典型例证。中国在"二战"之后的国共战争，也是典型例证。也就是说，历史实践已经反复证明，政治腐败而制度落后的利益集团，即或其军力如何强大一时，最终都会崩溃灭亡。

当然，商鞅的论说还没有伸展到如此深彻的历史发展之中。他在当时提出的尚只是基本理念——"凡战法必本于政胜"。具体展开，则是落实到当时最优的国家政治状态——"王者之政，使民怯于邑斗，而勇于寇战。民习以力攻，难；难，故轻死"。实际上，即以"民不私斗而勇于公战"为最佳国家政治状态。很具体的标准，很现实的路径，尚未涉及政治正义性这一根本。但是，这并不影响这一总体理念所具有的历史伸展性。

其二，提出战场用兵的若干原则。

原则一，追击败兵三原则，见原典第 2 段。这里涉及三种情况下的追敌原则：其一，敌人失败而溃逃不停，不要追击；其二，大战胜利之后，追击败敌不超过十里；其三，小战胜利之后，追击败敌不超过五里。这些都是春秋战国时期的战场经验，因战争方式不同，并不普遍适用于任何时期。但是，任何时期的追击战都需要特别慎重的决断，这一点对现代人依然是有启迪的。

原则二，用兵谨慎原则下的四种情况四种战法，见原典第 3

段。这是说，决定起兵而接敌之时，要首先度量敌我态势——自己国家的政治清明度不如敌人，不要与之开战；后勤补给不如敌方，则不宜持久作战；敌军数量多而我军兵力不足，则不要"为客"——不要进攻；敌军各方面不占优势，便要坚决进攻而不能迟疑。用现代理念表述，这就是四种情况四种打法。最终论断，提出用兵的最高原则，即"兵，大律在谨"；是说用兵以谨慎多思为最重要原则。只要做到"论敌察众"，则胜负就能预判。此一理念与此前孙武的"知己知彼，百战不殆"思想具有高度一致性。

原则三，强大军队的理性精神——"胜不骄，败不怨"。见原典第 4 段。这一战争理性精神，后世衍化为"胜不骄，败不馁"，已经被历史实践证明，是一条普遍适用于任何时期甚至任何领域的价值认知原则，具有不朽的继承性。难能可贵者，是商鞅解析了所以如此的根基——"胜而不骄者，术（战法）明也；败而不怨者，知所失也"。但最重要的一条，仍然是最后的论断——"若其政出庙算者，将贤亦胜，将不如亦胜"。这是从国家政治状态对战争做根本的论断，揭示出若国家政治最高层（庙堂）有成熟的谋划与足够的战争准备（庙算），且统兵之将是能才，自然战胜；大将若是才具一般，也能战胜。

原则四，军队与民众的配合——"若乘良马，不可不齐"。见原典第 5 段。

这里须说明一点，《商君书》此段"持胜术者"四字之前，原本无"政久"二字；清代学者依据其他版本，指出此处有"政久"二字，义理通畅。我们赞同并采用之 [1]。

---

1 蒋礼鸿《商君书锥指》："严万里曰：'秦本持上有政久字。'礼鸿案：《指海》本亦有政久字，是也。此即篇首所谓凡战法必本于政也。'"按：明代大藏书家范钦天一阁之藏本亦有"政久"二字。

关于这一原则的论说，商鞅从政治对军事的决定性开始，首先提出了"政久持胜术者，必强至王"——政治上能长期保持优势（法治清明）的国家，必能"王天下"——的论断。继而，政治强大的必然因素之一，是民众对军队的支持相对雄厚。故此，接下来便是对军民关系的论说。"民服其上"，就是民众服从国家需要，并按照国家部署而支持军队，这样的状态长期保持，国家必能"王天下"——成为天下第一强国。在此基础上，商鞅提出了特别需要注意的一种经常性错误：军队因轻慢（骄兵）而深入敌方，"背险绝塞"——背靠险地又深入敌方要塞之地，导致支援民众疲倦饥渴，若再遇疾病流行，必然是败军之道。

从历史实践看，秦昭王时期的阏与之战，就是秦将胡伤率军长途深入赵国，企图越过阏与要塞奇袭邯郸，支援辎重的民众无法跟随，而被赵奢率一旅精锐突然截杀，导致数万秦军全数覆没，成为秦军在强盛时期的最大失败。

故此，商鞅提出的战争胜利的基本原则，"故将使民，若乘良马者，不可不齐也"。——军队与支援民众，必须紧密配合而如骑手与良马自觉保持一致，此谓"齐"也；否则为"不齐"，"不齐"则必败。无论古今，皆多有强军因"弹尽粮绝"而惨败，军民"不齐"之故也，不可不察。后世解放战争时期，解放区数百万民众推着小车支援淮海前线，保证了淮海战役的完胜，正是军民相"齐"的典型例证。

应当说，商君的这一军事思想，已经是战国时代的"全民战争"思想了。在秦帝国之后的历代君主集权时期，"人民"参与抵御外侮的国家兴亡战争的这一思想，已经变成皇权制极为忌惮的社会现象。宋代皇权在金军大举南下的亡国之际，竟坚决拒绝呼应太行山地区的农民军抗金，便是典型例证。清末满族统治集团已经被钉上历史耻辱柱的"宁可以赠之于朋友，而不畀诸家奴"（据梁启超《戊戌政变记》，刚毅语）的奴隶主名言，更是黑透古今。这一历史蜕变足以证明，战国时代的政治文明高度，是其后历代皇权的国家精神所远远不能望其项背的。

立本第十一
以法治之道提升国家战争实力

1. 凡用兵，胜有三等：若兵未起则错法，错法而俗成，俗成而用具。此三者行于境内，而后兵可出也。行三者有二势：一曰辅法而法行；二曰举必得而法立。故，恃其众者谓之葺，恃其备饰者谓之巧，恃誉目者谓之诈。此三者恃一，因其兵可禽也。故曰："强者必刚斗其意。"斗则力尽，力尽则备，是故无敌于海内。

2. 治行则货积，货积则赏能重矣。赏壹则爵尊，爵尊则赏能利矣。故曰：兵生于治而异，俗生于法而万转，过势本于心而饰于备势。三者有论，故强可立也。是以强者必治，治者必强；富者必治，治者必富；强者必富，富者必强。故曰：治强之道，论其本也。

—╋ 考辨评析 ╋—

这是一篇从治国之道论说提升国家战争实力的文章。

其一，在战略高度上揭示了出兵境外的三个基本条件：

一则，"兵未起则错法"——出兵前已经实现了法治之道；

二则，"错法而俗成"——法治措施已经聚结为以民众风俗形式表现出来的战争精神；

三则，"俗成而用具"——兵器装备、器用消耗、随军民力、粮草辎重等诸般后勤支援，已经准备充分。

只有具备这三个基本条件，才可以进行主动性战争，即出兵境外的战争。反侵略战争从来都是被迫进行的紧急战争，无论是否具备条件都必须进行，故通常不在此列。此即"三者行于境内，而后兵可出也"的道理。

其二，论说了国家法治必须具备的"两势"。

这里的"两势"，是来自君主的两方面举措，即"辅法"之力。其系统思想是：要具备上述三个基本条件中最主要的国家法治条件，就要充分实现"两势"的引领作用：一"势"是，国君必须赞同并推动以法治国，则法治之道必行；另一"势"是，国家法令制度必须得当，既符合现实又能扎实执行，则法治之道必立。这里，将君主在推行法治方面的"势"——最高端作用——定性为"辅"，并非否定君主在权力结构体系中的主导作用，而是在本质意义上将法治体系作为社会秩序的主导力量，而将其余的推动力量皆视为辅助之力。故此，方有"两势辅法"之说。

需要说明的是，诸多版本之《商君书》里"一曰辅法而法行"，皆无后面的"行"字；这里据明代大藏书家范钦之天一阁藏本，增补"行"字，义理皆通[1]。

其三，提出主动战争的三则禁忌。

要实行法治并取得战争胜利，三种军事行为是必须禁止的。

一则，"恃其众者谓之葺"——自恃人多势众而尽力鼓噪声势，犹如用茅草覆盖屋顶而企图抵挡风雨（葺），数量虽多，却不具有实在作用。实际意思是说，虚浮数量很大，却没有坚实的治国根基所孕育的饱满的战争精神而杀气充盈，及经历严格训练的军队，是不能出兵于境外的。

二则，"恃其备饰者谓之巧"——自恃兵器装备精良且仪仗装饰豪华美观，从而轻慢敌军，这是以器用之"巧"而满足的外强中干的浮华之兵。这种将战争胜利之希望寄托于兵器装备的军队，是不能出兵于境外的。

三则，"恃誉目者谓之诈"——自恃已经享有天下巨大声誉，从而轻慢种种现实变化；这是喜好以表面形式"誉目"的"诈"心，实则是自我欺骗的心理。这种以既往声誉而自喜的军队，是典型的骄兵，是不能开出国境作战的。

上述三者，若有其一，则"其兵可禽也"——必然失败而被敌方擒获。所以，战争的逻辑效应是——"'强者必刚斗其意。'斗则力尽，力尽则备，是故无敌于海内"。这段话的正解是，强大的军队必然有"刚"的特质——极强的硬度抗力；战场拼斗，在于战斗意志；勇于斗杀，则能竭尽全力；竭尽全力，"则备"——

1　蒋礼鸿《商君书锥指》："王时润曰：'法下当依崇文本增行字。'礼鸿案：'孙星衍本、《指海》本亦有行字，是也。'"

便不会有重大缺失；故此，才能无敌于海内。

其四，总说战争胜利之根基所在。

本篇的最后论说，见原典第2段。须得说明的是，对"过势本于心"这句论断，当代史家之注译版本大多模糊带过，几无确定的注释及译文。我们认为，只要清晰完整地了解商鞅的法治思想，则这句话的正解便很清楚——君主势治凌驾于法治之上，是为"过势"。而"势治"之根基，在于君主的治国认知，故谓之"过势本于心"。依据商鞅之法治理念，持有这一思想而主张君主有度"辅法"，即不是以个人意志超越法治而形成"过势"，便是非常正当的。

如此，上述这段引文的现代理念则可表述如下——

法治实行，则国家财货必有积储；财货积储，则国家有能力重赏有功之士；封赏出自国家一途，则爵位必然尊贵；爵位尊贵，则赏赐有利于国家。因为军队以各国治情为基础而建立，所以各国军队皆不相同；民俗因各国法治而生成，因此就有万般变化；君主意志若高于法治，则国家军力便只是外在形式而已，不会真正强大。若如上三方面（治情、民俗、君道）在一个国家皆可成立，则强国可立也。其后的逻辑效应——"是以强者必治，治者必强；富者必治，治者必富；强者必富，富者必强。故曰：治强之道，论其本也"。

最后一句堪称治国格言。其实际表意为，探寻国家强大的治道，不是看表层形式，而必须论其根本；根本者何？选择治国之道也。其实际内涵是说，只有法治之道才是能使国家强大的根本。

需要说明的是，范钦天一阁等藏本，在最后一句的"治强之道"后有"三"字[1]；有史家认为，"三"当指兵、民、君三道。我们认为，原文没有"三"字，义理则更见深刻，更具普遍适用价值；是故，可以不采用。

1　蒋礼鸿《商君书锥指》："范本、崇文本、吴勉学本、《四库》本、《指海》本'道'下有'三'字，亦未详。"

兵守第十二
守土战争必以牺牲精神为本

1. 四战之国，贵守战；负海之国，贵攻战。四战之国，好举兴兵以距四邻者，国危。四邻之国一兴事，而己四兴军，故曰国危。四战之国，不能以万室之邑舍，钜万之军者，其国危。故曰：四战之国，务在守战。

2. 守有城之邑，不知以死人之力与客生力战，其城拔。若死人之力也，客不尽夷城，客无从入，此谓以死人之力与客生力战。城尽夷，客若有从入，则客必罢，中人必佚矣。以佚力与罢力战，此谓以生人力与客死力战。皆曰：围城之患，患无不尽死而邑。此三者，非患不足，将之过也。

3. 守城之道，盛力也。故曰：客治簿檄。三军之多，分以客之候车之数。三军：壮男为一军，壮女为一军，男女之老弱者为一军，此之谓三军也。壮男之军，使盛食厉兵，陈而待敌。壮女之军，使盛食负垒，陈而待令。客至，而作土以为险阻，及柞格阱，发梁撤屋，给徙徙之，不给而燌之，使客无得以助攻备。老弱之军，使牧牛马羊彘；草水之可食者，收而食之，以获其壮男女之食。

4.慎使三军无相过。壮男过壮女之军，则男贵女，而奸民有从谋而国亡。喜与，其恐有蚤闻，勇民不战。壮男壮女过老弱之军，则老使壮悲，弱使强怜，悲怜在心，则使勇民更虑，而怯民不战。故曰：慎使三军无相过，此盛力之道。

┼ 考辨评析 ┼

这是《商君书》中又一篇兵学之作，可谓防守战专论。

从历史实践看，此文既是对春秋战国时期之守土卫国战争的基本原则与具体战法的论说，也是基于秦国变法时期尚未真正强大的实际需要而有此作。就秦国在春秋时期的地理条件而言，它是一个有"四塞"之固、易守难攻优势的军事强国。但在秦穆公之后，连续几代陷入低谷收缩。到战国初期，又遭遇魏国"河西守"吴起长期率军进攻。到秦献公末期至秦孝公初期割地停战，秦国已经连续丢失河西高原、桃林高地、崤山函谷关，关中平原东部已经成为拉锯地带，华山北麓已经被魏国修建了魏长城。到秦孝公商鞅变法之时，秦国尚处于魏国军力的强大压力之下。其时，秦孝公竭尽全力周旋防卫，为变法提供内部稳定之条件，但仍然随时可能面临魏军或山东联军的进攻战争。

在北部与东部要塞尽失的困境下，其时之秦国都城又恰好在关中偏东的栎阳城（今陕西西安阎良区地带），是直处拉锯前线的核心城池。所以，城池防卫战就显得特别重要。显然，这篇《兵守》的实际效用，是为秦国随时可能面对的防守战提供基本原则及具体战法。

其一，论说防守战关乎国家存亡的极端重要性。

原典第 1 段论说从国家战争的一般方式开始，可分为三个层面。

首先，处于不同地理环境的国家，所选择的战争方式必然不同。处于邻国包围的"四战之国"，看重的是防守战。背靠大海而无后顾之忧的"负海之国"，则看重进攻战。但在实践中，"四战之国"却往往喜好主动发兵攻击四邻之国，原因在于自己时时处于"国危"之中而想消除危险。因为，四邻之国只要一国挑衅"兴事"，本国就必须做好同时抵抗四面来攻之准备，所以经常处于危险之中。

其次，提出了进攻战与防守战的不同性质。进攻战是"负海之国"看重的战争方式。因为，进攻战是主动伸展的"夺利"之战，即或失败一般也不会导致灭国。防守战，则是"四战之国"必须看重的经常性战争方式。因为，防守战是被迫进行的存亡之战，不容有失。

再次，防守战多是敌强我弱之战，四面邻敌而以一敌四，又往往没有援兵。故此，每遇防守，皆为"国危"之战，是没有退路的拼死之战。若"不能以万室之邑舍，钜万之军者"，国家必然陷于危亡境地。

故此有最后的论断——"四战之国，务在守战"，即四面邻敌的国家，防守战是最重要的存亡之战，务必全力以赴。

其二，防守战必须具有敢于"死人"的牺牲精神。

原典第 2 段以现代理念表述，这段论说之意是——防守城池内既有居民又有军队，若不明白必须以敢于"死人"的勇力与入侵（客）者的生力军作战，则城池必破。若以敢于"死人"的无畏精神作战，则客军未必能"夷城"——破城屠杀。因为，敌人无从进入城池杀人。只要死战，即或城池破了，敌人也疲惫不堪。此时，城中剩余军民则以逸待劳而尚有勇力，以此余勇与攻入城内的敌军作战，便是以生力军与勇力耗尽的敌军作战，胜算居多。因此，攻城军队常说："围城之患，在于守城军民无不死战而没有躲在家里的人。"上述三种情况（不死战而城破、死战而城不破、死战而城破）的出现，不是哪一方兵力不足，而是某一方的将领有过失。

其三，防守战的基本战法：军民混编同战。

战国时代的守土战，以人口集中居住的城池防守为核心。故此，其时的战胜标志，多以"拔城"或"下城"多少座为基准。如战国中期的秦国统帅白起每战必"拔城"八座以上，燕国乐毅的"下齐七十二城"等。故此，守城之战为守土核心，见原典第3段。

作战精神确立之后的战法论说，主要是军民混编同战。

古今中外的战争实践表明：战时军队遭遇较重伤亡之后，其兵员补充方式，只要有可能，几乎都采取新兵老兵混编的方式，极少有纯粹新兵成建制开赴战场。原因在于，混编之法最有利于在较短时间内以老兵经验为基础形成强大的战斗力。因此，商鞅在战国时期提出的军民混编而成军，是防守战极富实用价值的基本战法。以现代理念表述这段混编论说，其具体内涵是——

守城之道，基本面在于壮盛军力。常识是：进攻一方总是广发檄文而征兵，故有军力优势。据此，守城一方要根据入侵军队预先发出的"斥候"车辆——前出侦察车的数量，进而确定防守力量。最佳方式是军民混编成三支作战力量：强壮男子为一军，强壮女子为一军，其余老弱者为一军。须得留意的是，其时人均寿命相对低，在作战意义上四十岁以上基本为老人。故此，老人基本是四十至六十之间的男女；弱，则是体弱或有基础病者及残疾人等，特定情况下也会有一些特殊少年。这部分人口的成分构成多样，其中不乏老军人。因此，不是完全没有战斗力。

三军的具体部署是：壮男军须"盛食厉兵，陈而待敌"——军粮充足器甲齐备，列好阵型等待敌人进攻；壮女军须"盛食负垒，陈而待令"——备好军食，背好竹垒（装土器具），隐蔽于壕沟鹿砦之内等待行动军令；老弱之军，则"使牧牛马羊彘；草水之可食者，收而食之，以获其壮男女之食"——放牧牲畜，收集可吃之野果野菜，搜索发现可饮用水流等，以作己方之备用军食及后备水源。

须得留意，一些史家将"盛食"这一概念注释为"吃饱"，这是缺乏历史知识的误读。在古典冷兵器时代的军事实践中，行动之前的人马"饱食"，是被严格禁止的。原因在于实践中的无数教训，即饱食之后严重影响行动能力。因此，"盛食"的正解，只能是"军食丰盛充足"，而不会是望文生义的直接"吃饱"。

这里，还需要说明一个基础性的历史实践背景。战国时期之战争水平，已达冷兵器时代的最高峰，"守城必于野"已经是兵法格言。也就是说，真正的城池防卫战，不是仅仅在城墙之上防守作战；真正的城墙作战，都是攻方击溃城外沟垒后的最后战斗。因此，防守战的全过程，在开始阶段是有野外活动空间的，城池越大，城外防守距离越远。所以，老弱之军才有城外活动放牧牛羊猪的空间与任务。典型如乐毅灭齐过程中的即墨防卫战、莒城防卫战，都是从城外抵抗战开始的。

其四，坚壁清野：防守战的基本原则。

"客至，而作土以为险阻，及栈格阱，发梁撤屋，给徒徒之，不给而燌之，使客无得以助攻备。"这一段极其重要的战法论说，被夹在三军混编之中，应该是流传失序所致。我们在此调整了顺序，以保持文义畅通。这段战法原则，主要是防守战前期重在破坏敌方进攻的方式，而不是论说具体的战场拼杀。

以现代理念表述其具体内涵，正解是——首先，敌军即将到来之时，防守军要修好壕沟，建好土木石结合的鹿砦，作为抵挡敌军的野外险阻；其次，要在敌军前进的必经之路上，沿途开挖并构筑内有杀敌机关的陷阱；再次，要将敌军前进道路上的桥梁全部毁坏、各种房屋全部拆光；最后，将一切可用物资能搬走则搬走，不能搬走则全部烧掉。如上四则的总目标，是"使客无得以助攻备"——务必使防守方的物资不能成为敌军的助攻力量。

我们要强调指出，商鞅于战国时期提出的"自毁设施物资以断敌战争资源"的守土战之战略原则，是非常伟大的创造性军事思想。后来的赵国名将李牧，在对匈奴作战中，对秦作战中，都采用了这一战法。数百年后，这一防守战原则被三国时期曹操集团的谋士荀彧总结为"坚壁清野"，遂成战法成语。

在古今中外的战争实践中，这一原则在大规模的反侵略战争中被反复使用，成为普遍适用于反侵略战争的基本战法。这一战法使用的案例，在中国历代不计其数，以现代中国抗日战争的"坚壁清野"最为著名。俄罗斯民族在抵抗拿破仑大军入侵、抵抗希特勒大军入侵的初期，都采取了最坚决的、大规模的以大火焚毁为主要方式的"坚壁清野"战法，产生了极大功效。著名的游击队员卓娅，就是在焚毁敌占区马厩的行动中被俘而壮烈牺牲的。

其五，对混编三军的管理原则。

原典第 4 段，是基于防止人性缺陷而实行的对混编三军的管理原则。

这一原则的核心，是谨慎管理，以军法设置为基础，以细致督察为方式，禁止三军之间的个人过从来往。原因之一是——"壮男过壮女之军，则男贵女，而奸民有从谋而国亡。喜与，其恐有畚闻，勇民不战"。这是说，壮男私自进入壮女军营，则会有可能喜欢上某位女子；若是奸邪之民，则会放纵淫乱而与国不利；若男女相好，则害怕战争持续，会使"勇民不战"——勇敢的男子因此变得畏战，进而严重影响士气。

原因之二是——"壮男壮女过老弱之军，则老使壮悲，弱使强怜，悲怜在心，则使勇民更虑，而怯民不战"。这是说，壮男壮女若以各种理由私自进入老弱军，则会伤感于老人吃苦，可怜于病弱艰难，于是产生悲伤怜悯之心，则战场顾虑便会多生，进而成为"怯民"——怯懦的人，严重影响军队战力。

故此，最后论断是——"慎使三军无相过，此盛力之道"。军队要保持壮盛战力，就要军纪严明，使三军之间不能私相来往而腐蚀士气。这是壮盛军力的正道，不能忽视。

　　　　　　　　　　　　　　　　　　　　　　　法治文明论

靳令第十三
法治国家的两大基本原则

原典

1. 靳令，则治不留；法平，则吏无奸。法已定矣，不以善言害法。任功，则民少言；任善，则民多言。行治曲断。以五里断者，王；以十里断者，强；宿治者，削。以刑治，以赏战。求过不求善。故，法立而不革，则显。民变计，计变诛止；责商殊使，百都之尊爵厚禄，以自伐。国无奸民，则都无奸市。物多末众，农弛奸胜，则国必削。民有馀粮，使民以粟出官爵；官爵必以其力，则农不怠。四寸之管无当，必不满也。授官、予爵、出禄不以功，是无当也。

2. 国贫而务战，毒生于敌，无六虱，必强。国富而不战，偷生于内，有六虱，必弱。国以功授官予爵，此谓以盛知谋，以盛勇战。以盛知谋，以盛勇战，其国必无敌。国以功授官予爵，则治省言寡。此谓，以法去法，以言去言。国以六虱授官予爵，则治烦言生。此谓，以法致法，以言致言，则君务于说言，官乱于治邪。邪臣有得志，有功者日退，此谓失。

3. 守十者乱，守壹者治。法已定矣，而好用六虱者亡。民泽毕农，则国富。六虱不用，则兵民毕竞劝，而乐为主用；其境内之民争以为荣，莫以为辱。其次，为赏劝罚沮。其下，民恶之忧之羞之，修容而以言；耻食以上交，以避农战；外交以备，国之危也。有饥寒死亡，不为利禄之故战，此亡国之俗也。

4. 六虱：曰《礼》《乐》，曰《诗》《书》，曰修善，曰孝悌，曰诚信，曰贞廉，曰仁义，曰非兵，曰羞战。国有十二者，上无使农战，必贫至削。十二者成群，此谓君之治不胜其臣，官之治不胜其民；此谓六虱胜其政也。十二者成朴，必削。是故兴国不用十二者，故其国多力，而天下莫能犯也。

5. 兵出必取，取必能有之；按兵而不攻，必富。朝廷之吏，少者不毁也，多者不损也。效功而取官爵，虽有辩言，不得以相先也，此谓以数治。以力攻者，出一取十；以言攻者，出十亡百。国好力，此谓以难攻；国好言，此谓以易攻。

6. 重刑少赏，上爱民，民死赏；重赏轻刑，上不爱民，民不死赏。利出一空者，其国无敌；利出二空者，国半利；利出十空者，其国不守。重刑，明大制；不明者，六虱也。六虱成群，则民不用。是故，兴国罚行，则民亲；赏行，则民利。行罚重其轻者，轻者不至，重者不来，此谓以刑去刑，刑去事成。轻其重者，罪重刑轻，刑至事生。此谓以刑致刑，其国必削。圣君知物之要。故，其治民有至要；故，执赏罚以壹辅。仁者，心之续也，圣君之治人也，必得其心，故能用力。力生强，强生威，威生德，德生于力，圣君独有之。故，能述仁义于天下。

—┼ 考辨评析 ┼—

这篇《靳令》，是《商君书》中有疑义的篇章之一，先须说明。

所谓疑义，是历代史家中出现的两种怀疑性意见。一种认为，《靳令》不是商鞅所作，却没有可靠依据；一种认为，《靳令》是"抄自"《韩非子》的《饬令》，也没有令人信服的依据与理由。再则，基于流传中版本多样，又多经字句之"修"，导致不同版本的具体语汇有诸多差异，是故注释歧义较多，给理解《靳令》造成了诸多难点。

我们的考辨认定：这篇《靳令》的思想论说内容，与商鞅之整体思想完全符合，既不存在"加塞"的"术治"与"势治"成分，也不存在基本语汇的替代；更与《韩非子》的论说风格、基本语汇、法治理念等基本方面有着鲜明差别。故此，不可能是"抄自"《韩非子》的伪作，而当是商鞅的基本论说之一。

请注意，历史实践呈现的基本事实是，韩非子是战国末期人物，距离商鞅时期已经百年有余。其时，商鞅在世时期的基本文章已经广为传播，已经成为秦国施行法治与统一中国的主流思想根基，其历史影响力远远大于尚未传播开来的《韩非子》。韩非入秦之前，始将《韩非子》成书经李斯之手献于秦王嬴政。论时间差，要说"抄"，也只能是韩非抄商鞅之作，而不可能是商鞅抄韩非之作。基本事实当是，两人皆为大师级法家名士，谁也不可能抄谁的既定作品。

引起后人误解的事实脉络，其真实面应当是，因为《韩非子》是集法家三派于"大成"的作品，其作品之宗旨便是总结梳理法家各派的思想体系，自然不可能不将商鞅的法治思想总结进来。期间，因有商鞅之《靳令》篇在先；故此，韩非作了《饬令》

篇，借此梳理总结商鞅法治派在此方面的基本思想，所以必然有内容相同的一面，譬如同有"虱害"之语等。举凡此等在战国时期已经成为社会熟知的法家成语，两人先后使用，皆不当误读为"抄"。总体来说，此等思想基本面相同的篇章，是后学韩非总结前辈大师思想所致，与通常的"抄"文有本质的不同。

从思想整体看，《韩非子》是法、术、势三说具备，是理论意义上的广义法家，或曰综合法家。商鞅及其文章则截然不同。商鞅是坚定的法治派，鲜明反对"势治"——实则是人治，也鲜明反对"术治"——实则是暗箱权谋。这是两人最基本的不同。就论说风格与基本语汇两方面说，两人也皆有鲜明个性。商鞅之语汇朴实、简洁、准确，逻辑效应深刻，通篇无虚浮之言；某些基本篇章如《垦令》等，甚或有严谨的官府文件特质。《韩非子》则华彩雄辩，具有战国后期如韩非之师荀子那样的通顺畅达风格，与商鞅迥然有别。韩非文章之基本语汇，也与商鞅不同。譬如著名的《孤愤》篇，论说法家变法之士的悲剧命运，有"其可以罪过诬者，以公法而诛之；其不可被以罪过者，以私剑而穷之"的名句。其中的"公法"概念，便属韩非独有。商鞅使用的法治语汇的基本特征，则是"法、刑、赏、罚、教"等实际采用了当时社会用语一般意义的字词；韩非则因为从来没有过实际执政的认知体验，故此很难产生如同商鞅一样的基于可操作意识的语汇。

如上，是两人的最基本差异。

明乎此，《靳令》篇之迷雾可以澄清矣！

另外，由于历代史家对于本篇用语歧义多生，我们从商鞅论说思想的基本特质出发，对原典文本重新做了标点；对文本依据范钦之天一阁版本所做的不当"改作"，也做了"改回"纠正。

总体目的，是使文义明白畅通；若有不当，则留给读者进一步深究了。

依据本篇题目"靳令"（必须严格执行法令）及内容（行法中的问题与解决原则）合理推断，这篇文章很可能是商鞅在巡察各地治情之后所作的原则性训令，即现代理念的总结报告。同时，商鞅的训令被吏员以当时之书面语言形式记录下来，进入国家文档。再其后，在成书时期又被收入《商君书》而独自成篇。

故此，本文之论说，基本是"工作"语汇，多涉行法过程中的具体问题及解决此类问题的原则，或具体措施。从这一认知出发，本篇内容的时有交叉，便容易理解。譬如对"六虱"的具体解释，却在论说"六虱"的危害之后，与文章一般当有的结构不合。依据实际情形，此等现象当是论及"六虱"危害之后，有官员对何谓"六虱"还是不清楚，商鞅即时答问，而被吏员按答问顺序记录下来而未做调整所致。但是，此等技术问题不妨碍本文在内容大结构上的清晰。

其一，法治国家的两大基本原则：司法贵实施，立法贵稳定。

本篇首先强调了法治实践中两个最重要的基本原则：

一则，法治的实践成效，贵在"行法"，即在严格实施中落实法律。以现代理念表述，此即司法为本的法治实践之基本原则。这一基本原则的目标，是确保法律制度体系的实际功效，自觉走出法律虚设的历史误区。

二则，法律一旦颁布，则要尽可能地保持稳定，不能随意修法，此即立法贵在稳定的基本原则。这一基本原则的目标，是在国家与社会中形成具有坚实根基的传承性法统。

这两大基本原则，商鞅在两千多年前明确提出，在其后的篇章中还有更为精辟深刻的论说。在理论上，它具有超时代的认识价值；在历史实践上则有伟大的成效——为中国历史上唯一一个以法治社会为根基的统一文明的创建奠定了历史基础。西方国家群，则是在近代启蒙运动与后来美国宪政开创时期的资本主义革命阶段，才明确形成现代法治理念。我们的历史缺陷，是以人治复辟取代了法治文明传统，而使中国古典政治文明长期陷入停滞，因此没能产生新的历史跨越。西方国家的成功，则是在中世纪后期重新发现了法治文明，使之成为近现代文明的革命性推动力量。

对于这两大基本原则，商鞅是这样简要论说的——"靳令，则治不留；法平，则吏无奸。法已定矣，不以善言害法。任功，则民少言；任善，则民多言。行治曲断。以五里断者，王；以十里断者，强；宿治者，削。以刑治，以赏战。求过不求善。故，法立而不革，则显"。

这一层面，是围绕两大原则论说的。强调的司法原则是"靳令，则治不留；法平，则吏无奸"。这是实际执行法律的两个基本点：一是严格执行法令，要做到"治不留"，即政事不过夜的"无宿治"；二是要公平执法，做到执法官员（吏）不徇私作奸。其次，是强调君主及现职官员对待已经颁布的法令的基本态度——"法已定矣，不以善言害法"。这是非常重要的一个基本方面。

须知，在复杂交错的社会实践中，再完备的法律也会有漏洞与瑕疵，故有"法不尽事"的古典格言。在实际执行中，也一定会有各种有见识的官员及民间人士对瑕疵与漏洞提出补正，此即各种"善言"。这种不断要求"修法"的"善言"，实际上对法律的稳定及实施是有害的。故此，商鞅提出了官员应该确立"不以善言害法"的基本态度。因为，法治贵在稳定传承，进而形成民众的社会精神；随时"修法"，纵然不是基本大修，也会形成"法无定则"的社会认知，对于国家信用是一种严重侵蚀。至于"法不尽事"的那些漏洞，则完全可以在实际执行中补正，而未必一定要无休止地"修法"。商鞅所以在执法实践中强调"法平"——执法的公平性，就是在实际执行中给执法者们留下了可以"自由裁量"的空间。

两千多年后，美英法系的"判例法"体系——在既定成法的基础上，允许法官针对每一案件的特殊性做出符合法理基本原则（公平性与正义性）的自由裁量。法官以法理阐述为基础的判决书一旦成立，则可以成为今后此类案件的审理依据。显然，这是一种弥补法律体系之永远可能有漏洞这一缺陷的相对有效的司法制度，与欧洲大陆法系是不相同的两种法治体系。

从历史实践看，应该说，商鞅所主张的司法实践，实际上正是在维护既定成法的基础上，允许有"判例"存在的合理执法原则，此即商鞅本人所说的"法平"原则。在当代出土的"睡虎地秦简"和"岳麓秦简"中，记载有不少秦国的"判例"，即是此种执法原则的体现。历史实践证明，商鞅以维护法律体系之稳定为本，而允许存在以"法平"为根基的案例处置，是具有深远洞察力的法治主张，具有可贵的继承价值。所以，商鞅在这一层面的最后结论是——"故，法立而不革，则显"。用现代理念表述，就是法律体系一旦确立而不任意修改（革），则其成效显著。

须得留意，有史家认为，"革"字是"靳"字脱半所致，当改为"靳"字；此说得到诸多学人赞同，并多有注译版本引用。我们认为，这是简单化的误解。若将原文的"革"字改为"靳"字，则这句话就变成了"法立而不靳"。"靳"字的本义，是严格落实。如此，这句话的实际意思就变成了"法律确立之后不需要严格落实"。果然如此，显然与商鞅思想体系完全背道而驰，属于典型的义理不通。若是原文的"革"字，则义理通畅，与商鞅反对随意修法而主张法律稳定的一贯思想完全契合。故此，以维持原文为正解。

其二，法治之要，在重农抑商。

这是后世史家多有误读的一段论说。从单字的考辨取代，到文句的标点构句，都有诸多歧义。一一辨清这些不同歧见之正误，在缺乏直接证据的情况下，实在太过艰难。故此，我们撇开一切争议，从两个基本点出发确定正误。一则，以商君的整体思想体系为基础依据，以义理畅通并与本体思想契合为考辨之原则；二则，以主流文本之原文为依据，以考辨原文是否符合第一原则为基础依据，进而认定正误。我们认为，这是相对接近于历史实践的研究方式。

且看原文——"民变计，计变诛止；责商殊使，百都之尊爵厚禄，以自伐。国无奸民，则都无奸市。物多末众，农弛奸胜，则国必削。民有馀粮，使民以粟出官爵；官爵必以其力，则农不怠。四寸之管无当，必不满也。授官、予爵、出禄不以功，是无当也"。

这段论说的难点及要义，均在前两句。前一句，主要是对"计"的本意的理解；后一句，主要是对"责商殊使"四字内涵的理解。我们分作两个层面来考辨分析。

一则，"计"是一个基本字，具有单字概念的特质，具有多意性。因《商君书》为战国时代之思想体现，故此对"计"在《商君书》中的本义及运用，我们应当以先秦时期的典籍为主要的解释依据，后世之衍化不涉及。西周时期的"计"，是国家制度的意思。《周礼·小宰》有"以听官府之六计，弊群吏之治"的王道礼治记载。同时，也有计算、计数的表意：《礼记·月令》有"命农计耦耕事"之说。论春秋时期诸般情形的《管子·七发》中的"计"，则有计数与类别统计的意思。同时期的《孙子兵法》之开首，是"计篇"，这里的"计"则是"总体筹划"的意思。

战国时期，"计"在政治文献中的表意，皆是事关根本的大政国策之意。《战国策·秦策》有"计者，事之本也"之说，《韩非子·存韩》篇有"计者，所以定事也"之说，皆为此等意思。同时，战国时期之政治家言论，对于民众使用"计"字，其实际所指皆为所操之业，即生计之意。总体说，作为单字概念的"计"，在先秦时期尚未演化为表示"计策""计谋"等策略手段之语汇。秦帝国之后，尤其是西汉之后，才有了这种表示谋略的"计"。这是特别需要注意的。

故此，对《靳令》篇的"民变计"中的"计"，若从当代诸多史家，以"计谋"之意解其表意，实则是严重误读，导致义理严重扭曲。这里的"民变计"，实际意思就是"民众改变所操之业"。联系后文，具体则指民众放弃农耕而从事商旅活动（变为商贾）。

在此认知基础上，这句话——"民变计，计变诛止"——义理通畅，且完全契合于商鞅的一贯思想。用现代理念表述这句话，就是民众若放弃农耕而改变操业，这就是"计变"；对于"计变"现象，就要以法治严厉制止；这就是"诛"，即消除这种现象。

另则，原文第二句的"责商殊使"，义理是通畅的。若依据范钦天一阁版本改为"贵齐殊使"，与后文倒是滞涩难解了。原文的本意是，针对"民变计"这一现象的出现，同时还要强化对商贾活动领域的管理，实际就是要防止和追究商人对农民的诱惑，此谓"责商"。强化管理的同时，又要以不同情况具体对待，不能一律化一刀切，此谓"殊使"。

总体来说，这段论说强调的中心点，是"重农抑商"国策。对于其必要性，后文论说很明确，表意也没有难解之处。作为当代学者，唯须留意的是，对商鞅的"重农抑商"国策不能做绝对化理解，将其解释为彻底禁绝商业。历史实践的呈现是，商鞅变法确立了"民得买卖"的土地私有制，使土地这一最重要的生产资料成为商品，从而创造性地建立了农耕经济时代真正的商品经济社会。故此，说商鞅是中国商品经济之父亦不为过。给商鞅戴一顶"禁止商品经济"的帽子是十分荒谬的。

事实上，商鞅在秦国变法所坚持的"重农抑商"国策，是有度的，是法治化的，绝不是消灭禁绝商旅活动。实践如此，其著作思想表述亦如此。商鞅变法的"抑商"，是要将商业活动的影响力抑制在不破坏农耕经济的范围内，抑制在不侵蚀社会精神的范围内，以保证商旅阶层富裕奢华的生活方式不能破坏民众的耕战精神。若非如此法治化，就不会有商鞅变法之后秦国始终存在的越来越发达的城市商业活动，及相继出现的天下大商纷纷入秦的历史现象。

其三，礼治浮华之风，是对法治根基的最大侵蚀。

这一层面的篇幅相对大，内容集中于根除礼治浮华风习。

春秋战国之世，随着王权式微，礼崩乐坏，诸侯大国崛起争霸，七大实力战国分割中国等重大历史变化连绵发生，中国文明圈进入了前所未有的"大争之世"。到战国初中期，传统的旧贵族阶层已经雪崩式地瓦解弥散。周王室的贵族群，诸多诸侯国的旧贵族群，除了少数归附于新兴势力集团的"附逆"者群，大多几乎在新兴势力集团的崛起中流散沉沦，纷纷以落魄"游士"的奇特身份，普遍出现于残存的三十余个中小诸侯国及七大战国之中。他们中，具有"自强"意识的一部分，以仅存的家财为生存基础，奋发修习于私学之师，从而转化为新兴的"士人"阶层，开始以自身才华与独有技能奔走谋生。后来的诸多名士，皆出于这一人群，包括我们所熟悉的一大批名士：孙武、范蠡、李悝、吴起、商鞅、孙膑、苏秦、张仪、荀子、李冰、范雎、郑国等著名大家。其中的商鞅，本名"公孙鞅"，亦名"卫鞅"，其原初身份即是卫国没落世族子弟，因奋发修习，成为基于私学教育而成长起来的不世大才。

须得留意，这只是旧贵族雪崩的正面历史价值。

与此同时，旧贵族雪崩也成为变法大潮的一种侵蚀乱流。

这些落魄"游士"，基本上都是具有王道礼治学养的人群。他们或以国别，或以族源，或以举荐，或以技能等各种纽带为联结，而形成种种谋生圈子。在都市，他们或投奔新兴权臣，成为技能门客或幕僚门客；或组成专事礼仪铺排的"执事"部伍，为所有付得起费用的大户铺排各种以古礼为主导的喜庆与葬礼；或与游侠结盟，专一以私家方式解决种种恩怨情仇事端。在市井乡野，则或以大户提供的私学场所为场地，同时收取农家子弟入学，教习王道礼治典籍；或与商贾结盟，并"结交"里正之类的末端小吏，为农耕户提供逃脱官府监管的粮货交易之路；或以种种游士关系为根基，以私人举荐的方式，使有需求的农家子弟进入城市谋生。凡此等等，不一而足。

其中，游士群在农民社会的表现，就是商鞅在本篇所说的

"民变计，计变诛止"——诱惑农民放弃农耕而国家不得不以法治消灭之的现象。基于如此历史实践，我们就很容易理解商鞅提出的基本理念——无孔不入的礼治浮华之风，是对法治根基的最大侵蚀。这一理念，在本篇原文中的体现，是对"六虱"之害及以法治之道消除其害的论说。关于法治之道的论说，强调了商鞅既定的法治理念，即在"奖励耕战"与"利出一孔"两大原则下，通过刑治方式消除"六虱"的实际措施。因此，我们不再具体评析。

同时，对以"六虱""十二害"为表现形式的王道礼治文化危害的论说，在《商君书》中是首次正面涉及。故此，我们对本篇后半部分关于"六虱"——礼治文化六危害——的论说，将原文的段落次序做了一处调整，以利逻辑通畅，并能够将相关内容集中体现。如此，分作几个层面呈现如下：

第一层面，论说"六虱"的具体形式与总体危害，见原典第4段。

从文句表意看，这段论说的文字似有脱漏——其所列不足所言之"十二"害，或"十二"计数有误。但文句义理通畅，不构成理解障碍。这一层面是说，"六虱"并"十二"害，从内容看可分为两大种类：一则，是王道礼治体系的传世典籍；一则，是王道礼治的核心价值观。传播此类王道礼治典籍及其价值观，或诱导民众依据这一价值观体系从业做事，都对国家法治构成了侵蚀根基的破坏作用。

第二层面，具体论说"六虱"的为害后果，见原典第2段。

这一层面是揭示"六虱"所导致的国家乱象——"治烦言生"。就是说，国家若以"六虱"人群任官，则国家治理必然混乱，争议多多麻烦多多。因为，这种人的言论，是从法律到法律，从言论到言论，其争执完全脱离实际需求。其结果，必然导致君主整日忙于听取议论，辩难是非；官员则只能忙乱于消除种种虚浮（邪）言论。最终结果，是不作为，而只以空言为能事的邪恶官员得志；实际做事而建立功劳的人才，则只能退出。这是国家最大的损失。

第三层面，论说消除礼治文化对实现法治的意义，见原典第3段。

这段论说，以消除礼治文化为必须，列出了治理此种乱象的三种实际方法，使官员对消除礼治文化而实现法治的实际路径有更明确的认知。其一是总体原则——实行法治，利出农战一孔，"六虱"不用。其次，是坚持奖励耕战，惩罚"六虱"人群传播礼治文化的不法活动。其三，是通过实际上的"法教"，使民众厌恶传播王道礼治之行，并以私交上层而逃避农战为耻；以民众"忧之羞之"的是非评判，达到相互劝诫阻止的效果。

第四层面，论说"六虱"导致"亡国之俗"。

在三个必须做到的实际措施之外，本篇在这一层面的最后，还提出了必须避免出现"亡国之俗"的论说。商鞅认为，若国家基于王道礼治言论的诱惑，而处处准备以外交方式解决国家"大争"，则是"国之危也"。如此治道之下，即或民有饥寒死亡，也不会为富强生存而战。本篇最后一段，将民众的这种"逃战"行为，明确归结为"六虱成群，则民不用"的"国削"现象。商鞅将这一现象，认定为"亡国之俗"；将其根源归于治道之失。这就是治道有失则必然导致"亡国之俗"出现的逻辑效应。

最后论断，必须坚持法治，才能激励民众而富国强兵——"是故，兴国罚行，则民亲；赏行，则民利。行罚重其轻者，轻者不至，重者不来，此谓以刑去刑，刑去事成。轻其重者，罪重刑轻，刑至事生。此谓以刑致刑，其国必削……故，其治民有至要；故，执赏罚以壹辅。仁者，心之续也。圣君之治人也，必得其心，故能用力。力生强，强生威，威生德，德生于力，圣君独有之。故，能述仁义于天下"。

本篇最后的论说充满了辩证思维，是中国古典政治学中具有最深刻认知价值的创造性思想。首先，商鞅精辟简约地论说了"民治"与"民亲"的辩证关系——重刑治理民之非法行为，"则民亲"；重赏民之耕战，"则民利"；刑与赏，皆为国法。是故，推行法治而能使民众对国家保持强大的向心力。这里的"民治"，显然隐含了治理民间"六虱"的基础主张。

其次，论说了坚持"轻罪重刑"原则的实践效应——"行罚重其轻者，轻者不至，重者不来。此谓以刑去刑，刑去事成。轻其重者，罪重刑轻，刑至事生。此谓以刑致刑，其国必削"。这一思想，在《商君书》的《赏刑》等基本篇章中有集中论说，这里只是从逻辑效应上简单提及而已，文意通畅，我们不再展开评析。

最后论断，是本段最精辟的古典政治学的辩证逻辑——"仁者，心之续也。圣君之治人也，必得其心，故能用力。力生强，强生威，威生德，德生于力，圣君独有之。故，能述仁义于天下"。

这段论说的核心点，是对国家实力之正义效用的强调。

其逻辑关系是：真正的仁政，在于能使民心持续性地认同国家；圣贤君主治理民众，必先得到民心支持，而后才能"用力"——使用民众所转化的国家力量。力量能使国家强大，强大能使国家产生威势，威势能够推行德政。归根结底，德政产生于国家力量。此等效应，只有圣贤君主能够拥有。因此，圣贤君主能够推行"仁义"于天下。

从文句形式上看，这段论说似有"势治"理念之嫌。但就其实质而言，却是以君主为国家象征，而论说法治目标的正义性，即"法以爱民"之最终道德的实现。结合《商君书》第一篇《更法》中明确提出的以"爱民"为目标的法治正义理念，我们对这段论说即会有正确的理解。

须知，战国时期对"道德仁义"的论说，是各家各派的共同基础，并不是某一家的专门用语。道家、墨家、法家、兵家、儒家、杂家等，举凡涉及政治文明之学派学说，皆无不以最终的道德境界来论说其社会主张的正义性。因此，我们对注重实践变法的法家大师商鞅在这里的"道德仁义"论说，无须惊讶错愕，而只需看其实质所指，即"道德仁义"的实际内涵，便可做客观正解。

修权第十四
法治对君主最高权力的必要规范

1. 国之所以治者三：一曰法，二曰信，三曰权。法者，君臣之所共操也；信者，君臣之所共立也；权者，君之所独制也。人主失守，则危；君臣释法任私，必乱。故，立法明分，而不以私害法，则治；权制独断于君，则威。民信其赏，则事功成；信其刑，则奸无端。惟明主爱权重信，而不以私害法。故，上多惠言而克其赏，则下不用；数加严令而不致其刑，则民傲罪。凡赏者，文也；刑者，武也。文武者，法之约也，故明主慎法。明主不蔽之谓明，不欺之谓察。故，赏厚而信，刑重而必，不失疏远，不私亲近。故，臣不蔽主，而下不欺上。

2. 世之为治者，多释法而任私议。此，国之所以乱也。先王悬权衡，立尺寸，而至今法之，其分明也。夫释权衡而断轻重，废尺寸而意长短；虽察，商贾不用，为其不必也。故，法者，国之权衡也。夫倍法度而任私议，皆不知类者也。

不以法论知能，贤不肖者惟尧，而世不尽为尧；是故，先王知自议誉私之不可任也；故，立法明分，中程者赏之，毁公者诛之。赏诛之法，不失其义，故民不争。授官予爵，不以其劳，则忠臣不进。行赏赋禄，不称其功，则战士不用。

3. 凡人臣之事君也，多以主所好事君。君好法，则臣以法事君；君好言，则臣以言事君。君好法，则端正之士在前；君好言，则毁誉之臣在侧。公私之分明，则小人不疾贤，而不肖者不妒功。故尧、舜之位天下也，非私天下之利也，为天下位天下也。论贤举能而传焉，非疏父子，亲越人也，明于治乱之道也。故，三王以义亲，五霸以法正诸侯，皆非私天下之利也，为天下治天下。是故，擅其名而有其功，天下乐其政，而莫之能伤也。今乱世之君臣，区区然皆擅一国之利，而管一官之重，以便其私。此，国之所以危也。故，公私之交，存亡之本也。

4. 夫废法度而好私议，则奸臣鬻权以约禄；秩官之吏，隐下而渔民。谚曰："蠹众而木折，隙大而墙坏。"故，大臣争于私而不顾其民，则下离上。下离上者，国之隙也。秩官之吏隐下而渔百姓，此民之蠹也。故，国有隙蠹而不亡者，天下鲜矣！是故，明主任法去私，而国无隙蠹矣！

┼考辨评析 ┼

这一篇提出了君权运用的若干基本准则，是谓"修权"。

论说是从提出治国之道的三大基本要素开始的——"国之所以治者三：一曰法，二曰信，三曰权。法者，君臣之所共操也；信者，君臣之所共立也；权者，君之所独制也"。

治国三大基本要素，是以商鞅为轴心的战国法家之法治派学说中的核心理念。本篇对三大基本要素的内涵与关系，同时也做出了最简约的说明。法治实施，是君臣共同操持的大计，具有基础的意义。信，即国家信用，亦即国家在民众中建立的信任度；同样，这要君臣共同坚持共同操作才能确立。权，特指国家最高决事主体——君主的权力，即君权。在三大基本要素中，只有最高的"君权"明确归属君主，不能转移。故此，君权具有核心性与最高威权性。具体说，就是在核心重大问题上的决定性作用。

　　基于如此治道结构，本篇之中心内容，才成为对"君权"运用法则的集中论说。本篇题目谓之"修权"，就是对最高权力的运用进行一定程度的规范，或曰修正。具体说，就是在国家实行法治的总体条件下，对君主权力提出若干原则性要求，提出君主行权必须遵守的基本框架与基本要求，以建立法治基础上的正大"君道"。

　　如此"修权"的实际意义，在于确立法治国家权力体系的整体性与相互制约性，最大可能地消除人治社会最高权力的不可知性，即君主意志的摇摆性与随意性，并有效防止君权滥用而最终导致国家崩溃的灾难性后果。从政治哲学的意义上说，这里的"修权"，绝非以法治形式削弱或转移国家最高权力。事实上，任何时期的法治社会，国家事务的最高决策权都归于最高权力主体。在君主制时代，即归于国家君主。故此，这里的"修权"，实质上是将原本游离于国家权力体系之外的君主个体意志，整合进入国家法治框架，从而使国家权力形成一体化结构，从而既使君主权力意志摆脱了随意性，其正当权力的运行又更为稳固，更能发挥出最大效能。

　　当然，在君主制时代，这样的努力并不能使国家权力体系发生本质性变化。但是，真理永远是相对的。我们必须看到的是，战国法家在变法实践中的这种仅仅"快小半步"的政治改革实践，是符合当时社会既定历史条件的，具有极大的现实可行性。在历史实践的发展中，这一理念的提出及实践操作，起到了推动中国文明发生巨大的跨越式变化的历史作用。具体说，即推动中国文明由古典人治社会的分治文明，一举迈入了古典法治社会的统一文明形态。

在政治文明领域，商鞅做到了这样的高度——以法治"修权"为政治支点，撬动了古典人治社会这座盘踞于中国文明发展正道的大山，使它松动解体，进而重构为更高阶段的法治社会基础上的统一文明。作为后人的我们，不能以傲慢的现代理念，小觑战国时代曾经发生的那些实践变革"细节"。没有它们，古典中国向统一文明的跨越就没有可能的路径。扭曲它们，指斥它们，漠视它们，遗忘它们，都只能证明我们自己的无知。

在以"细节"为支点而改变全局方面，商鞅是千古罕见的。

变法开始之时，商鞅以民众足以明白理解的"徙木立信"的活剧演示，作为宣示国家法治信用的强烈信号，展示了"法以爱民"的独有魅力，成为撼动民心并重塑民风的政治杰作。正是以如此一个现场演示"说到做到"的生动故事为开端，商鞅变法创造了秦国一百五十余年强大可靠的国家信用，使秦国民众在长期战争中保持了对国家决策与国家行为的高度信任，成为秦国发动统一战争的最可靠力量。就历史大潮的发端看，其基础理念正在于商鞅对治国三要素相互关系的深刻洞察。即在此三要素中，唯有"立信"——国家取信于民——是目标性要素，是需要"君臣所共立"的基础性方面。而"法"与"权"两大要素，在本质上则都是作为历史手段的存在。只要建立了强大坚实的国家信用，实现了民众归心，治国问题在实质上就得到了成功解决。其余问题，在强大的法治基础已经建立的条件下，则皆属于权力体系的运转问题。

在权力体系的运转中，君权无疑是决定性环节。

因此，"修权"就在治国三要素中具有决定国家静态出发点的意义。也就是说，它是秦国变法的最初制度设计之一。

本篇用很简约的两句话"人主失守，则危；君臣释法任私，必乱"提出了"修权"的必要性。这两句话表述了两个层面的内涵，为君道之必要性奠定了事实基础。首先，明确了君主存在对于国家兴亡的决定意义——"人主失守，（国家）则危"。以现代理念表述，就是君主失其所当守的那些原则，即不行法治基础上的正大君道，国家就会陷入危险境地。其次，又提出了问题的另一面——"君臣释法任私，必乱"。这里的"释"通"失"，也有史家解释为"弃法不用"。与君主"失守则危"相对应，君臣"失法任私"，则国家必乱。

本文从揭示国家"危乱"之根源入手，实质在于为论说"君必守道"及"君臣必任法"原则奠定事实基础。要求"君必守道"，则必须首先将法治基础上的"君道"明确下来。

明确新的"君道"，就是"修权"。

本篇的主体部分，是提出新型"君道"的一系列规范。

君道一，立法明分，不以私害法。

论说这一规范的文句很简约，只有"立法明分，而不以私害法，则治"一句，但其内涵却很丰富。其实质理念是，作为国家最高权力拥有者，国君须在"立法"之时体现出"明分"——明确区分权力使用的界限，并对这种区分以法律形式给予明确规范。

具体说，就是明确"法权"与"君权"的相互关系及其界限。这里提出的最基础要求是，君主必须在"立法明分"——法制体系建立并颁布实施之后，在君权的实际使用中维护法治。这一要求没有停步于君道的原则性，而是同时提出了具体的可行性规范，即君主要做到"不以私害法"——不以种种个人喜好干扰法律实施。

这是商鞅立法的实践特质——任何法律原则都必须具有可实际操作的具体标准。譬如提高国家行政效率，其具体标准就是"政不宿治"，而不是仅仅提出大而无当的原则要求了事。只有如此，法律才能提供使其可以实际落实的操作性，才能使"法制"落实为"法治"，国家才能达到有序治态。在君主制时代，能明确提出如此具体的"君道"准则，其深刻性不言自明。

君道二，君主"权制独断"，以立国家行法威权。

在《商君书》现存文本中，上述一条之下的段落，语序稍显错乱。为此，我们将相关论说相对集中并整理了语序，整体呈现如下——"故，立法明分，而不以私害法，则治；权制独断于君，则威。惟明主爱权重信，而不以私害法；民信其赏，则事功成；信其刑，则奸无端。故，上多惠言而克其赏，则下不用；数加严令而不致其刑，则民傲罪。凡赏者，文也；刑者，武也。文武者，法之约也，故明主慎法。明主不蔽之谓明，不欺之谓察。故，赏厚而信，刑重而必，不失疏远，不私亲近。故，臣不蔽主，而下不欺上。"

这一大段，实际涉及君道的若干规范，其第一条上面已做解析。

之后的"权制独断于君，则威"，实质上是商鞅实行法治君道的重要一条。这里，我们必须注意到的是历史实践。春秋战国时期，尚是君主制方兴未艾的时代，而不是君主制走向衰败的时期。其时，"高岸为谷，深谷为陵"，各大小诸侯国出现的君权旁落，是经常性的普遍现象；五百余年之间，包括东周王室在内，天下没有一个诸侯国政权没有发生过政变动荡造成的君权旁落或君权转移。尽管从本质上说，这种权力动荡的主要方面是以新兴势力的崛起为主导的历史进步；但是，其所带来的深刻的社会动荡及其所导致的几无定则的国家兴亡之现实，同时也是所有国家政治危机的根源。如此大势下，君权的稳定就成为所有国家实现有序治态的最重要事项。

唯其如此，商鞅提出法治君道的一个重要前提，就是法治必须确保君主权力的威权性与稳定性。缺乏这一前提，便会在朝野君臣民中丧失支持法治的认知根基。因为，在大争之世，一旦国家最高权力发生动荡，则法治无以实现。这是几百年动荡所锻铸的理性认知与民众直感，任何政治家都不会忽视。

这就是商鞅在"立法明分"之后，明确提出的"权制独断于君，则威"的必须性所在。须得留意，这里对君权有两个定位，一是内容定位——"权制"，二是实现方式定位——"独断"。就内容定位说，这里不是以当时名士通常使用的"国政""国事""政事"等语汇笼统表示，而是用了具体的"权制"概念。"权制"者何？权力体制也，权力规范也，国家法律体系也。就是说，君主拥有的权力在内容上是具体的"权制"，是有度的，而不是无边无际的。就实现方式之定位说，则是君主的"权制独断"只能由君主实行，而不能转移于他人，即君权不能旁落。从法治必须具有公平性这一理念上说，这一"不能转移"也包括了不能转移于行法大臣。虽然，本条的实质，是指君主的法治权力不能受反对变法的老世族群体的左右；但是，由于"权制独断"具有超越任何势力的形式公平性，在实践上便会减少世族势力的反对依据。

显然，这种"权制独断"与人治之下的君主独断有重大差别。

君道三，"明主爱权重信，而不以私害法"。

这一条也很简约——"惟明主爱权重信，而不以私害法"。

本条明确了两个现实基本点：一则，君主须得"爱权"，即必须看重自己的最高权力，不能轻慢。二则，国君须得以确立国家信用为君道重心。这两点，第一点是虚，第二点是实，但都是法治君道的必需条件。在此条件下，方才提出了实际的君道规范——"不以私害法"。也就是说，国君须得以看重最高权力与看重国家信用为认知基础，才能做到"不以私害法"。应该说，这一君道规范的实践意义是非常深远的。商鞅的论说，包括了三个方面的实践效应。

一则，君主看重国家信用，依法实行封赏与刑罚，就能使"民信其赏，则事功成；信其刑，则奸无端"。也就是说，君主正大行使法治之道，就能成就国家功业，就能使奸邪无处可生。

二则，反之，国君若不"重信"而多有虚浮"惠言"，则必然损害对有功者的封赏，最终导致"下不用"（臣民不服号令）的严重危机。国君若对违法者"数加严令而不致其刑"——表面上多次严厉申饬，实际上却不以法治罪，则必然导致"民傲罪"——民众蔑视法治并以犯法为荣的严重乱象。

三则，从君权运行的意义上，对法治的"文武"两道做出了独特的定位。这一定位是——"凡赏者，文也；刑者，武也。文武者，法之约也。故，明主慎法"。这是说，在治国实践中由国君实行封赏，是"文"道；由君主与臣下共同实行强力刑罚，则是"武"道；实行"文武"两道，是"法之约也"——是法律的约定，也是法治内在逻辑的需求。基于上述各点，英明的君主从来都是慎重对待法治施行的。

此处的"约"，本义为双方或多方商定的某一意向，即"约定"之意。《周礼·春官·大史》有"凡邦国、都鄙，及万民之有约剂者藏焉……若约剂乱则辟法，不信者刑之"。汉郑玄注"约剂"："要盟之载辞及券书也。"《礼记·曲礼下》亦有："约信曰誓。"即约定的事就是誓言，不可违背。商鞅的"法之约"，实质是指国家与民众约定的法治准则。

君道四，君主的"明"与"察"，须以法治为根基。

中国政治文明进入春秋战国时期，对君主的基本能力提出了两个方面的要求，或曰做出了两方面的总结：一曰明，二曰察，是为明察之君，即后世所谓的"明君"。其时，对于远古首领及上古三代的君主，有建树者称为"圣王"，平庸者统称为"先王"，昏聩者则直呼其名。春秋战国，从数百诸侯到数十诸侯七大战国，天下自纷争而大争，各种君主皆以形形色色的面貌表现出来，也导致国家兴亡以各种形态表现出来，给政治文明的开掘研究提供了空前的现实基础。故此，才有了对君道的种种发现与总结。

其中对国家君主之"明、察"两才做出规范者，自商君始也。此即本篇之论说——"明主不蔽之谓明，不欺之谓察。故，赏厚而信，刑重而必，不失疏远，不私亲近。故，臣不蔽主，而下不欺上"。

以现代理念表述，即不为纷杂乱象所蒙蔽，是"明"；不被官员的虚浮言行欺骗而能慎重正确地做出决定，则是"察"。君主有行法之明，有用人之察，其治国效应必然显著，必能达到"赏厚而信，刑重而必，不失疏远，不私亲近。故，臣不蔽主，而下不欺上"的至高境界。

须得留意，商鞅在此提出的明与察，与法家术治派的"明察"理念是有根本区别的。术治派的君道之"察"，是一种秘不示人的暗箱权术，借以彰显君主"明察秋毫"的神秘性而威慑臣民。商鞅所提出的君道之"察"，则是以法令制度为准则的真伪性查勘。如对地方官上报政绩的真实性，必须经过查核而后确认，而不是依靠君主的好恶直觉认定。在秦国后来的法治实践中，这样依法查核而显出官员舞弊的实例，虽然较少，却不是没有。秦昭王时期，丞相范雎举荐对自己曾有"救难"之恩的谒者王稽担任河东郡守，后王稽在进攻赵国邯郸之战中治军不力，引发兵变。秦昭王派出使臣依法查核，结果查出王稽"与诸侯通"，且大量接受魏国贿赂而虚报真情，被依法处死。这就是说，法治之"察"与术治之"察"，在本质上是不同的。

君道五，君主任官，不能"失法而任私议"。

官员任免权，是君主最具实质性的权力，也是君主最为重大的权力，对于国家具有决定性的影响力。期间，最大且最经常出现的任官弊端，就是"任私"。从政治实践看，"任私"的本质特征，是不以法定的考核标准为官员任免依据，而以"私人"与"私议"为依据任免官员。具体说，任用"私人"，即以血缘关系、裙带关系、乡情关系、利益关系等为纽带，将种种非法"私人"安插到要害位置以建立以君权为轴心的政治利益集团。任用

"私议"，即无视法令规范，而以某些"亲信"人物的评价与举荐为依据而任免官员。在君主制时代，"私议"有两大典型表现，一是君主左右之侍从势力的"左右风"，二是后宫势力的"卧榻"风。元老"私议"与重臣"私议"等，当然也是危害，但无法与直达最高核心权力的两风危害相比。

在战国时代的政治实践中，各大战国这样的事例不胜枚举。故此，韩非将此视为"八奸"，认为"不课贤不肖，不论有功劳，用诸侯之重，听左右之谒……此亡国之风也"(《韩非子·八奸》)。作为法治社会的秦国，虽然"任私"远远没有成为流风，但也时隐时现地存在。

秦王嬴政，即后来的秦始皇帝，是商鞅法治精神的忠实继承者，对此一"君道"最为落实。其一，基于母后干政的重大教训，坚持不立王后皇后，也在生前不立太子；其二，严禁左右侍从"私议"官员政务。一个典型例子是，统一大帝国建立后，始皇帝一次在皇城高台上看见了丞相李斯出行的煌煌车马仪仗，一时有不悦感叹。不久后，又看见李斯车马仪仗大为减少，立刻生出警觉，下令将上次在场的左右随从全部处死，以儆效尤。基于如此正大君道，秦始皇帝自亲政开始，朝廷重臣无一不以才华功勋在位，个个大才槃槃。皇族血亲人物，没有一个进入三公九卿之列。所封数十位侯爵，也没有正宗皇族。有感于此，老功臣王翦曾当着始皇帝的面，发出了"封侯也难"的半戏谑式感叹，足见一斑。

商君对"任私"之害洞察深刻，见原典第2段。这段论说分为三个层面，一则论说了"任私议"的危害性，一则揭示了"任私议"在治道上的不合理性，一则论说了君道必须确立"自议誉私之不可任也"的用人法度。其语言生动深刻，颇具战国寓言风格。典型如论说"任私议"之荒唐——"先王悬权衡，立尺寸，而至今法之，其分明也。夫释权衡而断轻重，废尺寸而意长短；虽察（即或说得头头是道），商贾不用，为其不必也。故，法者，国之权衡也。夫倍法度而任私议，皆不知类者也"。

这是说，在度量衡已经确立并适用市场交易的情况下，某些人却要在交易中无视衡器之存在，硬是要臆测交易物的轻重分量；无视长度量具之存在，而去争议交易物之长短尺寸。即或你说得头头是道，商人也不会听信，因为实在没必要。不管猜测得对不对，都不如拿公秤来称一称，拿尺寸来量一量来得精准。法律制度就是国家的用人度量衡，若丢弃法制准则而听任"私议"，真不知该将这种行为归于哪一类。

比照之形象，讽喻之深刻，足令"任私议"之君汗颜。

君道六，公私分明，为天下治天下。

原典第 3 段这一段论说，是确立"任公"准则。它从正面论说君道之用人原则，即"任公"之道；与上面的反对"任私"，形成相互对应的君道要求。论说首先揭示了"人臣"（国家官员群）普遍存在的不良官风——"多以主所好事君"，并列举这一官风投君主所好的种种方式。以此为基础，论说了君主确立"公私分明"理念直接关系国家兴亡的重要性；据此，提出了"公私分明，为天下治天下"的君道基本点。最后做出深刻论断——"公私之交，存亡之本也"。是故，本条堪为千古君道之纲。

君道七，"任法去私"，根除"国之隙蠹"。

这一条，是在上述"不任私"及"必任公"之原则后，进一步将"去私"与"任法"联结起来作为君道之一，以"任法"为

"去私"之治道基础，达到"任法去私"之君道最高境界，堪称君道设计之"防火墙"也。其具体论说，见原典第4段。

这一段论说，是从揭示君主"废法度而好私议"所带来的严重危害开始；进而指出，这种危害的实质是造成"国之隙"——导致国家危亡的政治裂缝。这种政治裂缝的实际表现，就是"大臣争于私而不顾其民"所带来的"下离上"现象，即民众与国家权力体系严重脱节的政治分裂。造成这种危害的根源，则是"民之蠹"，即"渔百姓"的害民官员群。这种"民之蠹"，就是"国之隙蠹"。若不根除此类蠹虫官员，则国家必然灭亡——"国有隙蠹而不亡者，天下鲜矣！"如此深刻论说之下，结论自然涌现——"是故，明主任法去私，而国无隙蠹矣！"

最后，我们要强调一点，《修权》篇所立之君道，几乎每一则都有君主不能"以私害法"这句根本性劝诫，或曰规范。这一点，需要引起后人的特别关注。因为，商鞅是一个千古罕见的政治实践家，其洞察力堪称史无前例。他一定看到了历史实践所呈现的连绵不断的"明君"悲剧，几乎全部都是因为在巅峰时期或生命最后时期"以私害法"，而导致国家出现严重危局，甚或崩溃灭亡。商鞅身后的"明君英主"之历史实践，更是如此。春秋之齐桓公、秦穆公、吴王夫差、越王勾践、楚庄王，个个如此。战国之魏文侯、魏武侯、魏惠王、齐威王、楚武王、秦昭王、燕昭王、赵武灵王、赵孝成王同样如此。

最后时期的秦始皇帝，也因为最后一次大巡狩之最后路程的"大道私行"——因在琅琊台患病回程，中途不依法度宣明原因而改道北上，不意于沙丘宫突然病亡——由此给胡亥、赵高、李斯相互勾连之阴谋留下了巨大的空间，导致统一大帝国在三年之

　　　　　　　　　　　　　　　法治文明论

间轰然崩溃。

依据秦帝国法治实践，若是始皇帝"大道公行"——只要依法宣明北上九原与扶苏、蒙恬共商身后大计的目标，即或其在途中突然病逝，赵高、李斯等也绝然不敢冒天下之大不韪，制造假诏书肆意曲解始皇帝意图，并连续施展阴谋而又能始终隐瞒真相，使拥戴法治的政治力量无从发力。

也就是说，任何明君，任何英主，都有可能在权力巅峰时期萌生出一种脱离实际的"神明"意识，觉得自己无所不能、事事英明，以威望之隆而随意丢弃法度，以已经失去理性的个人意志决断国家大事，致使私断、私行、私任等，成为"明君""英主"的后期常态，权力神秘主义迅速弥漫朝野。由此，国家权力体系便会出现巨大的断裂，导致"国隙"迅速扩大，危难便会接踵而至。商鞅所以在"君道"方面，一而再再而三地强调君主不能"以私害法"，其深刻本意，正在于防止国家危难爆发于"灯下黑"的核心地带。

这是《修权》篇所提供的深刻历史警示。

总体看，《商君书》的《修权》篇，无疑是一部伟大的古典政治文献。其深远意义，在于身处君主制时代而能明锐洞察君主"失法"之后所能给国家带来的深重灾难，进而独具慧眼地提出，将"君道"设定在法治框架之内，推动君主摆脱人治诱惑，做到"任法去私"，为国家的稳定与发展提供最高权力保证。

徕民第十五
人口增长是国家发展的基础

原典

1. 地方百里者，山陵处什一，薮泽处什一，溪谷流水处什一，都邑蹊道处什一，恶田处什二，良田处什四。以此，食作夫五万。其山陵、薮泽、溪谷可以给其材，都邑蹊道足以处其民，先王制土分民之律也。

2. 今秦之地，方千里者五；而谷土不能处什二，田数不满百万，其薮泽、溪谷、名山、大川之材物货宝，又不尽为用；此，人不称土也。秦之所与邻者，三晋也；所欲用兵者，韩、魏也。彼，土狭而民众；其宅参居而并处。其寡萌贾息，民上无通名，下无田宅，而恃奸务末作以处。人之复阴阳泽水者过半。此，其土之不足以生其民也，似有过秦民之不足以实其土也。意民之情，其所欲者，田宅也；而晋之无有也信，秦之有馀也必。如此，而民不西者，秦士戚，而民苦也。

3. 臣窃以王吏之明为过见，此其所以不夺三晋民者，爱爵而重复也。其说曰："三晋之所以弱者，其民务乐而复爵轻也。秦之所以强者，其民务苦而复爵重也。今多爵而久复，是释秦之所以强，而为三晋之所以弱也。"此，王吏重爵爱复之说也，而臣窃以为不然。夫所以为苦民而强兵者，将以攻敌而成所欲也。兵法曰："敌弱而兵强。"此言不失吾所以攻，而敌失其所守也。今三晋不胜秦，四世矣；自魏襄以来，野战不胜，守城必拔，小大之战，三晋之所亡于秦者，不可胜数也。若此而不服，秦能取其地，而不能夺其民也。

4. 今，王发明惠，诸侯之士来归义者，今使复之三世，无知军事。秦四境之内，陵阪丘隰不起十年征，著于律也，足以造作夫百万。曩者臣言曰："意民之情，其所欲者，田宅也；晋之无有也信，秦之有馀也必；若此，而民不西者，秦士戚而民苦也。"今利其田宅，复之三世，此必与其所欲，而不使行其所恶也。然则，山东之民无不西者矣，且德之谓也。不然，夫实旷虚，出天宝，而百万事本，其所益多也，岂徒不失其所以攻乎？

5. 夫秦之所患者，兴兵而伐，则国家贫；安居而农，则敌得休息；此，王所不能两成也。故，四世战胜，而天下不服。今以故秦事敌，而使新民作本；兵虽百宿于外，境内不失须臾之时；此，富强两成之效也。臣之所谓兵者，非谓悉兴尽起也，论境内所能给军卒车骑。令故秦兵，新民给刍食。天下有不服之国，则王以此春违其农，夏食其食，秋取其刈，冬冻其葆。以大武摇其本，以广文安其嗣。王行此，十年之内，诸侯将无异民，而王何为爱爵而重复乎？

6. 周军之胜，华军之胜，秦斩首而东之。东之无益，亦明矣；而吏犹以为大功，为其损敌也。今以草茅之地，徕三晋之民，而使之事本，此其损敌也，与战胜同实。而秦得之以为粟，此反行两登之计也。且周军之胜，华军之胜，长平之胜，秦所亡民者几何？民客之兵不得事本者几何？臣窃以为不可数矣。假使王之群臣有能用之，费此之半，弱晋强秦，若三战之胜者，王必加大赏焉。今臣之所言，民无一日之繇，官无数钱之费，其弱晋强秦，有过三战之胜，而王犹以为不可，则臣愚不能知已。

7. 齐人有东郭敞者，犹多愿，愿有万金。其徒请赒焉，不与，曰："吾将以求封也。"其徒怒而去之宋，曰："此爱于无也。"故不如以先与之有也。今晋有民，而秦爱其复，此爱非其有，以失其有也；岂异东郭敞之爱非其有以亡其徒乎？且古有尧、舜，当时而见称；中世有汤、武，在位而民服。此四王者，万世之所称也，以为圣王者也。然，其道犹不能取用于后。今复之三世，而三晋之民可尽也，是非王贤立今时，而使后世为王用乎？然则，非圣别说而听，圣人难也。

—┼ **考辨评析** ┼—

这是一篇特殊的"加塞"于《商君书》的后世文章。

从内容看，这篇《徕民》，义理通畅，其所论说的鼓励移民的国策，也基本符合商鞅在《垦令》《算地》与其他基本篇章中提出的人口理念。人口增长是国家发展的基础理念，已经被历史实践证明了其所具有的真理性。也就是说，本篇所论说的人口理念，尽管并非商鞅本人之作，但并不影响本文的理念价值。这一点，要有清楚认知。

但是，从学理上看，作为对《商君书》的考辨评析，我们一定要对这篇策论文章的非真实性做出辨识说明，以确认它的内容不是商鞅本人所处的时代应当具有的。不清楚这一基本点，而将《徕民》篇看作商鞅本人之作，既对理解商鞅变法时期的历史实践造成混乱，也很容易将本篇论说的缺陷强加到商鞅身上，对真实的商鞅思想造成实质性的损伤。

我们先从本篇内容上列出其非商鞅本人所作的证据——

其一，所论秦国之土地面积，是战国后期事实。

本篇第 2 段云："今秦之地，方千里者五。"以现代公制换算，五个"方千里"即是一百二十五万平方公里。依据历史事实，这是秦昭王之后的秦国国土。秦孝公商鞅时期，即或包括了后期收复的河西之地，及连带的桃林高地、崤山与函谷关地区，再加上原有的陇西地区、商於地区、大关中地区，面积大致也只在二三十万平方公里，无论如何不可能达到一百万平方公里以上。

历经四代扩张之后，尤其是经秦昭王时期的超强扩展，秦国到秦昭王后期及孝文王、庄襄王两代，吞灭西周洛阳地区而设立三川郡，当时秦国实际拥有的国土，已经包括今日陕西全境、甘肃东部、宁夏大半、内蒙古南部、四川与重庆全境、贵州一部、山西与河北一部、河南黄河两岸共三郡（河内郡、安阳郡、三川郡）。

故此，以时人的计算，秦国土地此时已达"五个方千里"。就是说，战国后期的秦国，已经变成了几可与包括江南、岭南诸多"遥领"虚地的广袤楚国相匹敌的超大战国，为统一战争的发动准备了现实条件。厘清这一历史实践脉络，对理解《商君书》具有基础的意义，对理解本篇为战国后期之作则具有直接意义。

其二，所论秦国之周边环境，远非商鞅时期周边环境。

本篇第 2、3 段所论，是秦国与周边国家的关系——"秦之所与邻者，三晋也；所欲用兵者，韩、魏也。彼，土狭而民众；其宅参居而并处。其寡萌贾息，民上无通名，下无田宅，而恃奸务末作以处。人之复阴阳泽水者过半。此，其土之不足以生其民也，似有过秦民之不足以实其土也。意民之情，其所欲者，田宅也；而晋之无有也信，秦之有馀也必。如此，而民不西者，秦士戚，而民苦也……三晋之所以弱者，其民务乐而复爵轻也。秦之所以强者，其民务苦而复爵重也。今多爵而久复，是释秦之所以强，而为三晋之所以弱也"。

这两段论说的基本点，是说秦处强势，魏赵韩三大战国（三晋）处又穷又弱之态势——"彼，土狭而民众；其宅参居而并处。其寡萌贾息，民上无通名，下无田宅，而恃奸务末作以处。人之复阴阳泽水者过半。此，其土之不足以生其民也"。

依据历史实践，此等说法与秦孝公商鞅时期的周边环境严重不合，完全是秦昭王之后，甚或是秦王嬴政兵出山东之前的周边环境及用兵指向。

其三，对秦国君主世次的表述，是秦孝公之后第五世。

本篇第 3 段云："今三晋不胜秦，四世矣；自魏襄以来，野战不胜，守城必拔，小大之战，三晋之所亡于秦者，不可胜数也。若此而不服，秦能取其地，而不能夺其民也。"

这里说"三晋（魏赵韩）不胜秦，四世矣"。其后又有"故，四世战胜，而天下不服"之说，其意相同。四世，说的是秦国自秦孝公商鞅变法之后的世次，表明论说者已经是第五世君主时期的人物，或是第四世君主后期的人物。这个常被后世提及的历史

法治文明论

世次，是秦国崛起统一的世次，而不是血亲代次。即秦孝公为变法崛起的第一世，其子秦惠文王为第二世，其子秦武王为第三世，武王弟秦昭襄王为第四世，其子秦孝文王是第五世，其子秦庄襄王是第六世，其子秦始皇帝则为第七世。这便是西汉贾谊所说"及至始皇，奋六世之馀烈"。

也就是说，这篇策论的真实作者，有可能是孝文王与庄襄王时期的某位人物。依据当时政情，孝文王在位时期仅一年，太短，可与庄襄王时期合为一体看。庄襄王时期，是吕不韦领政，基本继承商鞅法制，而在法治实践中略有"宽刑缓政"之松动；并主持门客集团编写了体现自己治国理念的《吕氏春秋》。名士李斯，也曾在入秦前期作吕不韦门客，很可能也介入了《吕氏春秋》的编著。在此大势下，则此策论很可能是吕不韦的某位颇有才具的门客所作，后来在种种不明因素作用下，被"加塞"进入了《商君书》。

其四，本篇所提及的战争战役，均是秦昭王时期的大战。

本篇提及的战争情况，有如下说法："故，四世战胜，而天下不服……周军之胜，华军之胜，秦斩首而东之……且周军之胜，华军之胜，长平之胜，秦所亡民者几何？"总体论说是"四世战胜"，即连续四世君主的战争胜利。这显然不是商鞅所处时期的战争。所提的三次大战，均是秦昭王时期的著名战役。"周军之胜"，说的是昭王十四年（公元前293年）白起为统帅歼灭二十四万周魏韩联军的伊阙之战。此战因东周王室出动，也被时人称为"周军之战"。"华军之胜"，是华阳之战；即秦昭王三十四年（公元前273年），魏赵攻韩，白起率秦军救韩，大破魏赵联军，斩首十三万，沉赵卒二万于黄河。"长平之胜"，说的是秦昭王后期的秦赵长平大战，白起统帅秦军，大破数十万赵军于上党郡之长平战场，是为战国时期之最大规模歼灭战。

这些超大战役，显然都不是商鞅时期的战事。而能以这几次战胜之后秦国人口并未大幅增加为实际依据，说明"徕民"之必要性，合理固合理也，然绝非商鞅时期所能论及。

其五，本篇之论说风格，与商鞅基本篇章距离很大。

我们在前述《商君书》的基本篇章中，已经体验了商鞅论说政道独有的简约性、朴实性、准确性、深刻性、逻辑效应的严密性，及常态语汇的工作性。所谓"常态语汇的工作性"，即官员实践操作所经常使用的法令式语汇之特性。在《商君书》基本篇章中，基本没有战国后期诸如《韩非子》那种职业理论家式的华彩雄辩，及常以寓言故事说明问题时的感性特质。

但在这一篇章中，语句所渗透的焦虑心绪，是显而易见的。最后，作者还讲述了一则故事——"齐人有东郭敞者，犹多愿，愿有万金。其徒请赒焉，不与，曰：'吾将以求封也。'其徒怒而去之宋，曰：'此爱于无也。'故不如以先与之有也"。

这种论说风格，在《吕氏春秋》中是常态，即多采用故事来做比喻性论说。因为，《吕氏春秋》的结构中，每一部分都包括了以实际事例说明遵照吕氏治道而成功的例子，及违背吕氏治道而失败的例子，由是多故事讲述。本篇行文风格，非常接近于《吕氏春秋》，有战国后期的辩说之风。但是，距离《商君书》的本色风格则比较远。

总体来说，《徕民》篇应该是战国后期的一篇策论之作。虽然并没有商鞅风格浓烈的法治本位论说，但是仍不失为一篇无伤《商君书》本体，亦对战国后期历史实践提供参照的文章。

刑约第十六

（原文已佚）

赏刑第十七
法治之要：三大体系　一条通道

1. 圣人之为国也，壹赏，壹刑，壹教。壹赏则兵无敌，壹刑则令行，壹教则下听上。夫明赏不费，明刑不戮，明教不变；而民知于民务，国无异俗。明赏之犹，至于无赏也；明刑之犹，至于无刑也；明教之犹，至于无教也。

2. 所谓壹赏者，利禄官爵，抟出于兵，无有异施也。夫固知愚、贵贱、勇怯、贤不肖，皆尽其胸臆之知，竭其股肱之力，出死而为上用也。天下豪杰贤良，从之如流水；是故，兵无敌而令行于天下，万乘之国不敢苏其兵中原，千乘之国不敢捍城。万乘之国，若有苏其兵中原者，战将覆其军；千乘之国，若有捍城者，攻将凌其城。战必覆人之军，攻必凌人之城，尽城而有之，尽宾而致之，虽厚庆赏，何费匪之有矣。

3. 昔，汤封于赞茅；文王封于岐周，方百里。汤与桀，战于鸣条之野；武王与纣，战于牧野之中，大破九军，卒裂土封诸侯。士卒坐陈者，里有书社，车休息不乘，从马华山之阳，从牛于农泽，从之老而不收；此，汤、武之赏也。故曰：赞茅、岐周之粟，以赏天下之人，不人得一升；以其钱赏天下之人，不人得一钱。故曰：百里之君而封侯，其臣大其旧；自士卒坐陈者，里有书社；赏之所加，宽于牛马者，何也？善因天下之货，以赏天下之人。故曰：明赏不费。汤、武既破桀、纣，海内无害，天下大定，筑五库，藏五兵，偃武事，行文教，倒载干戈，搢笏作为乐，以申其德。当此时也，赏禄不行而民整齐。故曰：明赏之犹，至于无赏也。

4.所谓壹刑者，刑无等级。自卿相、将军以至大夫、庶人，有不从王令，犯国禁，乱上制者，罪死不赦。有功于前，有败于后，不为损刑；有善于前，有过于后，不为亏法。忠臣孝子有过，必以其数断。守法守职之吏，有不行王法者，罪死不赦，刑及三族。同官之人知而讦之上者，自免于罪，无贵贱，尸袭其官长之官爵田禄。故曰：重刑连其罪，则民不敢试。民不敢试，故无刑也。

5.夫先王之禁，刺杀，断人之足，黥人之面，非求伤民也，以禁奸止过也。故，禁奸止过，莫若重刑。刑重而必得，则民不敢试，故国无刑民。国无刑民，故曰：明刑不戮。

6.晋文公将欲明刑以亲百姓，于是合诸侯大夫于侍千宫。颠颉后至，请其罪。君曰："用事焉。"吏遂断颠颉之脊以殉。晋国之士稽焉皆惧，曰："颠颉之有宠也，断以殉，而况于我乎？"举兵伐曹及五鹿，及反郑之埤，东征之亩，胜荆人于城濮。三军之士，止之如斩足，行之如流水。三军之士，无敢犯禁者。故一假道重轻于颠颉之脊，而晋国治。昔者，周公旦杀管叔，流霍叔，曰："犯禁者也。"天下众皆曰："亲昆弟有过不违，而况疏远乎？"故，天下知用刀锯于周庭，而海内治。故曰：明刑之犹，至于无刑也。

7. 所谓壹教者，博闻、辩慧、信廉、礼乐、修行、群党、任誉、清浊，不可以富贵，不可以评刑，不可独立私议以陈其上。坚者破，锐者挫，虽曰圣知、巧佞、厚朴，则不能以非功罔上利。然富贵之门，要存战而已矣。彼能战者，践富贵之门。强梗焉，有常刑而不赦。是父兄、昆弟、知识、婚姻、合同者皆曰："务之所加，存战而已矣。"夫故当壮者务于战，老弱者务于守，死者不悔，生者务劝。此，臣之所谓壹教也。民之欲富贵也，共阖棺而后止。而富贵之门，必出于兵。是故，民闻战而相贺也，起居饮食所歌谣者，战也。此臣之所谓"明教之犹，至于无教也。"此臣之所谓参教也。

8. 圣人非能通，知万物之要也。故其治国，举要以致万物，故寡教而多功。圣人治国也，易知而难行也。是故，圣人不必加，凡主不必废，杀人不为暴，赏人不为仁者，国法明也。圣人以功授官予爵，故贤者不忧。圣人不宥过，不赦刑，故奸无起。圣人治国也，审壹而已矣。

—┼ 考辨评析 ┼—

这篇《赏刑》，是《商君书》的基本篇章之一，内容集中，结构清晰。论说则近于战国后期雄辩风格，很可能有后世成书者加入的修饰成分。但就思想内涵的基本方面而言，完全体现了商鞅法治理念。故此，语汇风格的些许变异，不足以变其本色。

其一，以历史实践为依据，提出了国家法治的三大体系。
原典第 1 段的"壹"，不是在数元意义上说的，而是操作实践中的统一法度之意，与其他基本篇章中的"利出一孔"之"一"相同，都是必须经由国家统一执行，且只有一个标准。在实践中表现为三个一：一个平台——国家，一条路径——君主及官府，一个标准——法令规定的耕战功劳。所谓"壹赏，壹刑，壹教"，都是这三个"壹"的统一之意。

商鞅认为，依据"圣人为国"的实践，统一赏功、统一行法、统一教化，是治国理政的三个基础方面，也是国家法治的三大体系。其所应达到的实际功效是——"壹赏则兵无敌，壹刑则令行，壹教则下听上"。其所应达到的最高境界则是——"明赏不费，明刑不戮，明教不变；而民知于民务，国无异俗。明赏之犹，至于无赏也；明刑之犹，至于无刑也；明教之犹，至于无教也"。

文中的三个"犹"，都应解作"尤"，即"事物之最"的意思。以现代理念表述，即赏功做到最高境界，可以使民众在国家还没有赏功的情况下奋勇效忠，此谓"至于无赏也"；行法（刑）做到最高境界，可以使犯罪消失，此谓"至于无刑也"；教化做到最高境界，可以使民众形成耕战之风习传统而无须国家教化，此谓"至于无教也"。当然，能否做到最佳状态与最高境界，最终还需看实践中的执行法则。故此，提出了基础认知，不等于解决了全部问题。

其二，实现"壹赏"的实际执行法则。

原典第 2 段论说很直白，提出的执行法则是"利禄官爵，抟（专）出于兵，无有异施也"。依据秦国变法及变法之后的历史实践，这一法则的内涵有两层意思：一则是在国家所有功劳中，军功居于第一位；二则是军功之中的战场之功居第一，只能"专出于兵"，而不能以其余功劳取代。关于第一点，秦国的历史实践已经证明了相关规则一直在执行。其间，即或如商鞅变法之功，在没有率军收复河西之前，也只有"大良造"爵位；只有在建立收复河西的战功之后，才封为"商君"而成为秦孝公时期的第一功臣。后来的秦昭王时期，白起以三十余场大型歼灭战，战胜攻取七十余城的巨大战功，爵封武安君，成为战国中期秦国最大的功臣。

最高峰的秦始皇帝时期，统一六国之后论功封侯，王翦以率军灭赵燕楚三国的不世军功而封武成侯，排位第一；王贲以率军灭魏齐两国的巨大军功而封通武侯，排位第二，实职任太尉，为三公之一。因王翦年事已高，又在岭南持续进行统合之战，不能任实职，始皇帝对王翦这个头号老功臣开了一则特许法令——专许王翦武成侯爵位可以世袭，由其嫡孙王离承袭；其余功臣的封爵均不能承袭。由此，王翦家族"一门三侯"，在秦帝国历史上可谓绝无仅有。同时，李斯等大批文职功臣，均封"通侯"，即没有特殊的侯爵封号，低于有封号的武臣侯爵。但是，李斯在实职上任帝国丞相，位列三公之首，又是一种赏功补偿。如此历史实践，足见秦国以军功为核心的赏功制度，一直严格地坚持到最后阶段，其法度执行力实属历史罕见。

其后之论说，都是对严格执行以军功为核心的赏功制度所能产生的实际效应的列举。其中，更是具体列举了历史上商汤灭夏的鸣条之战胜利后，周武王灭商的牧野之战胜利后，两位圣王实行的军功封赏方式，借以证明封赏军功的重要性；及"明赏"的最高境界——"当此时也，赏禄不行而民整齐。故曰：明赏之犹，至于无赏也"。

但是，依据历史实践，我们认为：关于商汤、周武的赏功现象的评估，极有可能是《商君书》在后来的流传中，被持有王道理念的学人"加塞"的内容。因为，依据商鞅的原则论说，"明赏"的本质与核心，是"壹赏"，即一个平台、一个路径、一个标准的"三统一"赏功。这是秦国变法提出的法治赏功的创造性制度，其要求之高，制度措施之具体，皆史无前例。若以商汤、周武为历史楷模，在事实上不能成立，夹于此处，则尤显义理不通。

历史实践的呈现是，商灭夏之后的分封诸侯，还同时封赏了大量的"承认式"诸侯国。纵然对鸣条之战的军功，皆有"直封"重赏，也无法做到普遍实行于天下的"壹赏"制。周武灭商之后，初期"直封"的军功诸侯国，比商汤始封军功诸侯更少。因为，周武王不以"承认制"的方式封赏诸侯。故此，周灭商之初，除了封赏战场军功，根本没有可能实行全面的天下"壹赏"制。即或仅就西周初期的局部"直封制"本身而言，也不是军功第一，即不是"一个标准"。具体说，周公被封鲁国，召公被封燕国，为王族第一第二诸侯；而军功最高的太公吕尚，则被封齐国，其地位在周公、召公之下。这一现实，与商鞅变法实行的"军功第一"原则，并为秦国所始终坚持的历史实践——秦昭王时期的武安君白起为第一爵位，始皇帝时期的武成侯王翦为第一爵位——都是根本不同的。

总体来说，这两个时期的"圣王"封赏现象，与商鞅变法提出的"壹赏"制度，无论是本质还是形式，皆有重大差别。《商君书》基本篇章的论说逻辑素来严谨，商鞅不可能以"三代不同制，五霸不同法"的先例，来证明"壹赏"制度的正确性。故此，这两个上古时期的事例夹在此处，显然义理不通，当忽略不计。

其三，提出"壹刑"理念及"重刑"原则。

关于"壹刑"的行法论说在原典第 4 段。

本质上说，"壹刑"就是"刑无等级"，即"法无等级"之意。具体说，就是举国一法，法无二出。这是古典社会最为鲜明的法治公平理念。以此理念为根基，论说了具体实现的五种行法原则——

一则，总体行法原则——"自卿相、将军以至大夫、庶人，有不从王令，犯国禁，乱上制者，罪死不赦"。这是行法的总体原则，鲜明的官民平等原则。无论官民，举凡违反国家法律者，一律依法论罪，死刑不赦免。这一主张与礼治时代的"礼不下庶人，刑不上大夫"，是巨大的本质差别；非但在当时具有历史的震撼性，即或对现代社会的我们也有着深刻的历史启迪。

二则，功臣犯罪的行法原则——"有功于前，有败于后，不为损刑；有善于前，有过于后，不为亏法"。这是对两种特殊违法者的行法原则。一种是有功之人犯罪，即"有功于前，有败于后"者，同样以已经颁布的法律规定执行处罚，不能减低处罚，即"不为损刑"。一种是良善之人犯法，即"有善于前，有过于后"者，亦同样依照原本法律规定执行，不能变形，即"不为亏法"。

三则，忠臣孝子犯法的处罚原则——"忠臣孝子有过，必以其数断"。在古典文明时期，忠臣与孝子是两种特殊人物，即具有社会典范意义的道德人物。在一般情况下，这两种人都不具有邪恶的犯罪动机，但凡其违法或犯罪，亦大多为过失违法与过失犯罪；否则，便是假忠臣伪孝子，自当重刑论罪。故此，对这两种人物之违法或犯罪的处罚，便提出了一个总原则——"必以其数断"。这个"数"，是指其犯罪或违法的程度。就是说，法治之道并没有给这两种人以特殊"豁免权",而是列为唯一需要具体考量其违法犯罪之程度与性质等方面,而后决定处罚方式与处罚程度的一种特殊情况。在坚持法治公正与公平的原则下,同时兼顾特殊情况以特殊原则处置,这是商鞅法治的历史特质——既坚持法律原则,又以"法以爱民"为本。

四则,对在职官员违法犯罪的处罚原则——"守法守职之吏,有不行王法者,罪死不赦,刑及三族"。对于在职官员的违法犯罪,历来都有"明知故犯"或"监守自盗"之说,即其犯罪性质特别恶劣。故此,这里提出的处罚力度最大——"罪死不赦,刑及三族"。

五则,对能举发"同官"犯罪的官员的重奖原则——"同官之人知而讦之上者,自免于罪,无贵贱,尸袭其官长之官爵田禄"。以现代理念表述,这一原则的具体内涵是:同为官员,而能举发自己也陷于其中的官员团伙犯罪者,可自行免罪;无论举发者身份贵贱,皆可代替承袭首犯官员的爵位职务与禄米及田产。这里的"讦",即攻讦举发之意。这里的"尸袭",意为取代,来源于上古祭祀祖先礼仪中的祖先装扮者被称为"尸"的风习,衍化为"尸即其人"的指认;是故,将代替者称为"尸袭",即取代继承之意。应该说,这是一个很具创意的独到的重奖方式——但能举发官员团伙犯罪,非但自行免罪,且能一举承袭首犯官员的爵位、禄米与田产,堪称激赏举发。在实践中,应该能大大激发官员的相互监督意识。

落实以上五大行法原则,其逻辑效应是——"故曰:重刑连其罪,则民不敢试。民不敢试,故无刑也"。

最终,原典第5段总体论说法治正义性的根基。这段论说的核心,是说法治的目标正义性。首先,指出法律规定种种"重刑"

的本意，"非求伤民也"，而是以"禁奸止过"为目的。其次，论说基于"禁奸止过"的总体目标而行"重刑"的必要性——"禁奸止过，莫若重刑。刑重而必得，则民不敢试，故国无刑民。国无刑民，故曰：明刑不戮"。

这里，将"刑重而必得"的内在合理性，建立在对以人性为基础的行为意识的心理威慑上，达到"刑重则民不敢试"的实际效应，进而达到"明刑不戮"的最高境界，确实是千古罕见的洞察力。

须得留意的是，商鞅法治体系中的"轻罪重刑"制度，是引起后世以至近现代社会错解与非议的重要方面。错解与非议的基本面，主要体现于只从实际继承的意义对待这一制度，而将其不符合法治公平性的历史局限性无限放大，从而在整体上否定了"轻罪重刑"制度的相对真理性，即在当时"大争"实践中的合理性。

从历史实践看，任何时代的违法犯罪现象中，都以"轻罪"为基本部分。也就是说，任何时期都是"轻罪"——轻度违法犯罪——数量最大，涉及人口最多。在复杂多样的违法犯罪中，类似于叛变、政变、通敌卖国、聚盗作乱等政治性质的违法重罪，皆属少数。与此相对，广泛存在于社会各个层面的种种商业欺诈、环境破坏、违法牟利、民霸欺凌、非法利益勾连、具有隐秘性的道德犯罪、家庭犯罪等，从来都是违法犯罪的基本面，从来都是社会生存环境的深层病灶。

作为具有深刻法哲学素养的大政治家，商鞅对轻度犯罪之弥漫所可能带来的社会道德全面崩溃，具有深刻而清醒的洞察。如何防止此类轻度犯罪弥漫扩散为危害社会机体生命的大面积脓疮，是一个法治实践家面对的最基本问题。商鞅提出并实践推行的制度，便是"轻罪重刑"——以重刑治轻罪，对漠视轻度犯罪的广大人口立起醒目的"汤池火坑"式警戒线，以防止法治意识淡漠的普通民众因"不知法"而违法，进而从整体上建立起社会道德警戒线。

在商鞅所建立的秦国法律体系中，有"弃灰于道者，刑"的法条。民众将柴火灰倒在了路边，而没有作为肥料集中或送到指定地。就行为本身而言，虽然违犯法度，但无疑是轻度罪行。以现代法治理念，甚或只能算轻度违法，尚不能成为"罪"。但是，对于这样的轻度违法行为，秦国变法规定的处罚程度，却是"刑治"——断手或断足，确实是重刑治轻罪。可以想见，此等惊人的刑罚即或仅仅实施一例，都会使举国民众惊骇不已，谁又敢接踵"弃灰于道"？历史上有一种说法，认为商鞅此法不是新创，而是商王朝的"汤刑"——商代的"汤法"——就有的。若果然如此，则更说明商鞅的"重刑"制度是有其历史实践根基的。

当然，防止"轻罪"行为弥漫而使社会道德崩溃，是国家时代的基本目标，需要全方位的体系性治理，而绝非仅靠"轻罪重刑"制度一条所能解决。但是，法治是社会文明存在的底线，这一条最为重要。若道德崩溃浪潮冲击到这里便能终止，则文明持续发展有望；但若没有如此强大而令人惊骇的底线，社会道德的沦落崩溃，则几乎是必然的。因此，从法治社会价值观的继承性看，商鞅的"轻罪重刑"制度并非有意"伤民"，而是有深刻的历史合理性的，即其"禁奸止过"的终端正义性。至少，在法哲学价值观的意义上，它是发人深思的。

其四，"壹教"目标——成就"富贵之门，必出于兵"的民风。
以"法教"为实现路径，进而形成"统一教化"的制度体系，并最终落实"富国强兵"的社会基础，是商鞅变法的总体目标。因此，本篇对"统一教化"的法治形式，论说扎实而具体（见原典第 7 段）。

这段论说，没有理念论说之先导，直接从具体的"法教"实际措施开始，明确提出了三条。

一则，禁止以礼治行为而能事的人群获得国家赏赐。具体说，即"博闻、辩慧、信廉、礼乐、修行、群党、任誉（追求声誉的任侠）、清浊"之人群，"不可以富贵"。实际内涵是说，对这些人所做的具有礼治意义的好事——如法外之行侠仗义等，不能作为国家认定的功劳，不能获得官方赏赐而具有"富贵"身份。

二则，禁止此类人群非议法治，同时禁止其以"私议"形式向国家上书建言。具体说，就是"不可以评刑，不可独立私议以陈其上"。

三则，对所有不合赏功法度的非议人群，都要坚决治理，不能放任。具体说，就是"坚者破，锐者挫，虽曰圣知、巧佞、厚朴，则不能以非功罔上利。然富贵之门，要存战而已矣。彼能战者，践富贵之门。强梗焉，有常刑而不赦。是父兄、昆弟、知识、婚姻、合同者皆曰：'务之所加，存战而已矣。'夫故当壮者务于战，老弱者务于守，死者不悔，生者务劝"。

这一条非常明确，就是对一切不合赏功制度要求的非议人士，都要依法处置——"坚者破，锐者挫……强梗焉，有常刑而不赦"。即对于强横不服者，处以"常刑"——法定刑罚且不赦免。这里强调的核心点，是通过处处彰显"富贵必出于兵"的赏功制度，而达到人皆走向"务之所加，存战而已矣"的富贵之路的国家变法目标。

这一层面的最后，商鞅提出了"明教之尤，至于无教"的最高境界——"民之欲富贵也，共阖棺而后止。而富贵之门，必出于兵。是故，民闻战而相贺也，起居饮食所歌谣者，战也。此臣之所谓'明教之犹，至于无教也'"。其实际内涵是明白而又坚决地贯彻赏功制度，最终必能形成民众专一耕战的风习传统；其时，即或国家没有着意教化，争立军功也会成为社会生存之传统。

本篇最终，是从更高的"治道"意义上集中论说"叁教"，即"壹赏、壹刑、壹教"施行之精要所在（见原典第8段）。

这段论说，每则结论皆从实际得出，字无虚言，鲜明扎实。

第一则，治道之要——纲领，即或圣人也不能天生知道。故此，"治国举要以致万物"，即得其要领而统率万事，这是最为根本的出发点。

第二则，治国之核心难点，在于"易知而难行"。故此，法治一旦确立实施，则"圣人不必加，凡主不必废，杀人不为暴，赏人不为仁者，国法明也"。这是说，正因为治国"易知而难行"，所以对于已经开始实行的法治，必须保持稳定不变。圣人在位，不要因为"明察"而增加；平凡君主在位，不能因为"私议"而废除。只要依法行事，则"杀人不为暴，赏人不为仁者，国法明也"。

第三则，"圣人"（法治明君）只要做到依据法度"授官予爵"，功劳人群便不会忧虑；同时，依法做到"不宥过，不赦刑"，则"奸无起"——乱象不生，则国家根基必然稳定强大。

最终论断，回归开始所强调的治道根本——"圣人治国也，审壹而已矣"。这里的"审壹"，就是在慎重考量的基础上认真实行治国理政中的统一性原则，必须严防"害法乱政"行为的滋生。这是典型的商君特质，逻辑效应缜密，最终目标与最初出发点，必有呼应。

画策第十八
发现历史精神　确立现实治道

原典

1.昔者昊英之世，以伐木杀兽，人民少而木兽多。黄帝之世，不麛不卵，官无供备之，民死不得用椁。事不同，皆王者，时异也。神农之世，男耕而食，妇织而衣，刑政不用而治，甲兵不起而王。神农既没，以强胜弱，以众暴寡。故黄帝作为君臣上下之义，父子兄弟之礼，夫妇妃匹之合，内行刀锯，外用甲兵，故，时变也。由此观之，神农非高于黄帝也，然其名尊者，以适于时也。故以战去战，虽战可也；以杀去杀，虽杀可也；以刑去刑，虽重刑可也。

2.昔之能制天下者，必先制其民者也；能胜强敌者，必先胜其民者也。故胜民之本在制民，若冶于金，陶于土也。本不坚，则民如飞鸟禽兽，其孰能制之？民本，法也。故善治民者，塞民以法而名地作矣。

3.名尊地广，以至于王者，何故？战胜者也。名卑地削，以至于亡者，何故？战罢者也。不胜而王，不败而亡者，自古及今，未尝有也。民勇者战胜，民不勇者战败。能壹民于战者，民勇；不能壹民于战者，民不勇。圣王见王之致于兵也，故举国而责之于兵。入其国，观其治，兵用者强。奚以知民之见用者也？民之见战也，如饿狼之见肉，则民用矣。凡战者，民之所恶也，能使民乐战者王。强国之民，父遗其子，兄遗其弟，妻遗其夫，皆曰："不得，无返。"又曰："失法离令，若死我死。"乡治之，行间无所逃，迁徙无所入。行间之治连以五，辨之以章，束之以令，拙无所处，罢无所生。是以三军之众，从令如流，死而不旋踵。

4.国之乱也，非其法乱也，非法不用也。国皆有法，而无使法必行之法。国皆有禁奸邪、刑盗贼之法，而无使奸邪、盗贼必得之法。为奸邪、盗贼者死刑，而奸邪、盗贼不止者，不必得也。必得而尚有奸邪、盗贼者，刑轻也。刑轻者，不得诛也；必得者，刑者众也。故善治者刑不善而不赏善，故不刑而民善。不刑而民善，刑重也。刑重者，民不敢犯，故无刑也。而民莫敢为非，是一国皆善也，故不赏善而民善。赏善之不可也，犹赏不盗。故善治者，使跖可信，而况伯夷乎？不能治者，使伯夷可疑，而况跖乎？势不能为奸，虽跖可信也；势得为奸，虽伯夷可疑也。

5.国或重治，或重乱。明主在上，所举必贤，则法可在贤。法可在贤，则法在下，不肖不敢为非，是谓重治。不明主在上，所举必不肖，国无明法，不肖者敢为非，是谓重乱。兵或重强，或重弱。民固欲战，又不得不战，是谓重强。民固不欲战，又得无战，是谓重弱。

6.明主不滥富贵其臣。所谓富者，非粟米珠玉也；所谓贵者，非爵位官职也。废法作私，爵禄之，滥富贵也。凡人主德行非出人也，知非出人也，勇力非过人也。然民虽有圣知，弗敢我谋；勇力，弗敢我杀；虽众，不敢胜其主。虽民至亿万之数，县重赏而民不敢争，行罚而民不敢怨者，法也。国乱者，民多私义；兵弱者，民多私勇。则削国之所以取爵禄者多涂，亡国之欲贱爵轻禄，不作而食，不战而荣，无爵而尊，无禄而富，无官而长，此之谓奸民。所谓治主无忠臣，慈父无孝子。欲无善言，皆以法相司也，命相正也。不能独为非，而莫与人为非。

7. 所谓富者，入多而出寡。衣服有制，饮食有节，则出寡矣。女事尽于内，男事尽于外，则入多矣。

8. 所谓明者，无所不见，则群臣不敢为奸，百姓不敢为非。是以人主处匡床之上，听丝竹之声，而天下治。所谓明者，使众不得不为。

9. 所谓强者，天下胜。天下胜，是故合力。是以勇强不敢为暴，圣知不敢为诈而虚用，兼天下之众，莫敢不为其所好，而避其所恶。所谓强者，使勇力不得不为己用。其志足天下，益之；不足天下，说之。恃天下者，天下去之；自恃者，得天下。得天下者，先自得者也。能胜强敌者，先自胜者也。

10. 圣人知必然之理，必为之时势，故为必治之政，战必勇之民，行必听之令。是以兵出而无敌，令行而天下服从。黄鹄之飞，一举千里，有必飞之备也。麒麟𫘧𫘨，日行千里，有必走之势也。虎豹熊罴，鸷而无敌，有必胜之理也。圣人见本然之政，知必然之理，故其制民也，如以高下制水，如以燥湿制火。故曰：仁者能仁于人，而不能使人仁；义者能爱于人，而不能使人爱。是以知仁义之不足以治天下也。圣

　　　　　　　　　　　　　　　　　法治文明论

人有必信之性，又有使天下不得不信之法。所谓义者，为人臣忠，为人子孝，少长有礼，男女有别，非其义也。饿不苟食，死不苟生，此乃有法之常也。圣王者，不贵义而贵法，法必明，令必行，则已矣。

┼ 考辨评析 ┼

《画策》是《商君书》的基本篇章之一，是能够充分体现商鞅变法实践及其价值认知的文章之一。题目之意，是全面筹划治国理政之国策，故曰"画策"。画与划通，筹划也。

这篇以"筹划国策"为目标的文章，主要有两大层面的实际内容：一方面，是对各个历史时期治世之道的变化，及这种变化的合理性，进行发现性揭示，充满历史哲学的深刻性与辩证认知。另一方面，是对秦国变法实行法治之道的现实需求，及这种需求的合理性，做出充分论证，充满法哲学的深刻性与辩证认知。在古典文明时期，能有如此高远宏阔的历史视野，能有如此具有历史哲学与法哲学意识的深邃洞察，实在是中国统一文明开创时期的骄傲。

其一，对历史治道及其变化的揭示与价值认知。

原本的此段论说，因流传之中误修误补等多种因素，语序稍显混乱。我们依据文本当有的论说逻辑，将语序做出调整呈现如下——"昔者昊英之世，以伐木杀兽，人民少而木兽多。神农之世，男耕而食，妇织而衣，刑政不用而治，甲兵不起而王。神农既没，以强胜弱，以众暴寡。故黄帝作君臣上下之义，父子兄弟之礼，夫妇妃匹之合，内行刀锯，外用甲兵。故，时变也。黄帝之世，不麛不卵，官无供备之，民死不得用椁。事不同，皆王者，时异也。由此观之，神农非高于黄帝也，然其名尊者，以适于时也。故以战去战，虽战可也；以杀去杀，虽杀可也；以刑去刑，虽重刑可也"。

依据上述语序，本篇对远古治道的总结分为三大时期。

第一时期，远古"昊英之世"的无治状态。

昊英，当是春秋战国时期远古传说之早期部族首领中声望最著的一位，成为那个时期的历史符号人物，而并不意味着"昊英"就是那个时期具有真实管控力的首领。这一时期的生存状态，是人群以"伐木杀兽"为生，"人民少而木兽多"。如此生存状态下，其不言自明的内涵是：这一时期是一个"人民"自生自灭，总体处于自发状态的时期；首领及氏族部族长老组成的议事机构所起的作用，是以争取氏族部族的较好生存条件为基本目标。其时，既没有后世那般完整的权力机构，也不可能产生后世那般明确的社会规范。因此，以商鞅的治道认知，"昊英之世"显然是一个"无治"时期。以现代理念表述，即早期原始社会的人们处在没有公权力的无政府生存状态。依据后世考据研究及现代考古发现之成果所证明的历史实践，商鞅对远古社会的认知，是非常接近于历史真实的。

第二时期，"神农之世"的治道变化。

神农，即后世所说的神农氏，中国远古传说中以"教民耕稼"著称而具有"天下"意义的重要领袖，时在黄帝之前。依据现代考古发现的诸多早期遗址所呈现的内容，中国远古社会存在的时间之长，很可能远远超出远古传说所标记的范围。也就是说，黄帝炎帝之前，不会仅仅存在一个"神农之世"。即或依据远古传说，在"神农之世"前，至少还当有伏羲氏之世、有巢氏之世、

法治文明论

燧人氏之世三个大时期的存在。我们认为，《画策》之所以没有提及这三个远古时期的最基本原因，当是这三个时期与"神农之世"具有同质性，而又以神农氏时期为典型。故此，在论说治道的意义上，可以看作一个时期。

神农之世的整体生存状况是——"男耕而食，妇织而衣，刑政不用而治，甲兵不起而王"。如此论说的实际内涵是：历经漫长岁月，昊英之世后的这几个时期，已经基本度过了"无治"状态，进入了具有朦胧雏形的初期秩序时期，即松散秩序时期；其历史实践的形式呈现是——"刑政不用而治，甲兵不起而王"。具体说，就是在资源相对丰富而人口相对很少的自然条件下，实现了"男耕而食，妇织而衣"，人民各安其生的状态。其时，没有强力性质的刑罚，也没有进行实际管辖的政权与官员，"人民"处于服从既定习惯秩序的生存状态。

商鞅认为，这就是最初的治道时期，它具有朦胧的"王道无为"初始特征，即"甲兵不起"而"王"的普遍影响力。虽然，就其实际而言，这个"王"的存在状态，只是一种不具有实际管控权力的"王道"声望。但是，在这种影响力之下，仍然形成了一种粗线条的有序的生存状态。因此，商鞅并没有将这几个时期看作实际无治的时期，并否定其在"治道"意义上的存在；而是将这一时期看作历史上存在的一种初期"治道"的表现。这里的根本原因，在于商鞅对历史变化的深刻理解力——"事不同，皆王者，时异也"。就是说，面对的生存环境不同，就应该有不同的生存之道。因为，"时异也"。所谓"时"，就是时势，就是整个生存基础大势的变化。应该说，这是基于深刻的洞察力而产生的对历史客观性的辩证认知。

第三时期，神农氏之后的乱世。

在商鞅的历史认知中,"神农之世"后的时势变化,是远古社会治道变化大转折的开始。其关键点是,初始以"王道"声望为基础的生存秩序,随着"王"的离去而很快崩溃,出现了"以强胜弱,以众暴寡"的无序大争夺。就历史实践而言,这是公权力出现之前的真实历史状况。其基本原因,在于松散的不具有实际强制性的秩序,不足以限制那些人口众多的部族势力,对弱小部族氏族以杀戮人口为前提,进而对土地、水源、粮食等生存资源实现掠夺、占有。商鞅在《画策》篇虽然没有如现代理念说得那般具体,但是"以强胜弱,以众暴寡"八个字,以其古典语言的内涵,已经完全揭示了这种乱象的本质。

第四时期,黄帝以强力建立实际秩序。

本篇对黄帝时期进行了最概括的论说——"故黄帝作为君臣上下之义,父子兄弟之礼,夫妇妃匹之合,内行刀锯,外用甲兵。故,时变也"。就是说,商鞅略去了黄帝时期具体的战争历史,而集中从治道的意义上列举黄帝时期的制度创建。具体说,一则是"作为君臣上下之义"。用现代理念表述,就是建立了部族大联盟的公权力,并建立了治理"人民"的官员队伍,有了"君臣"规范。二则,制定了"父子兄弟之礼"。用现代理念表述,就是对社会主干人口——男性群体设立了相互间的基本规范。三则,制定了"夫妇妃匹之合"的家庭规范。用现代理念表述,就是对以"夫妇"为基础单元的家庭伦理进行了规范。四则,"内行刀锯"。用现代理念表述,就是立下了强制处罚非秩序行为的强力规范,即最初期的法治规范。五则,"外用甲兵"。用现代理念表述,就是对氏族部族之间的无序争夺,采取了"以暴制暴"的战争反击方式,大规模消灭无序争夺现象。

基于如此重大的治道创建,商鞅对黄帝之世做出了高度评价,

法治文明论

认为黄帝高于神农——"由此观之，神农非高于黄帝也。然其名尊者，以适于时也"。就是说，神农所以声名卓著，并非其实际功业超过了黄帝，而在其治道适用于那个时期的生存状态。此一历史认知，具有难能可贵的客观性。之后，由黄帝治道出发，揭示了黄帝时期所提供的治道认知价值——"以战去战，虽战可也；以杀去杀，虽杀可也；以刑去刑，虽重刑可也"。

其后，《画策》篇以对历史治道变化的价值总结为新的出发点，转向对现实治国理政之道的论说（原典第 2 段）。这段总结论说，有两点基本思想。一则，总结出既往历史治道的根本点是民治，即治民之道是治道之本；必须像冶金与制陶，务求其"本坚"。"本不坚，则民如飞鸟禽兽，其孰能制之？"二则，总结出"民本，法也"——治理民众的根本在于确立法治——的历史性认知；最终提出"故善治民者，塞民以法而名地作矣"。这里的"塞"字，本义是阻断、堵截；此处可引申为遏制之意。"名地"，是记名土地，即依法分配的有主之田。以现代理念表述，就是治民之道的根本，在于实行法治。善于法治的国家，就是以法治之道遏制无序争夺，从而实现"名地"化的土地私有制分配。此谓"名地作矣"之真正表意。

此段最后的"名地作矣"，须得特别说明。

对于此句表意，有两种误读。一种，高亨先生之《商君书注译》将"名地"两字解读为"名声与土地"，并多有其余注译版本附和。另一种，近现代训诂学家朱师辙，在其 1956 年首版的《商君书解诂定本》中，对本篇此处的"作"字，考据解读为"生也"之意。之后，高亨引用朱师辙之认定，并从之。此后，当代各家有关《商君书》的注释亦大多附和。

我们认为，此两处解读虽可在字面上自圆其说，但与历史实践不合，亦与文句逻辑不合。一则，结合《商君书》之《算地》篇而从历史实践说，商鞅变法中最具历史影响力的，就是以法律形式确立了"民得买卖"的土地私有制。其私田分配的具体形式，便是将可耕地以法律规定的记名方式分配给户主，此即当时的"名地"。因之，这里的"名""地"连用，并非并列式的名声与土地之意，而是"记名土地"即有主土地之意。

二则，从文句逻辑上说，本句的前提是"塞民以法"，之后是"而名地作矣"。以此逻辑表意，显然是以法治遏制民众的无序争夺为条件，而后在法治基础上"名地作矣"，即实现户主记名方式的私田分配，及以法律形式对新开垦土地进行确认记名。如此，文义逻辑与历史实践完全符合。故此，无论从历史实践看，还是文本逻辑看，此处对"名地"两字的剥离，并将其解读为"名声与土地"，皆当为严重误读。

三则，此句原文的"作矣"两字，本意当为实现或实行之意。春秋战国时期的相关文献，如《国语》《左传》等，对各种不同程度的变法举措，常以"作某某"来记载，如"作爰田"之说。故此，此处之"作矣"，当是土地记名制"可以实行了"之意，或"已经实行"之意。其余任何推论与修改，都不合于历史实践与文本逻辑。

其二，对法治之道必要性的辩证论说。

本篇对法治之道的论说，是从实行法治的必要性开始的。

对法治必要性的论说，则是从国家的实际需求开始的（原典第3段）。这一大段，是说法治的最大必要性，来自国家需要战争胜利的实际要求。其逻辑效应是——要达到"战胜而王"，就要做到"民勇"；而"民勇"则取决于"能壹民于战"；而"壹民于战"，则必须实行法治，即"举国而责之于兵"的层层激励。

无疑，在"大争之世"的战国时代，战争胜利必然成为国家生存的第一需求。历史上任何处于兴亡时期的政权主体，其最重要的实际需求，也都是战争的胜利。其余的种种社会需求，不是不重要，而是必须以获得战争胜利为先决条件。因此，拥有强大的战争实力，就必然成为第一位的历史目标；能够实现这一目标的实践路径，则只有实行法治。因为，只有法治之道的"厚赏"与"重刑"，能够正面激发国民的决战决胜精神，使"民之见战也，如饿狼之见肉……能使民乐战者王。强国之民，父遗其子，兄遗其弟，妻遗其夫（父、兄、妻的送别赠言），皆曰：'不得，无返。（不得敌人首级，就不能回来。）'又曰：'失法离令，若死我死。（若违背军令，你死我同死。）'乡治之，行间无所逃，迁徙无所入（乡村法治使间谍无所逃，流民不能入）。行间之治连以五（军中实行五人连坐制而确保人人力战），辨之以章，束之以令，拙无所处，罢无所生。是以三军之众，从令如流，死而不旋踵"。

历史地看，这些激励制度与目标对象，未必都是符合近现代真正的法治精神，即公平正义原则的。甚或，它更多体现出大争之世的残酷与血腥。但是，这些法令制度的存在，是真实的历史；其所激发的无比高昂的战争精神，也是真实的历史存在。因之，其所具有的相对真理性是毋庸置疑的。即或在今天的我们看来，它并不具有全面继承的价值，但它所体现的核心认知的深刻性与辩证性，是我们永远无法否定的。

商鞅如此论说的根本目的，就是要秦国朝野切实明白国家兴亡时期的治国要害点，从而增强推行法治的信心。当代的我们，又一次面临存在兴亡危机的大竞争、大转折时代，若不具备这种"超限"性质的牺牲精神，我们的民族复兴之路仍将遥遥无期。

其三，静态法制，不是国家治道的决定性方面。

一如上述，实行法治已经是国家强大的最佳路径。那么，如何实现法治，即实现法治的路径何在，就成为必须回答的最重大问题。

对此，《画策》篇是从法哲学的高度展开的——"国之乱也，非其法乱也，非法不用也。国皆有法，而无使法必行之法。国皆有禁奸邪、刑盗贼之法，而无使奸邪、盗贼必得之法"。这几句话可分为三个层面的认知，具有深刻的法哲学思维，是以下所有论说的基础，须得认真辨析。

第一层面，"国之乱也，非其法乱也，非法不用也"。这句论断揭示了一种普遍的历史现象——诸多国家分明有已经颁行的法律体系，但却处于经常性的社会混乱，犯罪高发而导致人民恐慌，甚或屡屡发生种种大规模动乱，严重者直接导致国家灭亡或解体。这样的历史现象屡屡出现，难免使社会对"法制"存在意义的认知趋向消极，甚或认为"法制"无用而漠视其存在。

但是，独具慧眼的商鞅却告诉我们：国家的混乱与动荡，不是它的法律制度乱了，也不是国家权力阶层丢弃（不用）这些法律制度了。因为，从历史实践看，任何时期的任何国家的任何法律制度，都不会有鼓动或承认导致社会混乱的法条。所以，法律制度本身，不会是混乱动荡的根源。同时，一旦混乱动荡发生，任何时期的国家权力阶层，一般都会以"法制"的名义多方捕拿，甚或大肆镇压。因此，也不是国家不用"法制"而导致国家乱象。就是说，国家乱象的根源，不是"法制"无用，而是人们对法治之道的认知有误。

第二层面，"国皆有法，而无使法必行之法"。这是从法哲学层面回答"法制"所以不能制止或根除国家之乱的静态原因，也就是本质上的原因。请注意，"国皆有法"——任何国家都有法律制度，"而无使法必行之法"——但是，任何国家都没有能够使法律自动运行或必然运行起来的法律。以现代理念表述这一论断，即是说：已经向社会公开颁布法律制度，在本质上尚处于静态阶段，即对社会尚不起实际作用的阶段。因为，法律体系本身并不具有必然的实际运行功能，即它自身不具有自动运行起来的物质功能。所以，在法律颁布之后的静态"法制"阶段，它只是一种国家意志的体现，而不是实践于社会各阶层的物质体现。也就是说，基于"法制"的静态性质，那种将国家治态寄希望于颁行法律之上，是一种"纸上谈兵"式的严重误解。国家要达到治态，必须从根本上摆脱这一错误认知。

这是一则极为深刻的法哲学论断，对在国家治道实践中以"法治本位"取代"法制本位"，奠定了最为本质的历史实践基础。其辩证思维的深度，远超两千余年之后西方近代之黑格尔的法哲学辩证论说。因为，黑格尔的法哲学思辨，还只是理论上的辩证认知，而商鞅的法哲学思辨，则是对治道实践的辩证认知。在人类文明的价值体系中，实践性永远高于理论性。

第三层面，"国皆有禁奸邪、刑盗贼之法，而无使奸邪、盗贼必得之法"。这一辩证论断，是对前述总体论断的更具体论证。是以法律体系中的禁奸刑盗之法为例，更具体地说明静态法律的阶段无效性。以现代理念表述就是，任何国家都有禁止奸邪与处罚盗贼的法律，但却不可能有必然抓获奸邪盗贼的法律，也不可能有使奸邪盗贼自动来官府受罚的法律。

如此，法律制度的效用何在？

其四，法治为本，是国家治道的轴心。

上述基本结论已经明确——法制只是一种静态条件，而不是国家治道的实践轴心。那么，轴心何在，最终答案呼之欲出。

这个最终论断，体现于本篇最后的一句——"法必明，令必行，则已矣"。此论断之前的所有论说，都是具体的"行法"措施。从义理畅通的要求上看，很可能是《商君书》文本在长期的辗转传承中被错乱了论说次序所致。故此，我们将最终的这一结论提到这里来，以利商君法哲学思想之原本结构的呈现。

如此，这一法哲学论说的全貌就是——"国之乱也，非其法乱也，非法不用也。国皆有法，而无使法必行之法。国皆有禁奸邪、刑盗贼之法，而无使奸邪、盗贼必得之法。法必明，令必行，则已矣"。这段文字的最后一句论断，包含了两个层面的实际要求：

一则，"法必明"。

这是说，要根除"行法"过程中的"以私害法"行为，将法律执行的过程与结果公开化，并使之成为"行法"的基本要求，此即"明法"原则。其实际效用，在于最大限度地符合法律制度本身确立的静态标准，此谓"法必明"，或曰"明法"。以现代理念表述，就是说，司法行为的实践性与公开性，是"法制"体系在静态本质上所具有的公平性与正义性的必然要求。因此，必须彻底消除司法过程中以利益交换为基础的种种暗箱操作，消除执法机构及执法官员的种种腐败徇私，消除国家权力阶层在司法行为上的种种扰乱，使法律执行的公开化经得起社会认知的审视，在形式上与本质上都能达到社会的普遍认同。这就是行法过程必须以"法必明"为目标，进而在实际上做到司法过程与处罚结果的公开、公正与透明。

二则，"令必行"。

这里的"令"字，《说文》对其本义的解释为"发号也"，后即形成"号令"一词。在春秋战国时期,"令"与"命"通;《管子·五行》有"昔黄帝以其缓急作五声,以政五钟,令其五钟"之说,此中的"令",即为"命"。由此,战国时期的"令"是通于"命"的。具体说,就是上对下发出的行为指示。《画策》篇中的"令",则是与"法"联系在一起的一个广义语汇——"法令"的简称,实则是"法"的另一个说法,以与"法必明"相对应。

总体上说,"令必行",即国家法令必须得到执行之意。

法令颁行,就是确立"法制"的立法阶段已经完成。其后,则必须进入"行法"阶段,即在实际中执行法律。有法不行,法制就成为无意义的存在,其危害之深甚或过于无法。原因在于,国有法而乱,会使"人民"对国家治道不自觉产生一种极大的不信任感,使国家法律的存在客观上成为一种"伪善"的形式装扮。"人民"因无从认知法律的强制性本质,因此也无法将其奉为必须遵守的规范。此等认知一旦形成,则法制的意义必然崩溃,国家必然混乱。

是故,"行法"是国家"法制"的生命所在。

以现代理念表述,"行法"即执行法律的动态过程,就是由人组成的国家机器的司法运作。从本质上说,司法是将立法阶段的静态国家意志"激活",进而成为动态强制规范下的国家行为。《画策》篇其所以有"国皆有法,而无使法必行之法"的论断,其根本原因正在于法律体系的静态意志性质,在其不可能自动运行的存在方式。法制的运行,是依靠人所组成的国家活体机构体系来实现的。故此,法制是静态的国家意志,法治则是活体动态的国家行为。如同人的生命存在一样,静态思想只有体现于实际行动,人才具有生命存在的意义。

虽然，在完整的结构存在的意义上，二者缺一不可。静态国家意志——法制，是本质性的存在，但它却是以动态国家行为为前提条件而体现其本质存在的；孤立静止而不运行于实践的法制，是没有意义的。当然，反过来看，脱离静态意志"法制"，则动态行为的"法治"就是盲目的国家强力，同样没有存在价值。因之，法制与法治，是两个相互依存的结构性存在。其中，法治因其动态的实践性，具有决定性的意义。因之，在近现代国家的法学体系中，判断一个国家是不是法治社会，是以动态法治——司法行为——与法制体系的吻合度，而不是以立法结果——颁布了多少法律——为标准的。

在《画策》篇中，虽然尚未使用"立法""司法"这样的近现代语汇。但是其思想的实质内涵，已经完全体现了近现代法治实践所达到的历史高度。当然，《商君书》的最后一篇就是《立法》，其"立法"概念赫然在目，只是本篇没有出现而已。不要忘记，这是两千多年前已经付诸实践的理性认知，其价值当不言自明也。

其五，多方面具体论说法治原则。

在确立司法本位的法治根基之后，《画策》篇从几个重要的具体方面论说了实际执行的法治原则——

一则，禁奸止盗，以"重刑而不赏善"为施行原则。这里的"重刑"，即"轻罪重刑"原则。在对《赏刑》篇的评析中，我们已经对商君的这一思想做出了较详论说，这里不再重提。这里的"不赏善"，其实际的法治操作是，不奖励不表彰守法的善民。其行法逻辑是，守法是国民本分，即应尽之责。如同不盗（不杀戮作乱）一样，是国民的必需的正常作为，并非特出功劳。故此，不需要"赏善"。如果实行赏善制度，则如同奖励国民的"不盗"行为一样，是将应尽义务错解为特出功劳的荒诞做法。

二则，国家任官，必须实行"重治任贤"原则。

战国时期的"重治"，与"重乱"相对应，就是国家以达到治态为总体目标的治国理念，实质上就是以法治为国家治道之本。"重乱"，则是指那些治国理念不明，将王道礼治与形式上的法治杂合而导致乱象多发的诸多诸侯国。这里的"任贤"，其基本内涵是任用能才之意，其实质是将"才"具作为"贤"的国家需求点，而不是如同诸多"重乱"诸侯国那样，将"德"看作"贤"的国家需求点。从这一基础认知出发，才能理解其论说的行法逻辑——"国或重治，或重乱。明主在上，所举必贤，则法可在贤。法可在贤，则法在下，不肖不敢为非，是谓重治。不明主在上，所举必不肖，国无明法，不肖者敢为非，是谓重乱"。

三则，法治强国，以"激赏耕战"为施行原则。

"兵或重强，或重弱。民固欲战，又不得不战，是谓重强。民固不欲战，又得无战，是谓重弱。"这是《商君书》所有基本篇章都要提出的基本主张，其中的法治逻辑效应，其余篇章皆已有论，不再重复。

四则，君道定爵禄，以"依法明赏"为施行原则。

在《赏刑》篇及《修权》篇，对"爵禄任官制度"皆有深刻论说，我们也有基于现代文明理念的评析。这里提出了"明主不滥富贵其臣"的原则，指出了君道"以私害法"的一个基本问题——滥赏爵禄而使耕战之功价值大衰，从而导致国家崩溃。以此为基础，对君道定爵禄的权力提出限制——不能滥赏爵禄。同时，虽然没有正面论说，却自然确立了君主封赏爵禄的正面原则——依法明赏。

五则，明主之治道，以"自知自强"为立身原则。

本篇最后两段，是以法治理念为君道基础，确立君主的立身原则，从而使君主树立推行法治的信心，并获得推行法治的力量。这一点，是商鞅的法治君道理念，与"势治"派理念——以君主"势位"权力意志为治国准则——之差别的根本。从总体上看，正因为这一基础认知的存在，才使这两段关于君道的专门论说不致沦为"势治"派的君主决定说。

最后这两段论说中，最重要的论断是三个。

其一，君主治国治天下，必先"自恃"，即依靠自己的认知能力而选择正确的治道，才能达到君主的最高境界。故此，"得天下者，先自得者也。能胜强敌者，先自胜者也"。

其二，有为君主以认知能力为必需条件——"圣人知必然之理，必为之时势，故为必治之政……圣人见本然之政，知必然之理，故其制民也，如以高下制水，如以燥湿制火……令行而天下服从"。没有或缺乏认知能力的君主，是无法依靠自己的判断力履行君道的，故此也是不会成功的。这一点，已经被历史实践反复证明。

其三，"仁义不足治天下"与"圣王不贵义而贵法"的论断。其具体的逻辑论说是——"仁者能仁于人，而不能使人仁；义者能爱于人，而不能使人爱。是以知仁义之不足以治天下也……圣王者，不贵义而贵法。法必明，令必行，则已矣"。

显然，本篇的最终结论，鲜明地呈现出商鞅的法治基本点。

境内第十九
军功本位是战时治国的基石

1. 四境之内，丈夫女子皆有名于上，生者著，死者削。

2. 其有爵者乞无爵者以为庶子，级乞一人。其无役事也，其庶子役其大夫，月六日；其役事也，随而养之军。

3. 爵自一级已下至小夫，命曰校、徒、操、公士。爵自二级已上至不更，命曰卒。其战也，五人束簿为伍；一人兆，而到其四人；能人得一首，则复。五人一屯长，百人一将。其战，百将、屯长不得，斩首；得三十三首以上，盈论，百将、屯长赐爵一级。

4. 五百主，短兵五十人。二五百主，将之主，短兵百。千石之令，短兵百人。八百之令，短兵八十人。七百之令，短兵七十人。六百之令，短兵六十人。国尉，短兵千人。大将，短兵四千人。战及死事，而到短兵；能一首，则复。

5. 能攻城围邑斩首八千已上，则盈论；野战斩首二千，则盈论。吏自操及校以上大将，尽赏。行间之吏也，故爵公士也，就为上造也；故爵上造，就为簪袅；故爵簪袅，就为不更；故爵不更，就为大夫。爵吏而为县尉，则赐虏六，加五千六百。爵大夫而为国尉，就为官大夫；故爵官大夫，就为公大夫；故爵公大夫，就为公乘；故爵公乘，就为五大夫，则税邑三百家。故爵五大夫，就为大庶长；故爵大庶长，就为左更；故爵三更也，就为大良造。皆有赐邑三百家，有赐税三百家。爵五大夫有税邑六百家者，受客。大将、御、参，皆赐爵三级。故客卿相，论盈，就正卿。

6. 以战故，暴首三，乃校三日，将军以不疑致士大夫劳爵。夫劳爵，其县过三日，有不致士大夫劳爵，罢其县四尉，訾由丞尉。

7. 能得甲首一者，赏爵一级，益田一顷，益宅九亩。除庶子一人，乃得入兵官之吏。

8. 其狱法：高爵訾下爵级。高爵罢，无给有爵人隶仆。爵自二级以上，有刑罪则贬。爵自一级以下，有刑罪则已。小夫死。

9. 公士以上至大夫，其官级一等，其墓树级一树。

10. 其攻城围邑也，国司空訾其城之广厚之数。国尉分地，以徒、校分积尺而攻之，为期，曰："先已者，当为最启；后已者，訾为最殿；再訾则废。"穴通则积薪，积薪则燔柱。陷队之士，面十八人。陷队之士知疾斗，不得，斩首。队五人，则陷队之士，人赐爵一级。死，则一人后；不能死之，千人环规，谏谲于城下。国尉分地，以中卒随之。将军为木台，与国正监，与王御史参望之。其先入者举为最启，其后入者举为最殿。其陷队也，尽其几者。几者不足，乃以欲级益之。

　　　　　　　　　　　　　　　　法治文明论

—✛ **考辨评析** ✛—

这一篇章，辑录了秦国变法后的部分实际制度，以战场制度与军功制度为主要部分。其余制度，也是作战制度与军功制度的延伸，譬如人口登记制度及仆役数量的设置等。故此，本篇虽然不是秦国变法后的全部新军事制度，但可以视作秦国新军事制度的一个缩影。

本篇题目为"境内"，当是成书者以开首文句减缩而成，与内容基本无关。当然，从广义上说，也可理解为"在秦国境内实现的军事制度"。先秦文献历经长期流传，导致其变形的种种因素太多，在此等非关键文句上，做模糊性对待是相对合适的。

本篇唯一涉及的关键节点，是这些被辑录的制度的真实性，及其与商鞅的关系。首先，从历史实践看，这些制度的内容体现——战场法度及军功等级等——与其余文献资料提供的记载基本是一致的。也就是说，它的真实性基本是可靠的。其次，无论本篇文字是否为商鞅所作，都与商鞅有不可分割的联系。因为，这些制度均是商鞅变法的产物，是商鞅变法理念的实践呈现。在本质上，都是商鞅法治思想的再现。所以，作为对实际制度客观记载的《境内》篇，实际也是《商君书》基本篇章之一。

总体来说，《境内》篇的制度记载缺乏有序性，内容混杂交错。因此，厘清其内涵次序为第一要务。从成书角度看，很可能是成书者们将所能见到的秦国具体制度分项辑录，集中到《境内》篇所致。

下面，是我们对这些制度做出的分条整理及评析——

其一，人口登记制度。

"四境之内，丈夫女子皆有名于上，生者著，死者削。"

这是说，国家四面边境之内，男女人口都要在官府登记姓名。此即"丈夫女子皆有名于上"。这里的"上"，是据民众通常将官府呼为"上面"而用之。登记人口变动的具体方式是，新生儿增注，死去之人则"削"，即注销其户籍。

其二，申请"庶子"制度。

具体规定，见原典第 2 段。须得说明，春秋后期与战国时期，官府体制内的"庶子"，并非是从血缘意义上的嫡庶之分定性上说的，而是一种以办理具体事务为职司的底层小吏员。虽也有层级之分，却并不是仆役阶层。以现代理念说，就是文事秘书或生活秘书类的服务性官身人员。商鞅本人曾在魏国丞相府修习政务多年，其身份就是"中庶子"——中等层级的"庶子"，实际职司是管理丞相公叔痤的书房公文事务。

本条记载的秦国制度是：有爵位者可以向官府申请没有爵位的吏员或某位平民，作自己的"庶子"。每级爵位可以申请一个，随爵位层级的增高，可以增加对"庶子"名额的申请。庶子的服务方式是，在主官没有战事与劳役管理的时期，庶子每月为主官服务六日。主官若有战事或主持劳役工程，可随带"庶子"于军中。

其三，军中基层爵位的设置。

原文当为——"爵自一级（公士）已下至小夫，命曰校、徒、操。爵自二级已上至不更，命曰卒"。

这是军队基层等级及爵位的设置。

具体的等级排列是：凡未获得战功爵位的士兵，即最低等的一级爵位"公士"以下的士兵，分为四等兵——小夫、校、徒、操；其中的"小夫"，是最低等级的士兵或新兵。这里的"公士"，是最低一级爵位，在原文的排列次序中不当在士兵之列。故此，我们调整了语序。军功爵自二级以上至第四级的"不更"爵，在作战中"命曰卒"，即都作为士兵群体作战，不是指挥作战的实际军官。

其四，军队的作战编成。

《商君书》此段的原典文本语序较乱，作战编成与作战方式夹杂一起，义理不够通畅。我们将编成与作战分开，将两个基本方面的内容各自集中，有助于当代读者理解。

原典涉及作战编成的内容是——"五人一屯长，百人一将……五百主，短兵五十人。六百之令，短兵六十人。七百之令，短兵七十人。八百之令，短兵八十人。二五百主，将之主，短兵百。千石之令，短兵百人。国尉，短兵千人。大将，短兵四千人"。

须得注意，作战编成不是全部的军事体制，而只是军队在战场阶段的部伍编成。在基层官兵群，作战编成与常设军制基本一致。其不同者，主要体现于高层。《境内》的作战编成分为七个层级，从基层作战编成直到国家层面，皆有呈现——

第一层级为"屯"——最基层作战单元，五人，设屯长，大体与近现代军队的"班"类似。

第二层级为"百人"，设"将"（百夫长），大体相当于近现代军队的"连"，为基层作战的枢纽环节。依据历史实践，"屯"到"百人"之间，还有"什"（十人）、"五什"两层级，原典文本可能在长期流传中有脱漏，故此缺载。

第三层级为"五百"单元，其"将"设"短兵"——战场护卫五十人，大体相当于近现代军队的"营"。

第四层级为六百、七百、八百三个层级，下辖同数量的士兵群。其"将"各设"短兵"即战场护卫六十、七十、八十人。

依据历史实践，上述三级不是"五百"单元之上的法定单元，而是依据战场实践的变化，对有可能的"五百"单元（营级）的扩大，与近现代军队的"加强营"类似。其实际涵义是，若"五百"单元扩大为六百、七百、八百，其"将"的护卫人数也可相应增加，但编成层级不变。冷兵器之作战编成的要义，是简要易行，力戒繁杂。因此，这三个单元实际上是一个关于战场变化的附加规定，不能作法定编成对待。

第五层级是"二五百主"，即辖两个"五百"单元的千人单元；其"将"即通常称谓的"千夫长"，设"短兵"——战场护卫一百人，大体相当于近现代军队的"团"级，是中级军官的核心层。

第六层级是"国尉"，即法定的常设军政最高长官。秦统一中国后设立的"三公"之"太尉"，便是"国尉"被提升规格而来。这一级军政高官，设"短兵"——护卫一千人。

须得说明，依据历史实践，"千人"单元到"国尉"层级，中间尚有"万人""五万""十万"等作战编成层级。此处从"千人"一跃而至国家军制最高阶位的"国尉"层面，当是原典文本有脱漏。

第七层级是"大将"，即战场统帅，设短兵护卫四千人。

须得留意，战国时期的各国统兵"大将"，法定意义上皆为战时职务，不是常设职务，秦国亦同样。但从历史实践来说，战国时代，战争多发，几乎连绵不断。故此，各大战国的统兵"大将"皆有"上将军"或"大将军"职务，事实上成为实际常设的统兵职务，地位尚高于常设的"国尉"。其时，各大战国的实际情形是，上将军（或大将军）与国君、丞相构成"三驾马车"，事实上构成了各大战国的最高决策层。如魏国的吴起、庞涓，赵国的廉颇、李牧，秦国的司马错、白起、王翦，楚国的吴起、项燕，燕国的乐毅，齐国的田单等，其实际职务都是统兵作战的"上将军"或"大将军"。按秦统一中国之后的中央官制，"上将军"恢复为非常设职务，而以"太尉"（即原本的国尉）为常设最高军政职务。这一变化说明，战国时代的"上将军"与"大将军"的常设化，不是制度的需要，而是实践的需要。近现代国家的军制也大体如此，战时统帅的职务任期与权力，都是依据战争实践的需要所设立，都是非常设化的。

另则需要注意的是，原典中从"五百"单元开始，向上每一层级，都规定了指挥者的战场护卫数量，并且明确规定"战及死事，而到短兵"——战场上若有指挥军官阵亡，其护卫之余生者一律处死。依据历史实践，各大战国的军法皆有如此规定。所以如此突出强调保护军官，并逐层罗列，绝非琐细多余。其根本原因，来自严酷的战争实践。在任何历史时期，尤其是官兵直接融合作战的冷兵器时期，军官层是军队的骨干与灵魂。军队在战场上若出现护卫丢弃军官而逃跑的风气，这支军队在事实上就已经濒于崩溃状态。故此，战场"大将"——最高统帅，法定有四千护卫力量，既可作战场预备队，又是保证指挥通畅有效的直接力量，具有非常重要的实际意义。

其五，对战场逃兵及无功者的惩罚制度。

任何时代的任何军队，对于战场逃兵的惩罚都是极其严厉的。但是，对于未能获得杀敌战功者的惩罚规定却很少见。《境内》

原典文本，虽对秦国军队在基层逃战方面的记载比较简单，即未涉及中高级将领之逃战处罚，却涉及对未获"斩首"之功者的惩罚——"其战也，五人束簿为伍；一人兆，而刭其四人；能人得一首，则复……其战，百将、屯长不得，斩首"。

这里的"束簿"，是军队士兵登记简册的保存形式，即五人"一束"，扎成一个小捆装袋，为"束"。如此，当时的名册当是竹简书写，而不是以当时贵于竹简的羊皮纸张或其余皮质纸张书写。须知，要呈现一个士兵的基本信息（姓名、性别、年龄、身高、体重、郡县归属、军职、军功爵位或被处罚状况等），需要三至五支较宽竹简。加上每次战后更新，增加五人状况变化的登记，竹简只会增多。故此，"五人束簿"绝不会是简单几支竹简，而是绳子连缀起来的一捆。春秋战国时期，将连缀竹简的细皮绳称为"韦编"。后人所熟悉的"孔子读《易》，韦编三绝"之说，就是说连缀竹简的皮绳断了三次。

一伍五人中，若有一人"兆"（逃），其余四人连坐处死；

若坚持作战的其余四人，能够在战场每人杀敌一名，即"人得一首"，则四人免罪。

战场之上，若"百将"（百夫长）及"屯长"（伍长）未杀一敌，即未获一个敌人的头颅，则斩首处死。

其六，战场军功法度。

原典文本对军功制度的记载分为两个基本方面。

一则，百人队杀敌之军功赏赐制度——"得三十三首以上，盈论，百将、屯长赐爵一级"。这是说，一个百人队若能杀死三十三名敌人，并得其头颅（首级），即达到单元立功标准，为"盈论"——满足规定的数量；其百夫长与各个伍长，皆赐爵一级。依据历史实践，这类小单元的军功标准，与一次战役的总体胜败没有必然联系。也就是说，即或战役总体失败，奋勇杀敌之士兵的军功还是依法赏赐的。

二则，战役胜利的军功赏赐制度，见原典第5段。

须得注意的是，战国初期的战争规模相对较小。故此，将"攻城围邑"而杀敌八千，定位为规模性战役；将"野战"军功标准，则定位在"斩首二千"之战役。若达到这样的战役，即在"攻城围邑"的攻坚战中能斩杀敌人首级八千，在正面"野战"中能杀敌两千，即达战役胜利之"盈论"——满足规定的数量标准，国家即行大赏。这里的具体规定，仅记载了军官、军吏阶层的"尽赏"法度——各人皆在原有爵位基础上晋爵一级；而"大将、御、参，皆赐爵三级"，即连升三级爵位。

这一资料说明，战国初期的作战方式，尚处于末期车战与野战的混合阶段，向大规模的步骑"野战"的转化尚未完成。故此，"御、参"的重要性与大将同列。"御"，是大将指挥作战的大型战车的驾驭者；"参"也称"参乘"，是大将战车上的一名或两名作战甲士。如此两人或三人，不仅有近现代作战意义上的作战参谋与警卫参谋职能，在冲锋陷阵之时则更具主力先锋之职责。商汤灭夏的鸣条之战，秦人首领费昌就是商汤战车的"车御"，实际上的前锋大将。所以，秦人在灭夏之后方能直接被封为商王国的西部诸侯。

依据历史实践，战国时期以骑兵与步兵为主导的"野战"性质的战争方式，是从商鞅后期之齐国军师孙膑的"围魏救赵"——桂陵之战，及此后击杀庞涓的"马陵之战"开始的。这两次战役，均以步骑兵力长途奔袭及埋伏截击的"野战"为主导方式，打破了车战时期"列阵而战"的程式化作战方式，而使战争空间大大拓宽，"计谋"与"诡道"大放异彩，并正式登上战争的历史舞台。

这里的军功记载，显然有着变法时期小规模车战与野战结合的战争实践的背景。商鞅之后的秦国，在军事实力与战争水准上发展极快，到白起为统帅的秦昭王时期，白起的战功已经达到"每战必拔城八座以上，斩首必八万以上"的惊人高度，更不用说大规模的伊阙之战、长平之战。如此巨大变化之下，其军功赏赐制度在法治精神不变的情况下，必然有诸多具体的变化。因此，我们看《境内》篇，一定需要明白这是阶段性军功制度，虽然其赏功精神覆盖了秦国历史，但具体规定绝不是恒定不变的，不能说《境内》篇所载就是覆盖秦国历史的全部军功制度。

其七，战后军功考校与犒劳制度。

这是两个方面的制度。

一则，是战后军功的查勘考校——"以战故，暴首三，乃校三日，将军以不疑致士大夫劳爵"。这里的"故"字，当为"后"字之误。"暴首三，乃校三日"，指的是战后集中陈列获得的敌人首级三日，一示庆贺战胜，二则让执法军官"校三日"——查勘军功有否虚报，并将"斩敌首级"之功具体落实到立功者个人。三日之后，若查勘"不疑"，即无异议，则立即以官方文书正式通知各郡县官府犒劳立功将士及其家人。

二则，是犒劳时限的规定。依据历史实践，战国时期因战争多发，将士归乡团聚殊为难得，故每逢胜利之战结束，皆会允许立功将士短暂归乡数日，之后立即回归军营。因此，才有犒劳有功将士需要通知各郡县官府限时落实的制度。这一制度很严厉，追究责任也很细致。

其一，各县官府（战国初期的郡，尚未正式成为地方行政层级）接到军方确认军功的通知后，三日之内必须落实犒劳。

其二，对三日之内尚未履行犒劳的官员，必须处罚——"夫劳爵，其县过三日，有不致士大夫劳爵，罢其县四尉，訾由丞尉"。这是说，各县官府若在接到军方之军功确认官文之后三日，还没有具体进行犒劳军功活动，则罢免"县尉"所属的四名办事吏员，此即"罢其县四尉"的规定。"县尉"，是职司县级军务、劳役，并以征发兵员为主的县府武职官吏。其属下吏员直接职司具体的犒劳活动，故此罢免。对县尉本人之"领导责任"，其惩罚与县丞相同。就是说，作为副县职的"县丞"也要受到惩罚。对"丞、尉"——县丞与县尉的惩罚方式，是"訾"，即训诫及降低禄米的物质处罚方式。

其八，军功赏赐制度。

商鞅变法的特质之一，是对军功的厚赏——赏赐丰厚。《境内》篇在这一方面的文本记载稍显失序，有赏赐与"狱法"审理夹杂之乱。故此，我们将军功赏赐与"狱法"审理分开，各自集中呈现。先看军功赏赐，分为多个层级。

一则，对士兵"斩首"之功的赏赐——"能得甲首一者，赏爵一级，益田一顷，益宅九亩。除庶子一人，乃得入兵官之吏"。这是说，普通士兵若能在战场上杀死一名敌方"甲士"，即敌方低层军官，而得"甲首一者"，立可获得一级爵位；并"乃得入兵官之吏"——从此可以担任军官，还能得到的其余实际赏赐是：良田一顷（当时的一百亩），上好宅基地九亩，并获得官府配给的"庶子一人"——家庭事务打理者一名。

二则，对战死者的追誉制度——"公士以上至大夫（死），其官级一等，其墓树级一树"。原本脱漏"死"字，我们在此处补上，以使义理通畅。这里的实际内涵是：公士（最低军功爵位）以上至"大夫"的各级有爵军官若战死，则其官职与爵位俱追升一级，葬礼规格亦提高一级；墓前标示死者爵位等级的树木，增加一棵。

其九，战场监督与惩罚制度。

这里记载的，是攻城作战的基本方式，及作战监督制度、对敢死之士的激励赏赐制度、对畏战者的惩罚制度。具体分为三个层面。因原典文本次序时有交错混乱，我们将各层面内容相对集中，并调整文句次序如下——

一则，攻城方式——"其攻城围邑也，国司空訾其城之广厚之数。国尉分地，以徒、校分积尺而攻之，为期，曰：'先已者，当为最启；后已者，訾为最殿；再訾则废。'穴通则积薪，积薪则燔柱"。

这是有关攻城方式之必要环节分工的规定，而不是对所有作战活动的具体规定。具体内容如下：攻城及对邑的围攻（邑是有高墙鹿砦的大型村庄或驻军小城堡），首先要由国家司空府（掌管工程建造的官署）派出的随军技术官员，查勘度量城池的周长、高度与厚度；而后，由国尉府随军吏员"分地"——划分开挖地道而攻城的地段，要具体明确到多少丈多少尺，并明确攻陷期限。之后，向全军明确攻城战的军功与方式：先攻进者为最先功劳，其后为最小军功，最后者则不计军功；两次为最后者，则"废"——除去军籍。地道挖到城下，立即搬运干柴树段，烧毁城墙支柱而使城墙塌陷。依据历史实践，这种进攻方式仅是战国

法治文明论

初期的一种基本方式。战国中期，秦军制造出大型连弩之后，野战攻城已经很少采用这种方式。

二则，监督制度——"国尉分地，以中卒随之。将军为木台，与国正监，与王御史参望之。其先入者举为最启，其后入者举为最殿。其陷队也，尽其几者。几者不足，乃以欲级益之"。

用现代理念表述，这一战场监督方式为，国尉府军官划分地段之后，将军幕府派出"中卒"——中军幕府直属的军官甲士——随同行动，督导作业攻城之功效。进攻行动开始后，统兵将军要登上事先筑好的"木台"——军令台或高大的指挥车（云车），与"国正监"及"王御史"（秦国两大监察机构，前者监督执法，后者监督官员），共同现场瞭望战场指挥状况并记录军功依据；先行攻破城墙者，定为"最启"——陷城第一功；最后入城者，定为"最殿"——末尾不计功。组成"陷队"——陷城敢死队之时，要尽其"几者"——凡自愿报名者皆可进入。"几"通"冀"，即向往参加者；若自愿报名者人数不足，乃以欲求晋级者补足。

三则，敢死之士激赏制度与畏战惩罚制度——"陷队之士，面十八人。陷队之士知疾斗，不得，斩首。队五人，则陷队之士，人赐爵一级。死，则一人后；不能死之，千人环规，黥劓于城下"。

用现代理念表述这种作战方式，即为：敢死队设置，每个进攻方向十八人；进攻作战时，若敢死队经激战而未能杀敌一人，皆斩首处死；若"队五人"——此处之"队"同"坠"，即杀敌五人，则每人赐爵一级；若敢死队有人战死，则由家中一人继承爵位；若有畏战而未死者，则在战后的城下，在将士围观下公开处以"黥、劓"——黥面即脸上烙印，劓即割鼻之刑。

其十，军法审理制度：狱法规定。

原文为——"其狱法：高爵訾下爵级。高爵罢，无给有爵人隶仆。爵自二级以上，有刑罪则贬。爵自一级以下，有刑罪则已"。

这里的"狱法"，是军法审理制度，而不是商鞅变法后的秦国廷尉府——最高司法审理机构——的基本审理制度。以现代理念表述，当时的军法审理制度规定为：审理官员的爵位必须高于被审理者，此即"高爵訾下爵"，以尽可能保持审理者的观察高度。这一规定，几与现代法治的公平性有相近之处。具体的惩罚规定是：高爵者若因违法而被罢黜，则不能享受有爵位时的随从与仆役；二级爵位以上者若违法犯罪，则"贬"——降低爵位一级或多级；最低一级爵位者犯罪，则取缔爵位。

顺带提及，后世对于战国秦的军事制度，亦不乏有价值的研究与形象说明。明代学者茅坤，结合当时御"海寇"的方略，对此即有颇为传神的记述——"昔秦人以效首虏为上功。其所部署之法：将千人者，得以军令临百人之将；将百人者，得以军令临十人之将。凡一人赴敌，则左右大呼而夹击，而一伍皆争救之；否则，一人战没，而左右不夹击者，临阵即斩，其一伍之众，必论罪以差，甚者截耳矣。凡一伍赴敌，则左右伍呼而夹击，而一队皆争救之；否则，一伍战没，而左右伍不夹击者临阵即斩，其一队之众，必论罪以差，甚者截耳矣。不如令者斩，退缩者斩，走者斩，讹言恐众者斩，敌人冲而乱者斩；敌既败走，佯以金帛遗地，或争取而不追蹑者斩。一切科条，与世之军政所载无以异。而其既也，所谓论功行赏之法：战没受上赏；当其临阵，跃马前斗，因而摧敌破阵，虽不获级而能夺敌之气者，受上赏；斩级者论首虏以差，斩级而能冠所同伍者，辄以其人领之。故其兵可死而不可败"。[1]

　　商鞅变法之后，秦军所以迅速形成几乎"战无不胜"的力量，具有"可死而不可败"的战斗意志，与《境内》篇记载的军事制度有着密切的正向逻辑关系。从《境内》之内容看，则具有战国时期之战争实践的真实性。

1　［明］茅坤：《茅鹿门先生文集》卷二《与李汲泉中丞议海寇事宜书》，浙江古籍出版社，2012，第216页。

弱民第二十
提升国民素质以确立法治根基

原典

1. 民弱，国强；民强，国弱。故有道之国，务在弱民。民朴则弱，淫则强；弱则轨，淫则越志；弱则有用，越志则强。故曰：以强去强者弱，以弱去强者强。民善之则亲，利之用则和，用则有任，和则匮，有任乃富于政。上舍法，任民之所善，故奸多。民贫则力富，力富则淫，淫则有虱。故民富而不用，则使民以食出爵，爵必以其力，则农不偷。农不偷，六虱无萌，故国富而民治，重强。

2. 兵易弱难强，民乐生安佚，死，难；难正。易之则强。事有羞，多奸；寡赏，无失。多奸疑敌，失必利。兵至强，威；事无羞，利。用兵久处利势，必王。故兵行敌之所不敢行，强；事兴敌所羞为，利。

3. 法有，民安其次；主变，事能得齐。国守，安；主操权，利。故主贵多变，国贵少变。利出一孔则国多物，出十孔则国少物。守一者治，守十者乱。治则强，乱则弱。强则物来，弱则物去。故国致物者强，去物者弱。

4. 民辱则贵爵，弱则尊官，贫则重赏。以刑治民则乐用，以赏战民则轻死。故战事兵用曰强。民有私荣则贱列卑官，富则轻赏。治民羞辱以刑战，则战民畏死。事乱而战，故兵农怠而国弱。

5. 农、商、官三者，国之常官也。农辟地，商致物，官治民。三官生虱六，曰岁，曰食，曰美，曰好，曰志，曰行。六者有朴，必削。农有馀食，则薄燕于岁。商有淫利，有美好伤器。官设而不用，志行为卒。六虱成俗，兵必大败。

6. 法枉，治乱；任善，言多。治众，国乱；言多，兵弱。法明，治省；任力，言息。治省，国治；言息，兵强。故治大，国小；治小，国大。

7. 政作民之所恶，民弱；政作民之所乐，民强。民弱，国强；民强，国弱。故民之所乐，民强；民强而强之，兵重弱。故民之所恶，民弱；民弱而弱之，兵重强。故以强重弱，削；弱重强，王。以强攻强，强存；以弱攻强，强去。强存则弱，强去则王。故以强攻强，弱；以弱攻强，王也。

8. 明主之使其臣也，用必加于功，赏必尽其劳。人主能使其民信此如日月，则无敌矣。今离娄见秋毫之末，不能以明目易人；乌获举千钧之重，不能以多力易人；圣人之存体性也，不能以相易也。今当世之用事者，皆欲为上圣，举法之谓也。背法而治，此任重道远而无马牛，济大川而无舡楫也。

9. 今夫人众兵强，此帝王之大资也。苟非明法以守之也，与危亡为邻。故明主察法，境内之民无辟淫之心，游处之士迫于战阵，万民疾于耕战。有以知其然也？

10. 楚国之民，齐疾而均，速若飘风。宛钜铁鉈，利若蜂虿。胁蛟犀咒，坚若金石。江汉以为池，汝颖以为限，隐以邓林，缘以方城。秦师至，鄢郢举，若振槁，唐蔑死于垂沙，庄蹻发于内，楚分为五。地非不大也，民非不众也，甲兵财用非不多也，战不胜，守不固，此无法之所生也。

＋ 考辨评析 ＋

在《商君书》中，《弱民》是体现商鞅法治精神的基本篇章之一。除最后一段被史家定论为"移植加塞"之外，全篇简约质朴，辩证思维深刻，逻辑过程严密，保持了商鞅论说治国之道一以贯之的精深特质。从《商君书》整体看，《弱民》篇与《去强》篇相对应：《去强》论说消除民众之不法强横匪气，使人民的社会生存方式趋于文明发展正道；《弱民》则从国家文明趋强伸展的视野，提出了以法治之道提升国民素质，并同时确立法治根基的总体思想，鲜明地体现了以法治之道夯实法治根基的辩证思维。

从可行性的意义上看，其论说是两个层面的推进：一则，在国家以消除无序争夺为正义性总目标，并同时以强力为后盾的法律制度体系面前，民众必然居于低位"弱"势，否则国家法律所规范的全部人口的有序生存无法实现。这是大势根基的基础性要求。二则，具体的实行要求，是"人民"必须服从国家法令，以奉公守法为必须具有的国民行为准则，是为"弱民"。

也就是说，"弱民"既具有动词的内涵——以法弱化民众之强悍不法风习，又具有名词的内涵——奉公守法的国民。这是中国文明之原典语言的简约性与精妙性所在，务必留意。不注意这一点，我们往往无法理解那个时代真正的思想瑰宝。

具体看文本内容，有以下层面：

其一，总论国民守法的极端重要性。

本篇开首直接切入，一句话直抵主旨——"民弱，国强；民强，国弱。故有道之国，务在弱民"。以现代理念分析其内涵，这句论断是以文明发展的历史基础为前提的，忽视这一历史基础，这句论断便显得突兀而出，不易理解。这一历史基础是，国家平台产生之后，人类文明已经进入国家时代——以国家文明形态为生存平台的竞争时代。当此之时，以国家强力为后盾的法律体制，既是国家意志的直接体现，又在本质上代表着国民社会生存的底线秩序。就一国法律制度的内容而言，它既包含了人民在当时历史条件下应有的自由权利，也包括了人民在当时历史条件下应当遵守的底线秩序——最低限度的生存法则。因之，"民"——战国时代已经普遍使用的概念——在法律面前，应该保持低位"弱"势，即奉公守法的行为状态。以这样的历史基础为底色，这句论断内在的辩证性与合理性，便会鲜明地呈现在我们面前。其逻辑关系是——人民奉公守法，则国家强大；人民强横不法，则国家混乱屡弱。故此，"有道治国"——治道成熟的国家，其最重要的事情便是"弱民"——使人民成为具有奉公守法素质的文明人群。

其后，论说如何使"人民"成为奉公守法的文明人群。

这里分为三个层面论说。第一层面，立定"以弱去强"的总体原则。其逻辑效应的呈现是——"民朴则弱，淫则强；弱则轨，淫则越志；弱则有用，越志则强。故曰：以强去强者弱，以弱去强者强"。这里的出发点，是"民朴"，即民众质朴无华。这一民众特质，在《商君书》的其余基本篇章中亦多有出现。也就是说，"民朴"是战国时期的一个普遍用语，也是商鞅思想体系中一个基本用语。故此，这一篇章将其作为一个既定概念使用，特指民众操业专一而不脱离农战的守正精神。

如此，国家治理的逻辑效应便很清楚地呈现出来——"民朴则弱"，即民众质朴守正则奉公守法；"民淫则强"，即民众放纵无行则强横不法；"弱则轨，淫则越志"，即民众守法则国家有序，民众放纵无行则心志强横；"弱则有用，越志则强"，即守法民众是国家的有用力量，放纵心志则强横不法。这里的阶段性结论是——"故曰：以强去强者弱，以弱去强者强"。以现代理念表述其内涵，就是：以强力镇压方式消除强横不法习俗，必会引起内乱，导致国家变弱；以非暴力的法治方式具体施治，便能消除民众强横不法习俗，而使国家强大。

第二层面，"用则有任"的任用激励原则。

这一层，是论说国家对民众群体中的才干之士与立功者的"用则有任"的激励原则。其逻辑效应是——"民善之则亲，利之用则和，用则有任，和则（不）匮，有任乃富于政"。译成现代白话文，其内涵是：对民众"善之"——国家实行对民众有利的政策，民众便会对国家"亲"——热爱国家。这一思想，与《商君书》第一篇《更法》提出的"法以爱民"主张是完全一致的。对民众"利之用则和"——从有利于民众的方面出发去"用"民，则民众与国家便会"和"——和同一心。"用则有任，和则（不）匮"——要用民便应赋予民众实际承当的职责与使命（权利与义务），民众与国家"和"——和同则国家力量不会匮乏。"有任，乃富于政"一句，是说国家赋予民众以使命承当，会大大有利于国家政道。

须得留意，近现代文字训诂学家朱师辙先生，对本篇上述文句的两处提出修正意见。一则认为，文本的"利之用"三字次序倒错，当为"利用之"；二则认为，"和则匮"三字有脱漏，当为"和则不匮"[1]。高亨《商君书注译》及诸多当代注译本，都采用了以上两点修正。

我们认为，后一点修正，即"匮"当为"不匮"的修正，是正确的。因为，只有如此，才与商鞅的基本思想一致而义理通畅。但是，前一点修正，即将"利之用"变成"利用之"，是不妥当的。因为，如此一来，文句之意便与《商君书》基本思想相违背。"利之用"的语义内涵，实则是"利之而用"，其正向逻辑是说，国家须以有利于民众的实际政策为基础而"用"民；其逆向逻辑则是说，民众为国家所用而建立功劳，也可获得包括爵位（政治利益）与田产（物质利益）在内的综合利益。就是说，无论是从国家角度出发，还是从民众角度出发，"利之用"都是变法实践的效果体现，是商鞅基本思想的体现。而"利用之"，则是将民众作为力量工具而使用之意，既有违整句之义理，又有违商鞅奖励耕战之基本思想。故此，我们在此考辨中遵从文本之本来语序。

第三层面，"任民"不能"舍法"之法治原则——"上舍法，任民之所善，故奸多。民贫则力富，力富则淫，淫则有虱"。

这段论说确立了"任民不能舍法"的法治原则，即必须以法律制度为依据而用民，而不能"任民之所善"。依据商鞅思想体系，这里的"民之所善"的"善"，是本能喜好之意；具体说，是

1　王时润亦曰："此处疑有脱误，据文义当作'……用则有任，和则不匮'。……'和则不匮'句文误脱'不'字耳。"（转引自蒋礼鸿《商君书锥指·弱民第二十》）

指民众基于人性本能而产生的放纵享乐需求，及本能贪图轻松而希冀摆脱土地劳作等欲望。而"任民之所善"，则指依据人性喜好而制定国策；如此则会"奸多"——产生大量不务正业的奸邪之人，其结果则必然导致社会混乱及国家孱弱。世情的常态是——"民贫则力富，力富则淫，淫则有虱"。这是说，民众处于贫穷状态时，就会以"力"致富，即勤劳谋生而致富；一旦富了，又往往会放纵自己；若放纵于欲望所求，就会产生"虱"——人中害虫（奸人）及多方社会弊端。

其下，论说国家以法治"任民"的原则——"故民富而不用，则使民以食出爵，爵必以其力，则农不偷。农不偷，六虱无萌，故国富而民治，重强"。以现代理念表述其内涵逻辑，就是：民众富裕之后，往往不能为国家所用，故而国家必须以民众超额纳粮之数量为获得爵位的条件，即通过"以食出爵"制度激励民众缴纳多余粮食，使其余粮不多，不会因富而放纵沉沦，从而始终成为国家可用之力量。另一面，粮食要获得高产才能以余粮缴纳获得爵位，如此必然要依靠勤劳之力，此即"爵必以其力"，其实际效应是"则农不偷"——民众要以勤耕高产获得爵位，便不会偷闲放纵。如此，带来的社会性逻辑效应是——"农不偷，六虱无萌，故国富而民治，重强"。即农民不偷闲放纵，就不会有害民"六虱"萌生；国富而民治，则国家必然更加强大。

其二，强兵之道与强民之道的不同及内在关系。

在近现代史家及文字训诂学家的《商君书》注译版本中，关于第 2 段论说的点校（断句）及训诂修正多有不同，说其分歧最多亦不为过，乃至蒋礼鸿先生有"此文不甚可晓"之叹。我们不一一列举这些不同点，那样将使我们以发现商鞅基本思想体系为宗旨的考辨评析变得枝蔓纷挐，难以清晰通畅地得到呈现。故此，我们以商鞅基本思想为基础，以义理通畅为原则，同时参照各家点校注译及训诂修正版本，对本段重新标点断句及做出合理补正后，将全貌呈现如下——"兵，易弱难强。民，乐生安佚；死难，难之；易之则强。事有羞，多奸寡；赏无失，多奸止；敌失必利，兵至强，威；事无羞，利用兵；久处利势，必王。故，兵行敌之所不敢行，强；事兴敌所羞为，利"。

首先须得留意，以论说国民奉公守法素质之形成为宗旨，从而在本质上论说强民之道的篇章中，却插入了一段关于强兵之道的论说，并非逻辑混乱；而是通过强兵之道与强民之道的比较，发现其中的关系，并反衬出强民之道必须坚持的独特之处。

上述论说，以现代理念表述便是——国家军队要走向弱小很容易，走向强大则很难。民众的人性本能，是期望安乐舒适的生活。从人之本性说，要使民众能够在危机时刻为国家"死难"——战死于国家危难之时，通常情况下很难办到；若民众能够自觉自愿为国家战死，从而使"死难"变成一种容易办到的事情，民力便会成为一种强大的力量。战事多发时期，如果做事还"有羞"——还有诸多顾忌，即仍然以礼治之伪善道德为用兵行事准则，则必然"多奸寡"——逃战及庇护犯罪等奸邪行为便会普遍化。坚持激赏战功的法治之道而"无失"——不走邪路，则奸邪多发现象便会中止。敌国犯错，则对我必然有利；兵力强大，则国家必然生威。行兵做事"无羞"——摆脱了礼治道德要求而没有顾忌，则利于用兵。如此长期处于有利态势，则国家"必王"——定会成为号令天下的霸主之国。所以，兵行敌之所不敢行，必然是强势之兵；事兴敌国之所不能为，则必然带来巨大的国家利益。

这段论说的背后，隐藏了一个实际的关系逻辑，即强民之道是强军之道的基础，强军之道则是强民之道的必然体现。民众具有敢于"死难"的精神，军队才能有由敢死之民所组成并拥有强大战力的"陷队之士"。故此，强军之道源于强民之道，不强民则无以强军。唯其如此，本篇在这里插入强军之道的论说，便成为一种内在逻辑上的必然。

其三，法治之道必须"守一"——坚持举国一法。

依据文句内涵，我们没有采纳近现代史家对文本的传统分段，而将其下论说法治之道的文字归并为一个段落，并将有利于原文义理通畅的补正加在括弧之内，再重新标点，呈现如下——

"法有（常），民安其次；主变，事能得齐。国守（常），安；主操权，利。故主贵多变，国贵少变。利出一孔则国多物，出十孔则国少物。守一者治，守十者乱。治则强，乱则弱。强则物来，弱则物去。故国致物者强，去物者弱"。

上文以现代理念解读，其内涵表述是：法律稳定而成为常态，则民众能"安其次"——安守秩序（次者，次第排列之秩序也）；国君能有治道变化理念，则国家诸事"能得齐"——能得以成功（齐，通济；据高亨引《尔雅·释言》，"济者，成也"）。国家治道稳定守常，则安定；国君能因时势变化而变其治道，则国家有利。故此，国君的治国理念，贵在因时"多变"；国家治态，则贵在"少变"——保持稳定。民众的利益获得，只能有国家法治一条通道，则国家"多物"，即财富众多；若民众获得利益的通道有十条，则"国少物"，即国家财货必然匮乏贫穷。国家"守一"——守定法治不走他途，则国家大治；国家"守十"——治道杂乱多出，则国家必然陷入混乱动荡。国家处于治态则强，处于动乱则弱；国家强大则"物来"——财货富裕，国家弱小则"物去"——财货流失。从物态意义上说，国家能使财货流入，则强大；国家若使财货流失，则弱小。

其四，激发民众战争精神的两条法治路径。

见原典第4段论说。其核心，是揭示以法治之道激励民众战争精神的两条路径，即封爵与重赏。封爵，是以提升有功之民的社会地位为核心，并确立其实现多方实际利益之资格条件的国家制度。重赏，则是实现有功之民在家乡或居住地所能立即得到的物质利益的法律规定。其具体的物质形式，便是前述的九亩宅基地、一顷良田、官派仆役等改变生存状态的重大实物赏赐。

实现这两条路径的政治逻辑是——民众原本处于卑下屈辱的状态，有爵位便能显贵。对弱势者以尊官，对贫穷者以重赏，便能改变他们的生存状况，激发其为国效力的战心。以这样的法治之道治民，民众必然乐于为国家所用。重赏战功之士，民众必然"轻死"——将死亡看得很轻而敢于牺牲。故此，逢战事而兵可用，则国家必然强大。民众若有"私荣"——在国家路径之外能从私下得到荣华显贵，便会将国家官爵看得轻贱；私下能财货富裕，则会将国家财货赏赐看轻。治民若不以官爵与重赏激励，而仅仅依靠刑罚羞辱，则民众逢战必然"畏死"——怕死不前。此时若逢"事乱而战"——国事混乱而又遭遇战争，则"兵农怠而国弱"——士兵与民众便会懈怠，必然导致国家羸弱的严重危机。

其五，提出"六虱成俗，兵必大败"的历史警示。

其下，从国家人口最基本分工的视角，论说治民要领，见原典第 5 段。其呈现的逻辑结构是：首先，以最基本社会分工为实际条件，确立"农、商、官"三个职业领域的结构性地位，从而认定三者是国家的"常官"——人口群的常态结构存在。其职业领域的各自特征是，"农辟地"——开垦土地以种植五谷，"商致物"——周流剩余产品以使财货流通，"官治民"——治理民众以确立社会生存秩序。

其次，揭示三种职业领域的交错影响，进而在实际生活中产生"六虱"，即六种社会病灶。再次，具体论说"六虱"。

须得留意的是，《商君书》此前的《靳令》篇，首次提出"六虱十二害"说法，其内涵实质上是指向旧时王道礼治残留的虚浮文化对法治社会的种种危害。其实际所列，也是《诗》《书》《礼》《乐》等王道典籍，及贵族游士信奉者的传播活动对农民群体的危害。在本篇重提"六虱"，则是不同视角下的不同所指，即从国家人口群之社会结构出发所能出现的"六虱"，即以公共病灶形式出现的社会危害。

故此可以论定，商鞅的"六虱"之说，不是固定不变的一种法制规范指向，而是一种可以从不同视角出发，而对不同社会病灶症状之不同概括的具体化论说。如此论说，不妨碍"六虱"在本质上的同一性，即都是必须消除的社会病灶性质的严重危害。

本篇的"六虱"所指是——

一则"岁虱"。指危害农田收成的种种风习与行为。其实际表现，则既可能在民，亦可能在官。"岁"之本义之一，是农田收成。西周时期有"岁登"之说，即"丰年"之意。后世农民俗语，将"岁"叫作"年成"，至今犹是中国大部分农村地区的传统方言。本篇所以只以一个"岁"字表示"岁害"之意，原因在于以古文的简约惯例，前述"六虱"两字，已经确定了"岁"的实际性质是"岁虱";是故,解读之要只在于将"岁"与"虱"合并为"岁虱",则本义立见。

二则"食虱"。指从没落贵族群那里衍化出的游士人群所主导的追求美食的奢靡之风,及民众风习中有违节俭的浪费粮食行为。

三则"美虱"。指没落贵族与游士人群,追求锦衣华服高车驷马的浮华风习;及农耕民众歆慕不劳而获者,并因此而抛弃农耕的"变业"风习。

四则"好虱"。指商贾人群向都会市井之民及乡野民众兜售玩物珍奇,诱发人众喜好玩乐,损害"民朴"状态的不良风习。

五则"志虱"。指对国家有害的叛逆心志。具体说,是指没落贵族及游士群体鼓吹王道礼治,诱发无知人群生发出复辟王道旧制之野心的种种行为。

六则"行虱"。指表现于社会各阶层的违法作乱行为。在官员群,主要是徇私舞弊,破坏法治;在商贾群,则是非法牟利及诱使农民脱离农耕等行为;在民众,则主要是豪强人士及愚昧无知者的横行不法习气,包括当时秦国极为严重的私斗风习等。

分项论说之后,则是"六虱"危害的逻辑效应——"六者有朴,必削。农有馀食,则薄燕于岁。商有淫利,有美好伤器。官设而不用,志行为卒。六虱成俗,兵必大败"。

这是说,六种有害病灶若深入感染朴实民众,则国家必然被严重削弱。此类病灶最大危害,是对农耕经济的腐蚀,即"农有馀食,则薄燕于岁"——农民有了剩余粮食,便会轻慢农耕而淡薄于岁收,进而则可能抛弃农耕而"变业"。

须得留意,诸多史家注译本,在这里都将"薄"释为"博",即赌博;将"燕"释为"安逸"。高亨则认为"薄字难解,疑当读为普，普遍也"。我们认为，如此修正之后再解读，虽也能自圆其说，然却并非原文本意。原文之"薄"，此处的单字之意当是其本义之一，即"淡化"之意。原文之"燕"，本义之一为"亵渎轻慢"；《礼记·乐记》有"宋音燕女溺志"语，即此意也。合起来，"薄燕于岁"之正解，就是农民轻慢农耕而将收成看得淡薄了。此乃综合危害之一。

其次，是对商贾群的危害。"商有淫利，有美好伤器。"这是说，在上述病灶流行下，商人获得了大利，便会看重对美好珍奇的经营。此等"淫利"路径，严重伤害了商贾们经营制造社会日用器物的信心，进而不屑于经营制造日用器物，使商贾经营走向畸形化，常态市场遭到严重破坏。

再次，是对官员群的危害。"官设而不用，志行为卒。"这是说，上述"六虱"病灶的侵蚀，使国家设置的官员不为国家所用，其心志与行为实际上如同死亡（为卒）了一样。最终的总体效应是"六虱成俗，兵必大败"——六种社会病灶若不能彻底根除，则国家战事必然大败。

其六，"治大，国小；治小，国大"的治道辩证法则。

见原典第 6 段。这段论说言简意赅，充满有关治国之道的辩证思维，是中国古典政治文明的巅峰遗产之一。

须得留意的是，现当代诸多史家及训诂学家的注译本，都接受了高亨在《商君书注译》中的注释与解读译文，对《商君书》这段辩证论说的核心理念——"治大，国小；治小，国大"——的解读，陷入了一种囫囵状态的偏差。具体说，就是将这八个字断为四字一句的两句话，即"治大国小，治小国大"，进而做出"治道扩大，国土就会缩小；治道缩小，国土就会扩大"的译

　　　　　　　　　　　　　　　　　　法治文明论

文解读。这一修正与解读，实在无法说明其内在道理，即对何为"治道扩大"，何为"治道缩小"没有做出内涵说明，从而使这一修正解读本身陷于逻辑不能成立之窘境，即"治理范围扩大"与"导致国家缩小"之间的逻辑关系不通，故而义理不通。因为，正常的逻辑关系是——国家治理范围扩大，本身就是国家变大。既然此处提出了相反关系，则必须论说其内在道理，否则便是给读者制造困惑。最终，这些注译版本对此都是直接做出囫囵论断，只呈现译文，而未能说明其中道理，实际上则云山雾罩。

不同的是，蒋礼鸿先生的《商君书锥指》，则对《商君书》原文这八个字做出了正确的标点分隔，使其呈现为"治大，国小；治小，国大"两个论断。我们赞同此一断句。但是，先生对这两个论断之内涵的深刻性与辩证性，亦未做出注释或解读。

所以如此，有两个基本原因。一则，上述版本对"大""小"两个单字的考据不足，皆以两字的正面表意解读，没有顾及这两个单字在春秋战国时期的负面表意。故而，不能揭示其真实义理。二则，诸多史家对战国诸子百家有关政治文明之思想成果的了解不够翔实，没有将其他战国大师对《商君书》这一思想之阐发篇章作为参照，进而联系起来解读；或者，没有发现同一内涵的相关篇章。在缺乏依据的状态下，只有望文生义地囫囵猜断了。

我们认为，《弱民》篇的这段论说，是商鞅治国体系中最具对治国之道的概括性，并最具有政治哲学高度与辩证思维深度的思想成果之一。以现代理念表述其具体内涵，即是——

法制扭曲，法治便会混乱。任用通常认定的"善"人，则虚浮言论就会弥漫成风。治道混杂不一，国家就会混乱或动乱。虚浮言论成风而弥漫国家，军队战力便会削弱。法制明晰，法治便会简约有效。任用战功之士，虚浮言论之风便会消除。法治简约有效，国家便会形成稳定的治态。虚浮言论之风平息，军队战力便会强大。故此，"治大，国小"——治国若虚浮图大而不切实际，不在实际政务上扎实作为，则国家会变得弱小；"治小，国大"——治国务实而注重具体政务的落实，则国家会日益强大。

最后两则论断，是本段论说的核心理念。

我们所以对上述两则论断如此解读，有两方面的依据——

一方面，对"大""小"两字的本义考辨。

本文之"治大"的"大"字，除去其多种正面表意外，在春秋战国时期尚有三种负面表意。一则，虚夸散漫之意。《庄子·天道》有"大谩，愿闻其要"文句。《说文》释义，"谩者，欺也"。《荀子·非相》有云"乡则不若，偝则谩之，是人之二必穷也"。这里的"谩"，是欺骗、诋毁之意。《庄子》此句，则是老子批评孔子之言论虚夸烦冗散漫无边，要求其说明实际要领。

二则，言行夸张而过其实之意。《礼记·表记》有"是故君子不自大其事，不自尚其功"。孔颖达疏："大，谓夸大。"又《史记·高祖本纪》有"刘季固多大言，少成事"。

三则，骄满自大之意。《国语·鲁语下》有"闵马父笑，景伯问之，对曰'笑吾子之大也'"。韦昭注："谓骄满也。"

上述三种表意，实际上都是非常相近的，即言行浮夸、好大喜功、好高骛远、不事实操等。在本文中，唯有此等内涵的"大"字与"治"字连为一体，才能是"治道虚浮图大，而不事实操"，故此，必然导致"国家弱小"。舍此"大"字内涵，此句无解。

与"大"字对应，"小"字的本义相对简单，最基本表意是细微，即对事物状态的程度说明。在实际使用中，既有对人之猥琐无行的表意，如"小人"；亦有对琐细事务的表意，如"小事"等。也就是说，"小"字与任何字组词，大体都脱不了"细微"或"具体"这一表意。在本文中，这个"小"与单字之"治"联结为"治小"一词，显然也是指治理国家以注重琐细的、具体的实际政务为基本面的一种"治道"。从本质上说，这里的"治小"，不是无视国家大事，而是一个有潜在前提的表意论断。这一潜在前提是——能看重琐细政务者，则必然能更认真地处置好国政大事。在正常行文中，此谓不言自明。在如此表意下，"治小，国大"的内涵便很明确——治国切中实际而看重琐细具体政务之正确处置，则国家必然强大。强大之意，自然包括有可能的国土扩大。

另一方面，战国时代荀子的同义文章可为参照。

这一理念，在战国时期若仅仅是商鞅提出，而没有同时期思想家的呼应，也许它对于后世就真的成了一则因缺乏具体阐发之参照而难解其本义的论断。幸运的是，商鞅这一思想提出之后，荀子在其《强国》篇中，有一大段关于强国之道"积微者速成"的论说，完全就是对商鞅这一思想的具体阐发，引证如下——"积微，月不胜日，时不胜月，岁不胜时。凡人好敖慢小事，大事至然后兴之务之。如是，则常不胜夫敦比于小事者矣！是何也？则小事之至也数，其县（县，悬也，耗费之意）日也博，其为积也大。大事之至也希，其县日也浅，其为积也小。故，善日者王，善时者霸，补漏者危，大荒者亡。故，王者敬日，霸者敬时，仅存之国危而后戚之。亡国至亡而后知亡，至死而后知死，亡国之祸败，不可胜悔也。霸者之善著焉，可以时托也；王者之功名，不可胜日志也。财物货宝以大为重，政教功名者反是，能积微者速成。《诗》曰：'德𫐐如毛，民鲜克举之。'此之谓也"。

荀子在《强国》篇中的这一段论说，核心是这样一个道理——要达到强国目标，就要克服治国实践中只关注诸如战争、祭祀、政变、灾难等大事，而不注重落实那些基础性的具体的国计民生政务的粗疏之风。凡是这样的国家，都不会成为真正的强国；相反，那些能认真做好每件琐细具体政务的国家，其对大事必然也不会疏忽，自然能成为基础扎实的真正强国。

依据历史实践，商鞅生前的诸多基本文章，已经在身后百余年间广泛传播于战国社会。处于战国后期而精研政治文明的荀子，不可能没有读过商鞅的基本文章。据此，荀子这一思想其所以成为对《商君书》之"治大，国小；治小，国大"思想的完全同义的具体阐发。其根本之处，在于荀子完全接受并更为具体地弘扬了商鞅的这一治国思想。从荀子更为具体丰富的阐发中，我们也对《商君书》概括简约的辩证思维，有了更为深刻的认知。

其七，论说"民弱，国强"的辩证逻辑。

这是又一则充满深刻辩证思维的治国之论，见原典第 7 段。

这段论说进一步呈现了法治"弱民"的深层内涵，及"民弱"与"国强"的辩证关系。其所展现的逻辑效应是：国家法制政令若从纠正民众所厌恶的奸邪风习出发，则民众必然消除不法习气而奉公守法，即"民弱"；国家法制政令若从承认民众强横不法的恶性行为出发，则"民强"——民众强横不法。"民弱"——民众奉公守法，则国家强大；"民强"——民众强横不法，则国家必然弱小。故此，顺从"民之所乐"，则"民强"——民众强横不法；在民众强横不法的状态下，若国家政令法制再容忍鼓励这种强横不法，则"兵重弱"——国家军队的战力会加倍衰弱。

故此，国家法令能够消除民众所厌恶的东西，民众则"弱"，即形成奉公守法风习；对民众"弱而弱之"——在守法状态下再加上提升国民素质的"法教"，即法治教育，军队战力便会更加强大。所以，"以强重弱，削"——以容忍强横不法的法律制度（以强），去压迫奉公守法之民（重弱）；如此治国，则国家必然遭到削弱。反之，"弱重强，王"——以崇尚保护守法民众的法律制度，去压制强横不法习俗，则国家必然"王天下"。之后，"以强攻强，强存"——以国家暴力去除强横不法，则强横恶风不能消除。反之，"以弱攻强，强去"——以法治之道惩治强横不法，则强横不法之风必然消除。

最终效应是，"强存则弱，强去则王"——强横不法习俗存在，则国家遭到削弱；强横不法习俗消除，则国家强大而"王"天下。所以，"以强攻强，弱；以弱攻强，王也"。

其八，国君不能"背法而治"。

这是一条"君道"原则，即对君主治国的基本要求，见原典第8、9段。

这两段文字相对明白通畅，类似论说也在《修权》等篇章里片段式出现过，这里不做逐句解读。其所表述的核心理念，是拥有国家最高权力的君主，在治理民众方面的特殊责任。具体说，有三个基本点：一则，论说君主必须取信于民，"能使其民信此（依法赏罚之道）如日月，则无敌矣"。二则，君主必须"举法"，不能"背法而治"；君主"背法"，则如同负重行远而无马牛，渡江河而无船桨。三则，君主必须"察法"——经常考察法律落实的状态，以使"境内之民无辟淫之心"——没有沉浸于邪道而逃法的心态，从而达到"游处之士迫于战阵，万民疾于耕战"的蓬勃状态。

至此，《弱民》篇的治道内容已经完全呈现出来。

本篇文本的最后一段，被史家主流认定为"加塞"所致。

这一段之内容，与《荀子·议兵》相同。是故，历来被视作可以忽略不计的"蛇足"内容。蒋礼鸿先生的考据最具代表性，其在《商君书锥指》注文指出："自此（段）以下，至'楚分为五'，其文与《荀子·议兵篇》大同，与前文文义不贯，是乃《商君书》简策佚脱，读者谬以《荀子》之简杂之，非作《商君书》者之袭《荀子》也。简书以'垂沙''鄢郢'事在商君卒后，苦相攻伐。今既定其原非《商子》之文，故可略而不论云。"

我们认为这一判定有理有据，故对最后一段忽略不计。

御盗第二十一

（原文已佚）

外内第二十二
耕战并重　利民为本

1.民之外事，莫难于战，故轻法不可以使之。奚谓轻法？其赏少而威薄，淫道不塞之谓也。奚谓淫道？为辩知者贵，游宦者任，文学私名显之谓也。三者不塞，则民不战而事失矣。故其赏少，则听者无利也；威薄，则犯者无害也。故开淫道而以轻法战之，是谓设鼠而饵以狸也，亦不几乎！故欲战其民者必以重法，赏则必多，威则必严，淫道必塞，为辩知者不贵，游宦者不任，文学私名不显。赏多威严，民见战赏之多则忘死，见不战之辱则苦生。赏使之忘死，而威使之苦生，而淫道又塞，以此遇敌，是以百石之弩射飘叶也，何不陷之有哉？

2.民之内事，莫苦于农，故轻治不可以使之。奚谓轻治？其农贫而商富，故其食贱者钱重。食贱则农贫，钱重则商富，末事不禁，则技巧之人利，而游食者众之谓也。故农之用力最苦，而赢利少，不如商贾技巧之人。苟能令商贾技巧之人无繁，则欲国之无富，不可得也。故曰：欲农富其国者，境内之食必贵，而不农之征必多，市利之租必重，则民不得无田。无田，不得不易其食。食贵则田者利，田者利则事者众。食贵，籴食不利，而又加重征，则民不得无去其商贾技巧，而事地利矣。故民之力尽在于地利矣。

3. 故为国者，边利尽归于兵，市利尽归于农。边利尽归于兵者强，市利尽归于农者富。故出战而强，入休而富者，王也。

┼ 考辨评析 ┼

本篇以战国时期民众面临的两大基本任务——国外作战及国内耕耘为出发点，论说国家成功实现两大基本目标的可行路径。从本质上看，这无疑是从民众所承载的实际义务的意义上，寻求以赋予民众相应权利为基础而激发民众潜力的最佳治民之道。

商鞅这一治国思想，摆脱了此前此后之古典国家所通常采用的强征民力及强加赋税，而于民无补的粗粝治道；第一次以巨大的政治利益与实际利益作为权利补偿，进而激发民众勤耕善战并忠实履行国家义务的坚实意志。从近现代法学理念看，这一思想的深刻的历史合理性，在于权利与义务的平衡所生发的法治结构力量。在人类古典国家文明时代，世界其余所有国家的政治文明，都没有达到如此将权利补偿与民众义务平衡化的法治高度。因此，这篇治道之论，是中国古典政治文明的明珠遗产之一，具有普遍的继承价值。

近现代史家对传承的《商君书》主流版本的标点及校订，都将《外内》篇分为3段，结构清晰，表意明确。第1段论说激励民众战争精神的实际法治措施，第2段论说激励民众精勤农耕的实际法治措施，第3段总结成功实现两个基本方面后的实践效应。基于本篇文字相对通畅，我们的字句考辨相对较少，以揭示其核心思想为解读本篇之要务。

第一则，"赏必多，威必严"是激励民众的基本治道。

这一思想，分作了两个层面呈现。

其一，治民以"轻法"，必然带来严重危害。

这一层面，从民众战心形成的艰难性开始——"民之外事，莫难于战"。据此，得出一个清晰的论断——"轻法不可以使之"。进而论说"轻法"之内涵，即"赏少而威薄，淫道不塞"。这里的"赏少"，是国法不行重赏，即古人常说的"吝赏"（与"不吝赏赐"相对）。"威薄"，则是国法不行重罚而无威权。若以"轻法"治国，必然导致"淫道不塞"的严重后果。这个"淫"字，是长期累积不良习俗而沉沦之意，故此，"淫道"即沉沦之道。

什么是沉沦之道？这里的概括是从国家视角出发的，即国家"为辩知者贵，游宦者任，文学私名显之谓也"。以现代理念表述，就是国家给这三种人开了获得富贵名利的路径——论辩虚浮知识便能显贵，游走求官便能被任用，专事文章之学便能以私学获得社会声望。国家鼓励这三种人群的生存方式，则其后果是"三者不塞，则民不战而事失矣"——国家不堵塞这三种人群的富贵道路，则民众不可能为国家而战，大事就败了。

最终的逻辑效应是，"其赏少，则听者无利也；威薄，则犯者无害也。故开淫道而以轻法战之，是谓设鼠而饵以狸也，亦不几乎！"这是说，国家对有功者赏赐少，民众就没有可以得到的利益；法治没有威权，则违法犯罪者不能受到惩罚。是故，沉沦风习之下再加实行"轻法"之道，若与敌国开战，完全是以狸猫为诱饵去捕捉老鼠，什么也得不到。这一比喻，可谓形象而深刻的亡国逻辑。

其二，治民以"重法"，是激励民志的正道——"故欲战其民者必以重法，赏则必多，威则必严，淫道必塞，为辩知者不贵，游宦者不任，文学私名不显。赏多威严，民见战赏之多则忘死，见不战之辱则苦生。赏使之忘死，而威使之苦生，而淫道又塞，以此遇敌，是以百石之弩射飘叶也，何不陷之有哉？"

这一层面以现代理念表述，即是这样一种认知：国家若要使民众奋勇为战，必须实行与"轻法"相对的"重法"之治。"重法"的具体内涵是两个基本方面——"赏则必多，威则必严"，即国家对战功的赏赐要丰厚，对犯罪行为的惩罚要重刑。这也就是《靳令》篇所论说的"轻罪重刑"原则。实行如此治道，则上述三种人群的沉沦之道必然堵塞，民众风习便不会浮华务虚而专精农战。民众眼见战功赏赐丰厚，便会舍生忘死；眼见对逃战犯罪的惩罚严重，便会以如此生存为苦为辱。重赏使民忘死，重罚使民苦生，同时又没有虚浮富贵之路。以此等精神状态遇敌出战，如同以强弓硬弩射飘落的树叶，如何有不能攻克之理哉！

第二则，大幅提升"地利"，激发民众勤耕。

这段论说的制高点，在于以主动刺激核心经济领域发展的理念为基础，进而确立国家政策法令倾斜的基本领域，并明确提出具体的实现路径。应该说，在古典文明时期，这一立足合理的经济法则而通过国家管控的方式最终实现富民强国的治国道路，是一种史无前例的伟大创举，其历史效应非常震撼——直接为秦帝国创建中国统一文明奠定了坚实的理念根基与实力基础。

这一治国思想，分为两个层面。

其一，提出"轻治"的危害效应——"民之内事，莫苦于农。故轻治不可以使之。奚谓轻治？其农贫而商富，故其食贱者钱重。食贱则农贫，钱重则商富，末事不禁，技巧之人利，而游食者众之谓也。故农之用力最苦，而赢利少，不如商贾技巧之人"。

以农耕经济的历史视野，也就是以粮食生产为本位的农耕时期的历史视野，这段揭示农耕经济衰微根源的论说，深刻切准了国家经济实力薄弱的两大根源。这一准确切入，从对农民苦情的认知开始，即直诉"民之内事，莫苦于农"。因为农民在社会所有人口群中最为辛苦而贫困，所以用"轻治"之法，是不起作用的。

从国家治道看，什么是"轻治"？从词义上说，就是浅层治理。具体说，就是导致"农贫而商富"的治国之道。农贫商富的市场表现，就是"食贱而钱重"——粮食价格太低而金钱价值太高。粮食价格太低，农民必然贫穷；金钱价值太高，商人必然大富。再加国家对"末事不禁，技巧之人利"——国家不禁止小商小贩之类的"末事"，使即或从事小商品生产的技巧者也能获得厚利。如此，必然是不事农耕生产的"游食者"越来越多，最终必然导致"农之用力最苦，而赢利少，不如商贾技巧之人"的本末倒置格局。

这一层面的核心思想，是对农耕经济所以薄弱的两大根源的揭示。这两大根源是：一则"食贱"——粮食的价值（市值）被严重压低；二则"农贫"——"农之用力最苦，而赢利少"是农民贫穷之根。

其二，提出"食必贵……而事地利"的国家调控主张——"苟能令商贾技巧之人无繁，则欲国之无富，不可得也。故曰：欲农富其国者，境内之食必贵，而不农之征必多，市利之租必重，则民不得无田。无田，不得不易其食。食贵则田者利，田者利则事者众。食贵，籴食不利，而又加重征，则民不得无去其商贾技巧，而事地利矣。故民之力尽在于地利矣"。

这一层面提出的政策目标是，"令商贾技巧之人无繁，则欲国之无富，不可得也"。即以国家法令形式，使商贾技巧群体不能长期持续地获得厚利；如此治道，纵然国家不想富裕都不可能。

这里提出的具体政策是四条：

一为"境内之食必贵"——市场粮食价格必须大幅提升；

二为"不农之征必多"——对非农耕领域从业者增加赋税；

三为"市利之租必重"——对市场商贾的征税必须大幅提升；

四为"民不得无田"——保证耕者有其田，不能有无田农民。

如此，则能达到"事（开发）地利"的实际成效。

从现代经济理念看，这一思想及其具体政策，其实质即是国家对市场经济的有效调控。它完全超越了夏商周三代在土地国有制基础上国家对经济生活的全面管控。它是在"民得买卖"的土地私有制条件下，即农耕时代的商品经济（市场经济）条件下，国家通过价格调控，并以国家的丰厚"补贴"——重赏农耕功劳——为另一基础政策，实现最大限度的"地利"提升，从而大大提升最基本农产品（粮食）的经济价值，使农民真正成为能够获得实实在在物质利益的生产阶层。

历史实践证明，这是一条极富成效的国家调控的政策路径。这一治国思想，在当时具有深刻的现实合理性；从历史视野出发，更具有优秀历史遗产的继承性。

最终结论，"边利尽归于兵，市利尽归于农……王也"。

见原典第 3 段。这是商鞅变法的目标理念，即只要国家能做到战胜利益全部归于将士，市场利益全部归于农民，国家便会强大，人民便会富裕，最终达到"王天下"的历史高度。

　　　　　　　　　　　　　　　法治文明论

君臣第二十三
法治兴国　治道之至也

原典

1. 古者，未有君臣上下之时，民乱而不治。是以，圣人列贵贱，制爵位，立名号，以别君臣上下之义。地广、民众、万物多，故分五官而守之。民众而奸邪生，故立法制为度量以禁之。是故有君臣之义，五官之分，法制之禁，不可不慎也。

2. 处君位而令不行，则危。五官分而无常，则乱。法制设而私善行，则民不畏刑。君尊，则令行；官修，则有常事；法制明，则民畏刑。法制不明，而求民之从令也，不可得也。民不从令，而求君之尊也，虽尧舜之知不能以治。

3. 明主之治天下也，缘法而治，按功而赏。凡民之所疾战不避死者，以求爵禄也。明君之治国也，士有斩首捕虏之功，必其爵足荣也，禄足食也。农不离廛者，足以养二亲，给军事。故，军士死节，而农民不偷也。

4. 今世君不然，释法而以知，背功而以誉。故，军士不战，而农民流徙。臣闻：道民之门，在上所先。故，民可令农战，可令游宦，可令学问，在上所与。上以功劳与，则民战；上以《诗》《书》与，则民学问。民之于利也，若水于下也，四旁无择也。民徒可以得利而为之者，上所与也。瞋目扼腕而语勇者，得；垂衣裳而谈说者，得；迟日旷久积劳私门者，得；尊向三者，无功而皆可以得。民去农战而为之，或谈议而索之，或事便辟而请之，或以勇争之。故，农战之民日寡，而游食者愈众；则国乱而地削，兵弱而主卑。此其所以然者，释法制而任名誉也。

5. 故，明主慎法制。言不中法者，不听也；行不中法者，不高也；事不中法者，不为也。言中法，则辩之；行中法，则高之；事中法，则为之。故，国治而地广，兵强而主尊。此治之至也，人君者，不可不察也。

─┼ 考辨评析 ┼─

本篇题目是成书者依据开首文句中"君臣"二字所加，并非本篇论说的基本内容。就基本思想而言，本篇是从国家治道的历史变化出发，揭示法治之道出现于春秋后期与战国初期的现实必然性；并论说了以法治国的基本方向，即奖励耕战的现实合理性。高亨《商君书注译》依据篇中的"臣闻……"之说推断，本篇可能是商鞅对秦孝公的上书。我们赞同这一推断。

同时须得说明，我们依据义理通畅的原则，及对古奥简约而内涵丰富的文字结构明晰化的原则，对原典文本之标点断句做出了某些修正，皆体现于上面的"原典"文本中。

本篇治国思想，主要分为如下三个基本方面：

其一，历史实践在变化，法制产生于国家治道的发展。

　　这一论说，是从立法意义上的"法制"开始的，见原典第 1 段。作为领政大臣论治之上书，这里的基本道理讲得很是简约，以最为概括的方式，呈现了三个历史时期的社会生存框架。

　　第一时期，是国家尚未产生的远古时期，即"未有君臣上下之时，民乱而不治"的自发生存状态之世。

　　第二时期，是上古五帝时期的准国家状态。本篇对这一时期的简约呈现是，"圣人列贵贱，制爵位，立名号，以别君臣上下之义。地广、民众、万物多，故分五官而守之"。以现代理念表述其内涵，实质是说：上古民族群中的英雄领袖人物，基于消除"不治"状态，通过强力战争的方式建立了族群大联盟初期政权；同时，大体明确了社会人口群的官民"贵贱"之分，即社会等级框架；并基于超越碎片部族甚多的"地广、民众、万物多"的大范围无序争夺的现实，设置了"五官"分领域治理。

　　诸多史学家依据《左传·昭公十七年》及杜预注，将"五官"注释解读为殷周时期才开始明确设置的五个基本官职——司徒（掌管教民）、司马（掌管法制）、司空（平水土）、司寇（捕拿盗寇）、司事（掌管营造）。

　　我们认为，这只是一种以后世官职比照上古官职之职能的说法，模糊性过大，可靠性太差。因为，据《左传·昭公二十九年》记载，至少还有上古"五官"的另一种认定，即金正、木正、水正、火正、土正之"五正"官职。此说虽然笼统模糊，但却更具上古社会的认知特征。当然，也不能排除西周时期尚有的"天官""地官"之类具有上古认知特征的其余官职设置名称。总体来看，"五司"之说的具体名称缺乏认知依据，尚待商榷。

　　第三时期，基于现实变化，国家"法制"应时出现。

这里的逻辑效应是——"民众而奸邪生，故立法制为度量以禁之。是故有君臣之义，五官之分，法制之禁，不可不慎也"。作为上书文本，这一概括隐含了对历史进程的具体展现，只是最简要地点明了"法制"产生的根源在于消除因人口群的大规模增加而导致的"奸邪生"乱象。其实质，则指国家权力平台的出现。

以现代理念简要表述这一历史进程，则是法律制度伴随着国家产生而出现。但在早期国家时期——夏商周三代政权——"法制"并非唯一的治国规范，甚至也不是具有最高效力的国家规范。因此，这里只能用静态的"法制"，来表意其在实践中的有限作用。进入春秋战国时期，随着法律制度的公开化，进而出现变法浪潮。因此，"法制"迅速演进为具有最高效力的国家规范，进而在某些大国实现了以法治国。从历史实践看，从秦国深彻变法而进入法治社会开始，到秦帝国统一中国并全面实现法治社会，中国方有了古典文明历史上绝无仅有的一段法治社会的存在。

唯其有如此历史发展进程为基础，商鞅在这里的结论显出了少见的严肃——"是故有君臣之义，五官之分，法制之禁，不可不慎也"。这是说，从"法制"出现开始，直到"法制之禁"——以法律制度为治国有效规范（实质上的最高规范）——确立的历史，必须认真慎重对待，即"不可不慎也"。如此结论，其实质内涵，无疑是提醒国君认真思索实现法治的相关事项，而不能掉以轻心。

其二，国家实行法治，必能产生巨大的秩序效应。

这一层面，首先列出了三个国家权力系统运行的"法制之

　　　　　　　　　　　　　　　法治文明论

禁"，即法律明确规定必须避免的状态，及触犯这一"法制之禁"所带来的严重危害。

一则，"处君位而令不行，则危"。这是说，君主权力系统之运行不能号令朝野，若出现这一状况，国家便会陷入危难。故此，必须在法治实践中避免这一现象。

此一"法制之禁"有一个潜在的法治运行逻辑为前提，即"法制"是不能自动运行的，它只能在静态文本中设定自己必须被执行，及不能被运行时的必要纠正方式；以给法治实践提供必须落实"法制"的依据，及必须纠正不落实"法制"之违法状况的依据。但是，"法制"始终不能自动避免不被执行的危机，因为"法制"没有自动运行的能力。在治国实践中，"处君位而令不行"，即国家"法制"不能体现于实际运行的现象，是极有可能发生的。故此，必须在法治实践中全力避免这一危机，或切实纠正这一现象。这就是前述《商君书·画策》篇所说的"国皆有法，而无使法必行之法……法必明，令必行，则已矣"的现实行法之根基性所在。

二则，"五官分而无常，则乱"。

作为"法制"运行体系的国家官员系统，若没有稳定清晰的职责划分，则国家必然陷入混乱或动乱。这是提出了同样极可能出现的行法（法治）危机，及对这一危机的纠正路径。两者皆体现于这句极其简约的论断中。行法（司法）危机在于："法制"一旦确立颁布，官员系统就是运行"法制"的国家"机器"系统，对官员之间的权力职责若没有明确界定，使其处于"分而无常"的不确定状态，则法治必然混乱。事先避免这等混乱，或事后纠正这一混乱的有效路径，便是在"法制"中明确各级官署与官员的权力职责，使其能够做到依法行法，及有序行法。

三则，"法制设而私善行，则民不畏刑"。

这是一种必须避免的交叉危机，即法治与法制不同步而可能导致的国家危机。其现实表现是，法制确立之后，法治运行却违背法制规定而"私善行"——以官员个人意志处理案件或政事，或基于利益及人情徇私舞弊，导致法制丧失威慑力。若如此，则民众看轻法制而"不畏刑"，最终导致法制形同虚设。显然，这一危机的实质，是法治领域为主导面的乱象。作为上书文本，这里虽然没有直接提出避免与纠正之法，但历史实践已经表明，《商君书》之其余基本篇章亦多有论说。对于法治实践的实行，秦国变法是全力以赴，对官员行法的法律规定也是严格具体的。此处省去，并不意味着这一乱象无解。这是我们必须注意的。

之后，正向提出了这三大系统（君主、官员、法治）若按其本质规范运转，所能带来的治态效应。一则，是"君尊，则令行"——国君有尊严，则法令自然通行朝野而国家安定。二则，是"官修，则有常事"——官员体系职责明确，则国事能够常态运行。三则，是"法制明，则民畏刑"——法制体系能够在法治中真正运行而使法制保持"明法"状态，即不浑浊变形，则民众必然敬重法制而奉公守法。

与此同时，又从反证角度提出——"法制不明，而求民之从令，不可得。民不从令，而求君之尊也，虽尧舜之知不能以治"。这是说，法制若在法治运行中浑浊变形，但却强求民众服从这种浑浊法治，这是不可能的。民众不服从这种法治，却强求国君有尊严，即或君主有尧舜的智慧也无法在治国中做到。

通过如上层层解析，国家权力系统之基本认知已经确立。

由此，商君正面论说了国家君主推行法治的实际效应，从而证明实现法治的必要性，见原典第3段。

　　　　　　　　　　　　　　　　　　　　法治文明论

以现代理念解析其内涵：英明的君主治理天下，最基本的路径便是"缘法而治，按功而赏"。缘者，循也，即遵循法律而治国，按照功劳而行赏。民众力战不怕死，在于以功劳求爵位与利益。因此，明君治理国家，对待将士的杀敌功劳，就要做到"其爵足荣也，禄足食也"。对于农耕有功之民，则要做到人不离"廛"——居住地——便足以赡养父母，并同时提供军事所需粮草。

这里的"廛"（音 chán），是西周词语，意为民之居住区域。城池内民居区曰"市廛"，乡村曰"民廛"。若能做到如此治理国家，则必然达到"军士死节，而农民不偷（闲）"的举国奋发状态。

其三，国家不实行法治，必然产生严重的混乱动荡。

这是关于国家脱离法治道路之严重后果的论说，见原典第 4 段。因本篇为上书文本，故该段是从君主角度论说治道的。就其实质而言，则是从国家意义上论说不行法治之严重危害。在君主制时代的几乎所有政治论著中，君主与国家形似两个概念，实则都是同义语。作为现代人，对这一点必须有清醒的意识，否则难以理解诸多古典表述的实质内涵。

以现代理念从实质上考辨解读这段论说，则其充满了对治国之道的辩证认知。今世国家（君主）"不然"——不是上述的以法治国，而是"释法而以知"，即舍弃法治而任凭君主的认知发挥作用；"背功而以誉"，即背弃奖励功劳的法治原则而任意褒扬人物。如此做法导致的结果，是"军士不战，而农民流徙"。在此，商鞅以"臣闻"引述了《管子·牧民·六亲五法》曾记载的治道格言"道民之门，在上所先"——要使民众走进正道大门，君主（上）就要先行将大门打开。这一说法的内涵逻辑是：民众是依据国家法令而行动的，即"民可令农战，可令游宦，可令学问，在上所与。上以功劳与，则民战；上以《诗》《书》与，则民学问"。故此，这些引导规范民众行动方向的法令，就是国家必须先行开启的正道大门。

其后，从民众心志与利益之间的关系出发，论说国家以法令应将民众引往何种方向——"民之于利也，若水于下也，四旁无择也。民徒可以得利而为之者，上所与也"。这是说，以人性的本能，对利益如同水流趋向低位下方一样，是自然要追求的。民众之所以为了得到丰厚利益而致力于耕战，正在于国家制定了这样的法令。若是施行相反治道，使以下三种人得到国家赏赐：一则，"瞋目扼腕而语勇者，得"——睁大眼睛掐着手腕而空言自己勇敢的人，得到了国家赏赐。二则，"垂衣裳而谈说者，得"——摆弄着长大华丽的衣裳而虚浮谈说的人，也得到了国家赏赐。三则，"迟日旷久积劳私门者，得"——长期奔走私门而不走正道者，同样得到了国家赏赐。那么，就会在民众中形成没有功劳也可以得到国家厚待的恶风。其后果则是，"民去农战而为之，或谈议而索之，或事便辟而请之，或以勇争之"。即民众就会远离农战而转事他途，或凭空言大论而向国家索取赏赐，或依靠国君宠爱的近臣（"便辟"，即便嬖）而谋不正当利益，或以勇力私斗争利。如此风习之下，"农战之民日寡，而游食者愈众；则国乱而地削，兵弱而主卑"。所以如此，根本原因是"释法制而任名誉也"——放弃法制（不行法治）而任用虚浮"名誉"人群的结果。

其四，国家法制得到实施，才能达到"治之至也"的目标。

最后，清楚表述了以法治国的现实效应——"故，明主慎法制。言不中法者，不听也；行不中法者，不高也；事不中法者，不为也”。

这里的“中”，在春秋战国时期是“符合”或“正确”之意，后世沉淀为中原方言“中”，为正面赞同之词。这是说，君主要认真对待国家的法律制度。言论不合于法，不听；行为不合于法，不推崇；做事不合于法，不做。相反，“言中法，则辩之；行中法，则高之；事中法，则为之”。能如此坚持，则“国治而地广，兵强而主尊”。

最后论断——“此，治之至也，人君者，不可不察也”。这是说，处处依法行事而达到国治地广兵强主尊，是治国的最高境界，作为国家君主，这是必须深入思考的事情。

禁使第二十四
官员监督制度的天才设定

1. 人主之所以禁使者，赏罚也。赏随功，罚随罪。故，论功察罪，不可不审也。夫赏高罚下，而上无必知其道也，与无道同也。凡知道者，势数也。故，先王不恃其强，而恃其势；不恃其信，而恃其数。

2. 今夫飞蓬遇飘风而行千里，乘风之势也；探渊者知千仞之深，县绳之数也。故，托其势者，虽远必至；守其数者，虽深必得。今夫幽夜，山陵之大而离娄不见；清朝日颛，则上别飞鸟，下察秋毫。故，目之见也，托日之势也。得势之至，不参官而洁，陈数而物当。

3. 今恃多官众吏，官立丞监。夫置丞立监者，且以禁人之为利也；而丞监亦欲为利，则何以相禁？故，恃丞监而治者，仅存之治也。通数者不然也，别其势，难其道。故曰：其势难匿者，虽跖不为非焉。故，先王贵势。

4. 或曰："人主执虚、后以应，则物应稽验，稽验则奸得。”臣以为不然。夫吏专制决事于千里之外，十二月而计书以定事；以一岁别计，而主以一听，见所疑焉，不可，蔽员不足。夫物至，则目不得不见；言薄，则耳不得不闻。故，物至则辨，言至则论。故，治国之制，民不得避罪，如目不能以所见遁心。

5. 今乱国不然，恃多官众吏。吏虽众，事同体一也。夫事同体一者，相监不可。且夫利异而害不同者，先王所以为保也。故，至治，夫妻交友不能相为弃恶盖非，而不害于亲；民人，不能相为隐。

6. 上与吏也，事合，而利异者也。今夫驺虞以相监，不可；事合，而利同者也。若使马焉能言，则驺虞无所逃其恶矣，利异也。利合而恶同者，父不能以问子，君不能以问臣。吏之与吏，利合而恶同也。夫事合而利异者，先王之所以为端也。民之蔽主，而不害于盖；贤者不能益，不肖者不能损。故，遗贤去智，治之数也。

—┼ 考辨评析 ┼—

在商鞅的治国理论体系中，《禁使》堪称千古奇文。

何谓奇文？一是洞见幽微，以惊人的发现能力揭示了传统官员监督制度的先天缺陷，对历代政权难以根除的官员沉沦现象做出了基础性的解析。二是以深刻的辩证思维，对官制体系及官员个体之间“事合而利同”的本质关系，及由此决定的“相为隐(恶)”的必然性，做出了具有逻辑效应的搜根式解析。三是其所提出的解决这一历史难题的法治方式——实行“禁使”法则，即各官署机构的职能划分必须以“事合而利异”为底线，禁止国家权力体系各分支之间"事合而利同"的机构设置；从而使官员基于牟取利益路径的不同，而必然具有相互监督意识并敢于举发违法牟利者的利益动机。

这一以职能区分为基础，以利益不同为核心而建立官制体系的原则，从本质上说，是以"人性恶"的法哲学认知为基础的。西方国家直到进入近现代法治社会才确立这一法哲学认知——认为法治产生于遏制人性之恶。因此，商鞅在中国之战国初期，同时也是世界文明的轴心时期提出的这一法治主张，具有超越时代的创造性，同时又具立足现实的操作性，堪称中国古典政治文明的优秀遗产之一。

在本篇的考辨评析完成之后，上述三点将更为清晰地得到呈现。

近现代以来的史界学人对本篇的译注解读，普遍存在三个显著缺陷，既对本篇的两个基本概念的解读有误，同时也对本篇立意的理解有误。其具体呈现是：

一则，对作为题目的"禁使"之内涵的注释，大多望文生义，将"禁使"当作两个单字连用来解释——"禁"为罚，"使"为赏，进而引申为推行法治的赏罚两个方面。如此认定，不合文本整体内容之义理。就《商君书》各篇题目的形式看，大体有三种情况：一是成书者难以概括内容特质，而将开首两字作为题目，或将开首文句中某两字作为题目，从而仅仅成为一种形式标识，与内容没有必然联系；二是依据内容特点而概括的题目，如《更法》《垦令》等；三是本篇这种情况，既是开首文句中的两个字，同时又是本篇内容整体凝成的一个法治概念，而不是"赏罚"两字的单体概念的合用。如是，"赏罚"两字明白易知，商鞅不会使用一个从来未曾出现过的"禁使"两字来取代。因为商鞅的立法基本思想之一，便是法律语言的"明白易知"（在后面《定分》篇中我们将会看到这方面的具体论说）；若在此突兀地使用一个陌生概念来取代人人明白的"赏罚"概念，既不合逻辑，也非常有违本篇义理。当然，对"禁使"概念之内涵的清晰呈现，须等到我们在对全篇之考辨评析完成后再来论定，彼时该概念会有更为坚实的根基。这里，只是先提出存在的问题。

二则，对后世流变为常用词，而在本篇却是核心概念之一的"知道"，大多注译本不做任何解释，导致读者以常词"晓得"来理解，使本篇思想在政治哲学上的深刻性显然受损。

三则，对本篇立意之认知，传统主流史家的注译本多呈现模糊状态，即没有揭示本篇以探寻官员监督机制的有效性为宗旨的特殊立意，而将其认定为对推行法治的普遍问题——赏与罚的实现——的论说来解读其立意，是为不得要领。这种将特殊归于普遍的认定，虽然在学术上不能被认定为错误，但在实际上，则难以避免地陷入似是而非的模糊性。在实质上，则湮没了本篇解决历史难题的高度创造性，同时也导致其作为杰出思想遗产的历史价值难以清晰地呈现出来。

有鉴于以上情况，我们考辨评析的重心就很清楚了。

须得首先明确，依据本篇行文有"臣以为不然"语，可知此篇是商鞅对秦孝公的一份论说有效实现官员相互监督的上书。从文本之内容看，整体分为四大问题。为了便于当代读者理解的清晰化，我们对所依据的原典文本重新做了标点及段落划分，并在后面的评析中据此引用原文。

其一，君主对万物运行法则的认知，是行法治国的基础。

本篇的第 1 段开宗明义，提出"禁使"的必要性及可行性的条件。其第一句直接点题，至关重要。依据我们对文本逻辑与其后内容的考辨，可以认定：在"赏罚也"之前，当有文字脱漏。具体说，就是此处当有"利"字，或"利于"，或"以利"的字词。因为，第一句的逻辑句式显然是"人主之所以禁使者，利赏罚也"之意。如此，全句义理通畅，亦与全文基本内容切合。若将其解释为"禁使"的表意就是"赏罚"两事，则显然与"之所以"的逻辑句式的要求不合，亦与后文的内容不合。《商君书》论说风格的鲜明特点之一，便是逻辑推进的严密性。故此，本处缺失应当认定为文本在长期流传中造成的文字脱漏所致。

其后的论说，则从法治之"赏罚"的重要性出发——"赏随功，罚随罪。故，论功察罪，不可不审也"。接着，则立即提出了一个实际存在的问题——"夫赏高罚下，而上无必知其道也，与无道同也"。这是核心内容上的转折，是说赏功罚罪在实际中实行得如何，君主（上）"无必知其道也"——君主没有能够必然知晓其真实情况的路径（道），这种国君（国家）不知情的状况，"与无道同也"——和没有法治赏罚制度或有赏罚制度而不实行是一样的。这句话的实质内涵是，若国君（国家）没有知情的路径，从而不明赏罚制度的实际推行情况，就意味着赏罚制度的推行已经脱离了国家掌控，而把持在拥有执行权的部分官员手中。如此，则实际上等于国家的赏罚制度陷入了混乱状态，其危害效应甚或超过没有赏罚制度。

其下，从"道"的高度，即事物运行法则的高度，提出了君主掌控国事必须具备的基础条件。第一句，是对君主认知能力之形成基础的论断——"凡知道者，势数也"。

这里的"知道"，是一个古典哲学意义上的认识论概念，而不是今人通常所说的"晓得了"之意。依据历史文献，"知道"

一词作为古典哲学之认知概念的提出，最早出现于《管子·戒》一文，原话是"闻一言以贯万物，谓之知道"。后有《礼记·学记》："玉不琢不成器，人不学不知道。"故此，主流史家皆以《管子》之说，作为"知道"这一概念的出典。

由此两处使用可以说明："知道"在春秋时代非但已经出现，且当时的大思想家多有应用。其最初表意，显然是一个表示对天地万物运行法则所能达到的认知高度的哲学概念，而不是常用语。大约自隋唐开始，"知道"逐渐与社会常用语混同融合，流变为"晓得了"之意的常词。由此，"知道"概念的高度性与哲学意义上的认知性，几乎被俗意湮没，因此很少在后世的政治与哲学论著中被作为特定概念使用了。这是我们必须清楚的。否则，无以理解这一论断在本原时期的深刻性。

这里的"势数也"，必须做出考辨性解读。

在春秋战国的政治理论领域，"势"与"数"是两个单独概念。"势"，是战国法家提出的一个权力定位概念，特指国家君主之最高权力所形成的具有决定国家命运之能力的高位掌控的威权，并认定其是治理国家的轴心所在。因此，战国法家中以齐国稷下学宫的慎到为代表，提出了以国家君主之"势"为法治主导力量的治国学说，是为战国法家之势治派。战国法家的其余两个流派——法治派与术治派，虽然在整体主张上不接受"势治派"的治国理念，但在对君主之"势"的认知上，则是接受这一概念并在各自的论说中时有引用。因此，《商君书》中有"势"出现，并不意味着其治国思想就属于势治派。

这里的"数"，同样是一个古老的多义概念。在春秋战国时期的政治学说中，"数"特指事物运行中难以被人所直观认识，并因此具有某种神秘性的内在法则。以现代理念说，便是事物运行的内在规律性。故此，在社会语言中，"数"多与"天"或"命"的神秘元素组合，形成"天数"及"命数"等日常语汇。

基于上述内容，文本的"势数也"，依据后文将"势"与"数"作为两大要素解析，可以断定此处当为"势也，数也"之脱漏所致。在现代语法中，也可标点为"势、数也"，以明晰其本义。依据如此考辨认知，则这句话的文字形式，当是"凡知道者，势也，数也"；或"凡知道者，势、数也"。其实际上的完整表意则是：君主对万物运行法则的贯通，既表现在其身为掌权者所具备的视野，即"势"所构成的条件；又表现在其对事物运行法则的领悟程度，即认知能力所构成的条件。

基于如此两个条件，结论自然涌出——"故，先王不恃其强，而恃其势；不恃其信，而恃其数"。就是说，前代圣贤（先王）之成功，依凭的不是强力，而是"其势"——最高位视野之条件；依凭的也不是信用，而是"其数"——对万物运行法则的深度认知。

其二，以物象比喻方式，论说万物运行必有其依凭条件。

在《商君书》中，本篇第 2 段是罕见的形象比喻论说。且看，"飞蓬"飘风而行千里，依凭"乘风之势也"。探索深渊而知其千仞之深者，依凭悬挂石壁之绳索的长度也（县，与"悬"通。县绳，即悬绳）。是故，"托其势者，虽远必至"——依靠高位飘风而行者，再远的路也能到达；"守其数者，虽深必得"——依靠悬绳之长而探渊者，再深也能到底。之后则是两则相互对比反衬的例子。一则是"幽夜（之中），山陵之大而离娄不见"——黑夜之中，纵然山陵巨大，传说中拥有神目的离娄也看不见。再则是"清朝日曨，则上别飞鸟，下察秋毫"——日光一旦大明，人则可以识别天空的飞鸟，看清地上之兽在秋季的毫毛。故此可知，目能见物，依靠的是日光条件。"得势之至，不参官而洁，陈数而物当"——人能得到的最好条件，便是成为国君而拥有最高位威权，且外部没有牵制力量。果能如此，则不依靠设置官职，便能做到朝野清明（洁）；只要在庙堂陈说万物法则，便可以将国家事务安置妥当。

可是，现实状态果然能够如此吗？

下文是一个鲜明转折，直接提出了本文的核心问题。

其三，国家吏治混乱的根源，及解决这一难题的原则。

转折是从陈说现实国情开始，见原典第 3 段。以现代理念表述，这段话的内涵是——

今日之国家，依靠众多官吏，并官立丞、监——在官制中设置御史机构（主官为丞，或称中丞，统一帝国时期为御史大夫），及监察机构（主官为国正监），职司皆为监督官员。国家"置丞立监"而监督官员作为，还以法令禁止官员非法牟取私利。但是，御史丞与国正监的官员们也都想牟取私利，又如何能让他们监督别的官员？虽然如此，但依靠"丞、监"两署监督官员，仍然是国家当下的"仅存之治"，即只有这一条监督官员的吏治路径。但是，"通数者不然也"，即通晓万物运行法则的人却不这样看，他们认定的正确做法，是"别其势，难其道"。"别其势"，是在官制设定中区别官署与官员各自拥有的职能条件；"难其道"，是使各官署职能及官员之间的具体职能各有区别，而使其共同谋取私利的行为变得困难。同时，尽可能对官员牟取私利的各种可能路径，设置禁止性规定。只要做到了这两点，就能达到政谚所云的"其势难匿者，虽跖不为非焉"——如果每个人的违法条件都不隐匿而完全公开化，那么即或是"跖"这样的盗寇也不敢违法犯罪了。正因为如此，历代圣王"贵势"——非常看重人之行为的权力条件。

上述论说很清楚，"别其势，难其道"只是解决问题的原则。

其四，官员难以监督的根源，是官员"事同体一"。

深入论说是从对一种常见说法的质疑开始的——"或曰：'人主执虚、后以应，则物应稽验，稽验则奸得。'臣以为不然"。这里的"或曰"，在古典语言中通常是"有人说"之意，此处亦同。这段论说首先质疑了一种流行的道家说法——"人主执虚、后以应，则物应稽验，稽验则奸得"。此处之"虚、后"，是两个道家用语。虚，是虚怀而有容纳量之意，一般引申为对人对事胸无成见，而能据实待之。后，是走在人后之意，一般引申为事发之后应对，而不是先发制人。这句话的实际意思是，君主只要以"虚、后"两种方式应对，就能做到"物应稽验，稽验则奸得"——以真凭实据对人对事进行考察，这种有效考察就能必然显出奸邪之人。对于这种说法，商鞅明确表示"臣以为不然"，即这种说法不成立。

商鞅的实践依据是——"夫吏专制决事于千里之外，十二月而计书以定事；以一岁别计，而主以一听，见所疑焉，不可，蔽员不足。夫物至，则目不得不见；言薄，则耳不得不闻。故，物至则辨，言至则论。故，治国之制，民不得避罪，如目不能以所见遁心"。这是陈说战国时期的国家年终"岁计"传统，即对一年来的国家府库及地方政府之赋税征收，及财政状况等经济事项，进行对账核查。

商鞅对此传统制度提出的第一个问题是，地方官专制决事

（在经济民治方面，国家对地方官实际上没有监督设置）于千里之外，而国家却只在十二月召回地方官举行岁计，完成"计书以定事"。这种远距离与长时间的间隔，几乎必然形成巨大的未知缝隙，而这些缝隙中隐藏的种种流弊，国家如何做到必然知情？这是基本方向的疑问。依据本文的实际陈说，"岁计"有两件基本事项：其一为"计书"议程，即地方官向国君呈报经济状况报告书，罗列基本事实并有具体的分项统计数字；国君则根据各地方官的上书，进行应有的问对，并当场或稍后做出赏罚决定。其二为"定事"议程，是依据本年"岁计"汇总的经济大势，会商决定来年的经济事项。

据此，商鞅提出第二个质疑——传统岁计是一年为期，这一年之中国君只有一次听取禀报。如此，即或国君对地方官的报告有疑问，也无法核查真伪，因为"蔽员不足"，即断定的依据不够。依据高亨引《小尔雅·广言》"蔽，断也"之释义及《说文》"员，物数也"之释义，"蔽员不足"，即为判断证据不够。此间的道理是，如果库存实物能搬运到都城核查，则眼睛不能不看；人在身边说话，则耳朵不得不听。就是说，实物到达才能辨识，言论听到才能断意。故此，治理国家之法度清明，则"民"即各种人群必不能隐藏其犯罪行为，如同眼睛看见的东西逃不出心头一样。这段论说的实质论断是，无法直接证实真伪的传统"岁计"过程，其实际操作中的缝隙太大，以其作为官员赏罚依据，是很不可靠的。

商鞅的第三个问题，直接揭示官员监督混乱的现实，见原典第5段。这段论说，是《禁使》篇的核心解析之一，其解析的实质内涵体现了商鞅依据实践所产生的政治洞察力——今日治情混乱的国家，不是依据上述认知行事；而是直接依靠"多官众吏"，而没有认真审量官员监督事项。事实是，官员虽然众多，但他们"事同体一"——执事相同，又都在同一体制内，而举凡"事同体一"者，互相监督是不可以的。做到官署之间与官员之间的"利异而害不同"——职能所决定的利益路径相异而受损害路径也不同——是先代明君保持官员守法状态的根基。所以，治理国家的最高境界，是使官员群体之间不能相互"弃恶盖非"，即夫妻友人之间不能相互放任其违法作恶，不能掩盖别人做的坏事，如此则最终也不会伤害亲人。民众之间，也要做到不能相互隐瞒其恶行。

这一"（守法）不害于亲"的施治目标，充满了人性的正义面，也从法治实践上充分体现了《更法》篇所提出的"法以爱民"理念，值得引起我们的特别注意。

其五，"事合而利异"，是权力监督制度的底线。

商鞅这一论断，从解析君主与官员之间的关系切入，见原典第 6 段。这一大段论说，分为两个层面：

第一层面，解析君主与官员群的"事""利"关系。

首先，君主与官员群的关系，是"事合而利异"。这里的"事合"，是指君主与官员关系的形成与稳定，在于相互需求而各得其所，即君主需要所设置的官员群治理国家，官员则需要通过完成职司政事而获得国家俸禄，如此各有所需又各有其得，谓之"事合"。这一论断的实质，是说君主与官员之间，在国事职能的架构上没有冲突性。

但是，若从人性具有追求实际利益的本能这一基本点出发，君主与官员的利益目标又是不同的，这便是"利异"。其具体呈现是：作为国家最高权力拥有者的君主，实质是国家权力的人格化；其最根本的利益目标，是政治清明社会稳定，是没有贪官污吏，是没有深度的社会大腐败，从而能够在社会整体稳定的基础上最大限度地延长权力的存在。这种整体性的利益需求，是国家最高权力主体——君主之利益目标的特殊性。换言之，任何一个官员，都不可能有如此特殊宏大的利益目标。

因此，基于人性本能的驱使，官员群的利益需求与拥有最高权力的国君，有着显然的差异。国君的最高利益与国家利益基本完全重合，因而是唯一存在的总体利益。官员阶层，则各因其权力位置的限定，基本不可能牟取到国家整体利益。因而，官员的利益目标基本在于各自的实际物质利益。这种利益的实现，主要表现在两个基本方面：其一，基于现实利益体系之不均衡结构，官员权力位置的高低往往决定其攫取实际利益的伸展幅度。因此，官员群出现的一种经常性违法犯罪行为，是逃避依靠勤政奋争之功劳而获得擢升的正当途径，而通过大肆贿赂及种种非法手段，力图获得更高的权力位置。在任何时代，这都是政治腐败的基本表现。其二，直接利用所拥有的职能权力，向所辖制领域或区域的下层官员及涉事民众，索取各种形式的利益；或以种种形式，隐秘地接受种种贿赂。

上述内容涉及国君与官员群"事合而利异"的社会形式。

第二层面，解析官员之间的"事""利"关系。

与上述君臣关系相区分的，是官员群之间"事合而利同"的基本关系。对于此等关系中的自发性相互监督，商鞅明确认为"不可"。这个"不可"，有两层含义：一则，在国家希冀官员凭着良知而自发相互监督的意义上，是"不可能"之意；二则，在监督制度之设计以传统的设官制度为基础的意义上，是"不可以"之意。

所以"不可",对其理由之论说是物象比喻的方式——"今夫
驺虞以相监,不可;事合,而利同者也。若使马焉能言,则驺虞
无所逃其恶矣,利异也"。

文中的"驺虞",是周代王室驯养鸟兽的小官吏,此处则具
体指养马吏。这段比喻是说,要养马吏之间相互监督对方有无克
扣马匹饲料的违法行为,这是不可能的。因为,他们做的事都是
养马(事合),牟利路径也相同(利同),若举发了对方的克扣行
为,则必然使对方举发自己,因之实际上也暴露了自己。若是马
能说话,则养马吏的恶行必然无可逃遁。因为,马的利益与养马
吏不同,即"利异也"。马的利益,是可以全部吃到额定饲料;
养马吏的利益,则是克扣一部分留给自己卖钱。

比喻之后,是进一步的实质论说——"利合而恶同者,父不
能以问子,君不能以问臣。吏之与吏,利合而恶同也"。直接切
入官员人际关系的实质,非常具有深刻性。那些利益一致且共同
作恶的人,父亲不能追究儿子,国君不能问责臣下,官员与官员
之间,正是"利和而恶同"——利益一致且共同作恶。其实质论
断是,要依靠此等处于"事合而恶同"关系中的官员相互监督,
既是不可能的,也是不可以的。

本篇的最终论断是——"夫事合而利异者,先王之所以为端
也。民之蔽主,而不害于盖;贤者不能益,不肖者不能损。故,
遗贤去智,治之数也"。

这是说,正是官员关系的上述实情,先代明君方以"事合而
利异"为底线法度而任用官员。民众纵然要蒙蔽君主,"而不害
于盖"——也不会去掩盖官员恶行。因为,若替官员掩盖恶行,
则民众中的贤能之人不会因此得到好处,民众中的"不肖者"
(秉性行为不好的人)也不会因此受到惩罚。所以,民众不会在

　　　　　　　　　　　　　　　法治文明论

没有任何获得利益的情势下去掩盖官员的恶行。

须得说明，近现代以来研究《商君书》的史家注译之主流版本，即各名家版本，基本都对本篇最后这段话做出了含混不清的解读。其中之难点，是对"而不害于盖"一句无从解读。其核心点，是对"不害"一词无解；同时认为"盖"字"不可解"，或"难解"。如此，导致其无法通畅解读本文内涵，也对本篇最后的深刻论断无从认知。察其基本原因，正在于我们在评析开始时所说，一是对本篇立意不得要领所致，二是对战国原生态语言的考辨路径太少所致。若对本篇立意把握准确，对本篇论述逻辑的语言方向有自觉认知，同时不局限于既定的训诂传统，则其最终结论自然明白通畅。

以语源方式，即语言溯源方式考辨之，我们认为：

这里的"不害"两字，当是战国秦人的原生态用语，即不会、不懂、不明白等之意。因为，当代以"害"为核心字的多义词句，虽然已经沉淀为语言化石，但仍然罕见地存在于今日陕北（战国秦之河西高原）方言的常用语——"害不下"之中（请注意，这里的"下"，读音为"哈"之去声，即 hà）所谓"害不下"，就是不明白或听不懂之意。上溯至战国时代，"不害"一语应当是其源头，而当时的"不害"的表意之一，显然是"不会（那样）"之意。

同时，察《商君书》之语言方式，多有当时的官方文书语言。以商鞅在《定分》及《立法》篇中对法律语言的鲜明要求，官方文书之语言必须使民众明白易知。故此，秦国变法时期的官方文书及商鞅的上书文本中，多有见诸民众日常用语的既定语汇，当是一种常态现象。这里出现的"不害"一词，完全可能因此而成为后世难解的原生态用语。

依据如上之溯源考辨，"民之蔽主，而不害于盖"的真实表意便很通畅明白，应当是——民众（即或）蒙蔽君主（国家），也不会去做掩饰（盖）官员罪恶的事情。故此，最终的论断是：实现官员监督，不能依靠贤人与智者，而应当依靠对官员利害关系有认知区分，并对各官署职能及官员权力有实际区分的法律制度。这是"治之数也"，即国家法治之道的内在运行规则（数）的要求。

综上所述，"禁使"全篇的内涵已经完全呈现出来。

具体说，"禁使"者，官制设定及监督设定之禁止性规定也。

本质地看，《禁使》篇既是中国古典法治文明构建政治腐败防火墙的深度理论探索，更是见诸秦代国家制度的深度实践探索。其逻辑锋线之犀利，其把握节点之准确，其底线规定之坚实，其奖惩设定之妙异，皆为中国古典文明时期反腐败制度创建的巅峰。从历史实践看，自商鞅变法至清末之世两千余年，这种法治反腐败制度的创建，事实上已经成为中国古典文明历史上前无古人后无来者的绝版。这一曾经的客观存在，是任何否定性论说都抹不掉的历史足迹。因此，作为以客观性为本位的历史研究者，我们必须以最基本的学术良知，对曾经的历史真实保持充分的尊重。

古今中外的文明历史实践已经证明，国家时代最为深刻的社会危害，就是源于国家权力体系之不合理结构的政治腐败。从逻辑效应上说，政治腐败既是瓦解政治文明健康发展进程的深度病灶，更是直接催生官员群体经济腐败的霉变根基。由此滥觞，社会各个领域的腐败会演变为无孔不入无处不在的道德沉沦恶风。可以说，古今中外每一代政权的覆灭，每一种文明形态的崩溃与消失，其根源无不来自"始作俑者"的政治腐败。

中国文明所以多经崩溃边缘而始终岿然矗立，不是其没有过深度的政治大腐败，及其所衍生的社会大腐败，而是中国文明自上古国家时代开始，便一直在孜孜探索有效防止政治腐败的各种路径。其中，即或是礼治、人治的历朝历代，也无不将"清官""忠臣""孝子"奉为社会道德典范，将经济腐败的"贪官污吏"及各种政治腐败的"奸贼"钉上历史的耻辱柱，甚或不乏以"大开杀戒"之方式肃杀反贪的历史时期。所有这些不懈努力，都曾经相对遏制了腐败风习在当时的滋生蔓延。虽然如此，政治腐败之于中国古典文明，依然是如影随形，依然是附骨之疽。

但是，中国古典文明在曲折发展中，始终没有放弃对探索反腐败之有效路径的种种努力。其中，春秋战国大变革时代之法律制度反腐败的出现，便是最突出的历史成果。作为这一历史成果的价值观沉淀，《商君书·禁使》篇，便是遥远的历史留给后世的古典政治文明之优秀遗产。

及至当代，这个与国家时代与生俱来的古老顽疾依然存在。

当然，中国近现代以来的以反政治腐败、反吏治腐败为中心的种种反腐败努力，也一直没有中断。幸运的是，中国文明历史悠久，几乎所有的"试错"性努力，都已经在历史过程中得出了成败结论。故此，历史留给当代政治文明的可选路径已经清楚——以人治之道的"整肃吏治"方式反腐败，虽有短暂功效，但终究又会陷入新的腐败泥沼。另则，以古老的德治（实即西周礼治）之道反腐败，则会陷入无从操作的混乱性，最终导致国家权力体系的执行力崩溃。

不要忘记，西周末期及东周初期的"王权式微"而王室几近崩溃，其本质原因，正在于礼治德治规范的"上无高限，下无底线"的怪异特质，及其所导致的难以衡量更难以具体操作的深刻弊端。除了贵族阶层勉为其难小心翼翼地尊奉之外，整个社会之"民"，如同被吊在空中的悬浮物，上不够无限之高，下没有落足底线，人人无所措手足。这就是荀子引用《诗经》所云"德輶如毛，民鲜能克举之"——德如鸿毛一般轻，民人却很少能做到落实——来说明的道理。如此缺乏清晰明确之社会行为规范的生存状态，如此只有华美的形式魅力的虚治之道，如何能限制政治权力体系滋生腐败？如何能实现官员相互监督？如何能使官员群体具有相对强大的执行力？

历史实践留下的唯一可行路径是：我们只有伸展精神空间，遥遥接过商鞅变法之法律制度反腐败的"接力棒"，开创新的历史跑道；以新的当代法治理念，创建新时代的反腐败法律制度体系；从根本上逐步清除政治腐败的病灶根基，从而逐步杜绝社会各个领域的沉沦腐败之风，为中华民族的复兴奠定坚实的根基。

慎法第二十五
富国强兵必得"任法而治"

原典

1. 凡世,莫不以其所以乱者治。故,小治而小乱,大治而大乱。人主莫能世治其民,(故)世无不乱之国。奚谓以其所以乱者治?夫举贤能,世之所以治也,而治之所以乱。世之所谓贤者,言正也。所以为善正也,党也。听其言也,则以为能;问其党,以为然。故,贵之不待其有功,诛之不待其有罪也。

2. 此其势正,使污吏有资而成其奸险,小人有资而施其巧诈。初借吏民奸诈之本,而求端悫其末,禹不能以使十人之众,庸君安能以御一国之民?彼而党与人者,不待我而有成事者也。上举一与民,民倍主位而向私交。民倍主位而向私交,则君弱而臣强。君人者不察也,非侵于诸侯,必劫于百姓。彼言说之势,愚知同学之。士学于言说之人,则民释实事而诵虚词。民释实事而诵虚词,则力少而非多。君人者不察也,以战,必损其将;以守,必卖其城。

3. 故，有明主忠臣产于今世，而欲领其国者，不可以须臾忘于法。破胜党任，节去言谈，任法而治矣。使吏非法无以守，则虽巧不得为奸；使民非战无以效其能，则虽险不得为诈。夫以法相治，以数相举，誉者不能相益，訾言者不能相损。民见相誉无益，相管附恶；见訾言无损，习相憎不相害也。夫爱人者不阿，憎人者不害，爱恶各以其正，治之至也。臣故曰：法任而国治矣。

4. 千乘能以守者，自存也；万乘能以战者，自完也。虽桀为主，不肯诎半辞以下其敌。外不能战，内不能守；虽尧为主，不能以不臣谐所谓不若之国。自此观之，国之所以重，主之所以尊者，力也。于此二者力本，而世主莫能致力者，何也？使民之所苦者无耕，危者无战；二者，孝子难以为其亲，忠臣难以为其君。

5. 今欲驱其众民，与之孝子忠臣之所难；臣以为：非劫以刑，而驱以赏，莫可。而今，夫世俗治者，莫不释法度而任辩慧，后功力而进仁义，民故不务耕战。彼民不归其力于耕，即食屈于内；不归其节于战，则兵弱于外。入而食屈于内，出而兵弱于外，虽有地万里，带甲百万，与独立平原一贯也。且先王能令其民蹈白刃，被矢石；其民之欲为之，非如学之，所以避害（也）。故吾教令：民之欲利者，非耕不得；避害者，非战不免。境内之民，莫不先务耕战，而后得其所乐。故，地少粟多，民少兵强。能行二者于境内，则霸王之道毕矣。

┼ 考辨评析 ┼

依据论说方式，本篇是商鞅对秦孝公的上书之一。

本篇核心内容，是论说大争之世必须以法治国的道理。

其一，列国治道混乱的根本原因，在于人治。

作为臣下向国君的上书，本篇论说治国之道，其逻辑推进路径，是以"人主"（国君）所当有的天下视野为出发点，从当时列国（七大战国及三十余个中小诸侯国）的治国乱象切入，进而引出以法治国之论断，并就其所涉及的基本问题提出相应的总体对策。

本篇第一层面，揭示天下列国治道混乱的根源。

本文首先从流行的治国之道切入，进而陈述已经成为普遍现实的治国乱象——"凡世，莫不以其所以乱者治。故，小治而小乱，大治而大乱。人主莫能世治其民，（故）世无不乱之国"。这是以其原因为入口直接切入核心，进而引出论说对象的复杂句式，是中国古典语言独特的简洁性倒置结构，一种特殊的表达方式。

若以现代理念表述便是：当世列国，莫不从导致国家混乱的治道（礼治、德治、人治）入手而治理混乱。故此，必然形成"小治而小乱，大治而大乱"，即小规模治理则引发小规模混乱，大规模治理则引发大规模混乱。由此，各国君主都不能做到"世治其民"，即都不能在自己当政之世治理好民众，反倒是越治越乱，形成"世无不乱之国"的普遍现实。

显然，这是事关国家存亡的非常严重的治道混乱。

为什么会是这样？商鞅既提出了问题，也回答了问题——"奚谓以其所以乱者治？夫举贤能，世之所以治也，而治之所以乱"。从字面文句看，这两句话是完整的问答句式，其重点是对设问内涵的解读，即对"以其所以乱者治"的理解。

依据历史实践，春秋后期到战国初中期，列国现实存在的传统治国之道主要有三种：礼治、德治、人治。当时实行道家"无为而治"的诸侯国极少。就实际而言，只是那些奄奄待毙的小国以此为理由苟延残喘而已。故此，道家之治道，在大争之世几乎可以忽略不计。三种传统的主要治道中，礼治与德治，实际上是西周王室明确推行的一种治国方式——以礼制之制度体系为规范依据，以道德境界之要求为高端目标的治国方式。故此，礼治亦被视为德治，二者在本质上具有重合性。单独的"德治"之说，只是明确其实质的一种治态称谓，其具体内涵则全部体现于礼制规范。作为西周王室所依据的道德体系，实际上全部包含在礼制规范之中。从立制意义上说，国家并没有单独形成典章制度形式（文本形式）的道德体系。故此，礼治与德治，只是互为表里的"王道"治国的两种说法。

人治，则是东周王权衰落之后的春秋初中期，冲破并取代传统礼治，相继出现于某些诸侯国的一种新的治国方式。由于在开始阶段具有真正"任用贤能"的特点，并具有高效灵活处置险难国事的实际效果，因此迅速普及天下列国，一时成为治国之道的主流。

如此三种治道并存，是战国初期法家治道出现之前的现实。从历史实践看，《商君书》所揭示的各国治道混乱与各国的民治混乱，都是普遍的现实存在。各国治道混乱，在大势上表现为三道并存而各国所持不一。深入各国则相应情势更为多变，前代与后代治道不一，同一君主前期治道与后期治道不一者，更是屡见不鲜。

但是，从当时的普遍现实看，三种治道具有一个重合点——都不同程度地承认"举贤能"（任用贤能之人领政治国）的合理性。其中，以自觉具有人治理念的国家主张最力。在法家主导的变法大潮成为时代主流之前，七大战国与诸多颇具实力而奋争图强的中小诸侯国，几乎都在实际上推行了以人治为主导的治国方式，使"举贤能"成为战国初期天下治国的普遍现实。

其典型实例，是诸多史料记载的齐威王与魏惠王在逢泽狩猎场相遇的著名对话，即对何为国家财宝的不同认知。魏惠王炫耀的大国财宝，是七颗特大明珠联结起来的七乘战车；齐威王展示的国家财宝，则是几位治国能臣与当世名将——国家价值观之高下立判。故此，齐威王的"国宝在贤能"的见识，成为当时治国理念的经典表现。正因为如此，商鞅在本篇上书里没有一一列举传统治国之道的种种具体形式，而以各国承认、以人治理念为主导的"举贤能"的治国方式为代表，来论说国家治道所以混乱，及所以"越治越乱"的根源。

这一层面，商鞅揭示了一个当时各国完全没有意识到的问题——"国之所以乱"的根源，恰恰在于依靠国君认定的"贤能"治理国家这种治国方式。因为，无论是礼治、德治还是人治，对于其所认定的"贤能"人物的施政意志，都是没有具体的制度性限制的。只要能够实现所辖地域或领域的安定及赋税征收等主要政务目标，则具体治理措施基本由"贤能"个人意志决定。因此，三种治国方式在本质上可以说都是人治方式。具体说，"举贤能"的国君，有可能奉行礼治与德治的治国理念，也可能奉行人治理念。但无论奉行哪种理念，都落实在了"举贤能"这一实际方式上。故此，"举贤能"便是导致国家治道混乱及民治混乱的实际原因。

如此，"以其乱者治"的意思就很清楚了，就是以人治的方式治理人治造成的混乱。其实际表现，就是在上一波官员因人治而导致社会混乱之后，再换另一波官员仍然以人治方式来治乱。结果，必然是越治越乱。如同上古洪荒的前期治水，共工是堵水而治，鲧也是堵水而治，新派去的替代者依然沿用旧方式而没有任何变化，结果必然是越治理堵得越厉害，洪水自然更大。

对此循环之乱的根源所在，商鞅的发现性回答是——"夫举贤能，世之所以治也，而治之所以乱"。这是说，以"举贤能"为表现形式的人治（包括礼治、德治），既是历来民治短暂有序的原因，也是历来民治反复混乱的原因。在有治胜于无治的意义上，礼治、德治、人治使国家时代的民众进入秩序生存，曾经是有历史价值的。但在"三治"最终必然导致混乱的意义上，"三治"则是国家乱象长期反复循环的破坏性根源。这便是人治礼治德治在历史进程中的两面性——既是"世之所以治也"的根源，更是"治之所以乱也"的根源。

其二，依靠"贤者"人治，国家必然面临重大风险。

这一层，是从对"贤者"的通常认知开始的——"世之所谓贤者，言正也。所以为善正也，党也。听其言也，则以为能；问其党，以为然。故，贵之不待其有功，诛之不待其有罪也"。

近现代以来的主流注译本，多将这里的"言正"二字，注释解读为"善正"，认定其与后句的"善正"是一致的。我们的考辨，认为这一解读有误。原文的"言正"文义通畅，是其后的"善正"成立的原因，是一种因果性逻辑关系。故此，当维持原文。如此解读，这几句话的意思很清晰：通常所谓的"贤者"，是因其"言正也"，即言谈具有合理性与正义性，因而被看作"善正"之人，即善良正直之人。实际上，此等人之所以具有善良正直的名望，使民人都认为他确实是个善良正直的"贤者", 实际是其"党"人, 即利益同伙者有意传播的结果。于是, "听其言也, 则以为能; 问其党, 以为然"。按照上古时期的国君"访贤"要义, 见之本人以为能, 访之民人也以为能, 无疑就是所求之"贤人"了。故此, 不待其有功便立即任用为高官; 其后若其平庸, 则不待其有罪便立即诛杀。

之后, 则是任用此等"贤者"治国带来的严重风险, 见原典第2段。本段论说"贤者"人治的风险, 分为三个层面。

其一, 揭示"贤者"被赋予一国或一方治权后, 在基本无制度监督的情况下, 极有可能以一己见识用人办事, 进而成为"污吏"的官方保护者, 使"污吏有资而成其奸险, 小人有资而施其巧诈"。最终, 必然导致贪官污吏及民间奸恶多发成势, 造成民治动荡。待污吏与奸恶已经成势, 再要求他们端正诚实地对待民众。那样, 纵然大禹在世也无法管辖住十个人, 况乎庸君安能治理一国之民?

其二, "贤者"人治容易结成利益基础上的党羽势力。"彼而党与人者, 不待我而有成事者也。"待"贤者"与他人结成同党, 则不待国家觉察处置, 他们便已经"成事"了——形成了脱离国家的既定势力。这样的"贤者", 只要国君任用一个, 民众便会不信任君主而趋向"私交"办事。这就是"上举一(贤者)与民, 民倍主位而向私交", 其必然造成两种后果, 一则是"民倍主位而向私交, 则君弱而臣强", 二则是"君人者不察也, 非侵于诸侯, 必劫于百姓"。——在国君无法监督并及时处置的情况下, 他们不是私自挑起对诸侯的战争, 便是劫掠为害于百姓, 从而引起国家动荡。

这里须得说明一点, 高亨与诸多近现代史家的《商君书》注译本, 都将"非侵于诸侯, 必劫于百姓"一句, 解读为"不是被外国侵犯，便是被百姓推翻"之意。单纯从字面上看，如此解读亦无不可。但据我们的考辨认定，如此解读，一是与文本的义理逻辑不合，更在于与历史实践不合，因此是违背原意的不当解读。依据春秋战国之历史实践，其时拥有封地与私兵的权力重臣，为夺地掠财而私自发兵侵犯他国的战事，并不少见。在不反叛本国的情况下，大国很少严厉惩罚这种私兵之战，或无力惩罚。春秋末期的晋国"六卿"（包括魏赵韩三大家族），在尚未成为独立之国时，六家各自发动对外战争实属司空见惯之事。甚至在战国中期，秦昭王六年（公元前301年）的秦国，将军魏冉发兵占领韩国的穰地，将其作为自己的封地而被封为穰侯。此后作为相国，又欲伐齐取刚、寿两地，以广其封地陶邑，都出于一己决策。秦国此时正是法治严明之时，尚能出现如此个例权臣，况乎战国初期的各国攻伐不止之时。

因此，商鞅在此论说中将"侵于诸侯"作为"贤者……成势"之后的风险之一提出，是有充分历史依据的。其时，人治重臣依据自家团伙的利益需求"侵于诸侯"而争夺土地人口，确有大量史迹可证。此中关键，是不能以后世皇权时期对战争权已有严厉控制的事实，而忖度春秋战国之现实。

其三，"贤者"人治，容易空言误国而使民风虚浮。

依据前述，"贤者"往往因其"言正"而获重用。故此，其在位容易轻事实而重言谈。此等风习一旦弥漫，其风险在实践中呈现的逻辑效应便是——"彼言说之势，愚知同学之。士学于言说之人，则民释实事而诵虚词。民释实事而诵虚词，则力少而非多。君人者不察也，以战，必损其将；以守，必卖其城"。

以现代理念表述便是：人治重臣的空言大论一旦弥漫成势，那些没有见识的士人便会"同学"——群体仿效。士人若也"学于言说"，则民众便会"释实事而诵虚词"——放弃实业而高诵空言。民众若成空言之风，则力量少而是非纠缠多。国家若不能深察，以其出兵战之，则"必损其将"；以其防守，则"必卖其城"。

其三，治国之道，"不可以须臾忘于法"。

从此处开始，本篇转向正面提出法治为上——"法任而国治"的治国理念，并进行了最为简明的论说，见原典第3段。这一层面的基本内涵，有五则：

之一，对当今"明主忠臣"明确提出治国警示——"欲领其国者，不可以须臾忘于法"。这是从选择治国之道的需要出发，对国君和忠于国家的大臣们首先提出的最重要的警示，即在确立治国之道时"不可以须臾忘于法"——要将法治作为时刻不能忘记的最必要选择。

之二，简明论说以法治国的鲜明成效。首先，"破胜党任，节去言谈，任法而治"——破除并胜过朋党任用私人的旧方式，遏制虚浮言谈之风习，事事以法治理。其次，"使吏非法无以守，则虽巧不得为奸"——法治能使官员处于有效的制度监督之下，其非法作为不能立足，纵然投机取巧也不能为奸作恶。

之三，"使民非战无以效其能，则虽险不得为诈"——法治能使民众在战场之外无法为国家效力并获得重大利益，故能激励民众集中精力于农战，纵有危险也不会行诈逃避。

之四，民众"以法相治，以数相举，誉者不能相益，訾言者不能相损。民见相誉无益，相管附恶；见訾言无损，习相憎不相害也"。这是说，民众依法相互监督，依制相互举发；私人赞誉不能给被赞者带来好处，无端攻击也不会给被攻击者带来损害；

民众见相互赞美无益，则会"附恶"——在相互监督中会方便地说出别人的恶行；民众见无端攻击不能损害别人，便不会伤害与自己不和的人。

须得说明一点，近现代以来的史家注译《商君书》，对本篇本段的"民见相誉无益，相管附恶"一句中的"相管附恶"有普遍误读：或是认为"'相管附恶'，义不可通"，甚或是文本"脱乱"所致；或是认定"附恶"当是"拊恶"之误，拊者，打击之意也。如此，则"附恶"两字就被解读为"打击恶行"之意，以求可解。高亨《商君书注译》在"附恶"两字的注释中提出了三种看法：一则认定为"讲不通"，即这两字在此处义理不通，不可解。再则，"疑附当读为拊，击也"。这两种看法，皆与上述普遍解读重合。三则，"又一解，附上脱不字，转写脱去。不附恶，谓不附和恶人"。如此等等，皆对这句话所具有的实质内涵，做出了与《商君书》本意不符的解读。

所以如此，在于两个方面的基本原因：一是，近现代史家及当代研究者，对商鞅治国思想体系的严密性理解不足，对其论说的语言方向无法定位，体现为往往不清楚文章所论之实质问题是什么，以及恰当的解读方向是什么。故此，对近现代思维基础上难以理解的陌生语汇，便作"不可解"处理，或作流传错讹处理，容易造成诸多误读。二是，对战国变法的历史实践缺乏深入研究，大多都是从文字训诂出发，对某些实践性的古典语汇难以理解所致。

具体看，这里的"相管附恶"四字，是以"民见相誉无益"为法治实践中的逻辑条件的，实际上是一种人群现实关系的因果性连带效应。因为，法律制度对民众个人的重赏或重罚，均以其实际功罪论定。严格禁止以虚浮言谈的"美誉"论功，也严格禁止从个人好恶出发的凭空攻讦。所以，作为民众之间不涉实际的相互评价，几乎是没有实际意义的，既不能给所爱之人带来好处，也不能给所憎之人带来损害。

在这样一种既剔除了伪善"相隐"，又剔除了相互攻讦的奉公守法风习下，民众若言及某人犯罪，便有极大概率的真实性。因为美言赞誉无用，恶意攻讦也无用，基本便会说实情。如此现实背景下，"相管附恶"便是非常自然的状态。这里的"相管"，简言之就是相互约束，实际则是连坐监督的民间说法，即"你管我管你"之意。作为民间语言的"管"，是一个弹性极大的单字词，一切约束性行为都可以"管"字概括，直到当代依然如此。秦国商鞅变法建立了民众"相管"制度，即以连坐法为基础的相互监督制度，因虚言誉人无用，虚言害人亦无用，一切都以实际功罪论赏罚。故而，民众所言基本上都是实话实说。于是，可以或者必须言及某人时，便会很方便地说出某人的恶行，这就是"附恶"的实际形式。这里的"附"，不是"依附恶行"之意，而是非中心意义上的附属、附从、附带之意，其实际引申则当是"方便"之意。

从本质上说，在礼治人治长期造成的以各种"相隐"为道德准则的旧传统下，为各种关联人物"隐恶"，已经成为一种伪善的社会积习。即或在民众层面，也有着各种伪善"相隐"的规则，皆对举发他人罪恶有愧疚感。商鞅变法之所以成为"千古大变"，其最具本质性的实践功效，便是摧毁了伪善积习，努力创建了可以有效锤炼国民素质的具有制度基础的健康阳光的社会风尚；使民众对"相管"之人的不良恶行之举发，卸去了通常的心理负担，而转化为一种奉公守法的国民文明素养。无论从哪个意义上评价，这都是前无古人的治国实践方面的伟大业绩。至于我们在后世重回人治社会，导致文明衰退，则当作为另一个专门问题来研究，这里暂不涉及。

之五，通过民治论说法治之最高境界——"夫爱人者不阿，憎人者不害，爱恶各以其正，治之至也"。这是说，民众之间能做到对所爱之人不阿谀，对憎恨之人不伤害，喜爱与憎恶各有其正道，便达到了依法治民的最高境界。

最后，明确最终的法治论断——"臣故曰：法任而国治矣"。

其四，今世大争的根本，在于国家力量之强大。

对春秋战国之世时代精神的概括，最著名的有两则。首先，是春秋中期的齐国丞相晏婴，其云"凡有血气，皆有争心"；其次，是战国末期的韩国名士韩非，其云"大争之世""多事之时"。商鞅正处于两人之间的战国初中期，虽然没有提出如此明确的关于时代精神的概括，但他在《商君书》中的论说却处处流淌着饱满的"大争"精神。尤其是，在本篇第四层面明确做出的"国之所以重，主之所以尊者，力也"的论断，显然揭示了"大争之世"的根本所在。

这一层面，实质是揭示法治之道必行的历史基础，见原典第4段。

此处以国家存亡为根本，直接从战争方式入手，论说国家大争的实质。一个国家，在拥有千乘战车时能够进行防守战，这是仅仅能够依靠自身力量"自存"的国家。在拥有万乘战车时能发动进攻战，则是能够"自完"的国家，即成为没有存亡危机而可以自我完美强盛的大国。拥有这样的国家，即或是夏桀做君主，也"不肯诎半辞以下其敌"——不会向敌方说半句屈辱的软话。相反，一个国家若既没有"自存"力量，也没有"自完"力量，即或是尧为君主，也不能以"不臣"之国的强势姿态应对"不若之国"，即无法应对比自己强大的国家。从这种现实存亡可以明白——"国之所以重，主之所以尊者，力也"。

但是，对国家与国君两个方面都是根本的国家力量这件事，大多数国家的君主却都不能全力以赴去做。为什么呢？因为，从根本上说，民众最苦的事是耕耘劳作，最危险的事则是打仗。这两件事，即或是民众中的孝子为了孝顺双亲，忠臣愿意效忠国君，也难以做到乐于从事。原文在这里的"无耕""无战"的"无"字，依据近现代史家的诸多《商君书》注译本的考据，当解为"莫若""无如"之义。我们赞同这一考辨修正，因为这一修正与后文的义理贯通，故作同一解读。

如此，民众与国家之出路何在？

其五，力行法治，实现"地少粟多，民少兵强"。

本文最后部分颇为特异——涉及具体法治路径的相关陈述，符合《商君书》基本篇章之基本理念。但治国思想之论说，却与《商君书》基本篇章之基本思想存在巨大矛盾。形象地说，全然两张皮。这一怪异现象，在其他同样有曲折传承历史的先秦典籍中，是很难见到的。因此，在《商君书》中出现，必有其种种原因。这些形式特异的矛盾冲突及其原因，将会随着我们的考辨评析逐一呈现出来。

在这里，我们要再次提醒读者正确认识包括《商君书》在内的先秦典籍复杂而又曲折的"流浪史"及其文本属性、特征，和我们的态度、方法，详本书"序"第四节。

如此，当是我们对待《商君书》的研究原则。

这里，我们先看本篇最后部分的原文，见原典第5段。且让我们顺着文本的结构层次，一步步前进。

这里先是提出了国家强兵的路径。其铺陈方式是先论治道，文曰——"今欲驱其众民，与之孝子忠臣之所难；臣以为：非劫以刑，而驱以赏，莫可"——今世若要驱使众民，教他们做孝子忠臣也难以做到的事，除了以刑罚劫持，以重赏驱使，没有他途。

这是《商君书》中最具强制性的直白说明。以现代理念解析，上述治道实际上就是以"刑治"方式绑架民众于国家战车，从而实现强兵目标。仅从文本形式看，有"臣以为"三字，似当证明这是上书文本中商鞅本人的直接语言。但是，深入考辨，大有怪异。

这里出现的"驱其众民"之说，实则是"驱民"之简，其与"驭民""牧民"同类，都是战国法家"势治派"的基本语汇。在《商君书》之基本篇章中，除了被"加塞"的异常片段，在其常态论说中从来没有出现过此类语汇。

其次，这里论说的以"刑治"劫持民众走上战场的治道，与《商君书》其余基本篇章所体现的"法以爱民""利民为本"及"民之外事，莫难于战……民之内事，莫苦于农""边利尽归于兵，市利尽归于农"等诸多鲜明的人民性理念，形成了巨大反差，于此直如断崖浮空，孤峰塞道，诚匪夷所思。

再次，这里提出的"劫民"治道，与其下呈现的具体法治措施，形成严重的内在脱节，即道与制相悖的巨大矛盾。若以现代理念作形象化说明，则如同将射击理论冠于京剧程式之上，捆绑为形式"一体"而实则两分的怪胎。以《商君书》前述所有基本篇章逻辑效应严密的一贯特质，这种逻辑性的自相冲突，在这里显得特别的怪异与难以想象。从文本内容的逻辑看，这一部分若没有这几句治道论说，而从"而今，夫世俗治者……"开始，文本义理反而十分通畅。

基于如上考辨，我们有理由认定：本段文本的治道论说，是后世成书者中的"势治派"人物"加塞修正"所致。当然，我们提出的疑点，我们的考辨认定，均不影响我们对这一论断本身之价值缺陷的揭示。也就是说，无论这一"劫民"治道是不是商鞅本人的理念，都不影响我们基于现代文明理念而揭示其价值缺陷。

这里，让我们回到本文后续展开的内容。

如前评析，本段从此开始，才是义理逻辑的必然结构——"而今，夫世俗治者，莫不释法度而任辩慧，后功力而进仁义，民故不务耕战"。这里，将民众不能专精于耕战的原因，归结于两个方面：一是抛弃法治而任用"辩慧"之士，即实际上的大言空谈之士；二是轻慢"功力"，而尊奉"仁义"之道，即蔑视战场功劳与实力奋争民习，尊奉礼治传统的伪善"仁义"之道。

之后，继续从民治出发，论说了不重耕战的严重后果。后果之一，"民不归其力于耕，即食屈于内"——民众不专精于耕耘，国内粮食就会缺乏。后果之二，"（民）不归其节于战，则兵弱于外"——民众不将志节归于赴战，对外作战的兵力便会走向衰弱。后果之三，"入而食屈于内，出而兵弱于外，虽有地万里，带甲百万，与独立平原一贯也"。这是说，若欲守土而粮食缺乏，若要伸展又是弱兵，则纵然地广兵多，也如同"独立平原"般陷入孤立无助的四面危机。

再后，以"先王"为例，论说以法治之道实现足食强兵——"且先王能令其民蹈白刃，被矢石；其民之欲为之，非如学之，所以避害（也）。故吾教令：民之欲利者，非耕不得；避害者，非战不免。境内之民，莫不先务耕战，而后得其所乐"。

　　须得留意，传统名家的《商君书注译》版本，基本上都将这里的"先王"解读为"先代圣王"或"古代圣王"，皆作不确定所指。对于诸如宏观论说历史治道等大论而言，此等解读大体无误。但在本文此处，却当另论，不能一般而言。

　　因为，这里的"先王"有战法表现——"蹈白刃，被矢石"，而不是广义无确指。如此，从历史实践呈现的战法看，这里的"先王"，当是秦献公时期，而不是秦穆公时期。因为，秦穆公时期尚是车战时代，战场大概率不会出现"蹈白刃，被矢石"的攻城拔寨情形。

　　秦献公是战国初期君主，秦孝公的父亲。秦献公少时曾在秦国政变中被废黜太子位，历经曲折磨难几三十年，方在大臣拥戴下复国即位。其时魏国蚕食攻秦多年，秦国已经大为衰落。秦献公即位后，立即向东迁都到栎阳，近距离面对魏国兵锋，连续发动收复河西高原之战，数次获得胜利，是秦国变法之前仅有的奋勇穷战时期。本文此段所云之"先王能令其民蹈白刃，被矢石"，当是指这一时期真实的战争状况。

　　果然如此，这里又存在一个问题：依据《商君书》及其余史料，商鞅在相关文章中对变法之前的秦国状况的评价都很现实，大多都是基于变法需要而对落后民风民习的陈说。若论治国之道，商鞅皆是大视野下的"圣王"范例论说，基本没有以秦国先王为范例的治国论说。故此，这里的"先王"之民的敢死战法，又于商鞅基本理念有矛盾，有一种"异味"之感。

　　这"异味"的真实面目，只有留待更为深刻的研究来呈现了。

　　之后，这里又将其作战勇气归结为"其民之欲为之，非如学之，所以避害（也）"——那时的民众这样做，不是民众互学别

　　　　　　　　　　　　　　　　　　　法治文明论

人的样子，实际是逃避贫困与兵祸，即所谓"避害"也。

这里须得留意，此处的"非如学之"的"如"，被大多数注译版本因不明其意而改成了"好"字。蒋礼鸿《商君书锥指》引述"王时润曰：'如，疑当作好'"。蒋先生则案："王说是也。"高亨《商君书注译》注释此字为"或说'如，疑当作好'"。即同意这一"有人说"的纠正，从而改定，并将"非好学之"译为"不是喜欢练习这样做"一句。

应该说，这一修正是不妥当的。因为，在原文"非如学之"完全有解之下，做出偏离原意的修正，是没有必要的。"非如学之"，是学别人之样，即民间说法"有样学样"，延伸之意，则有被人群裹挟之意。"非好学之"则是"不是自己喜欢学习打仗"之意。虽可自圆其说，但在可有可无的情况下，自当维持原文。

以下，提出了以法治之道使民众勇于赴战的主张——"故吾教令：民之欲利者，非耕不得；避害者，非战不免。境内之民，莫不先务耕战，而后得其所乐"。这是说，我准备实行这样的教民法令：民众要得到利益，只有力耕；民众若要避害，只有走上战场；境内民众必须专务耕战，而后才能得到自己快乐的生活。

将民众赴战的条件认定为"避害"，又带了一丝"异味"。

因为，在《商君书》的基本篇章里，凡论说民众赴战精神之基础，都将其归为国家重赏激励之下的民气。这里，却以"先王"时期之"避害"为本，将变法时期的赴战也认作"避害"，岂非严重错位？以商鞅论政之明晰，断不会如此倒置变法之实践成效。是故，这一"异味"，当是《商君书》在后世之曲折传承中多经"修正补缀"而出现的错位"补丁"所致。

最后论断——"故，地少粟多，民少兵强。能行二者于境内，则霸王之道毕矣"——土地少而粮食多，人口少而军队强悍，能在国家治理中实现如此两个目标，国家就能完成称霸天下的功业。

　　总体说，这是一篇最后部分时带"异味"的文章。

　　我们认为，即或消除了这些"异味"，认定这些零碎夹杂的内容并非商鞅之作，也必须对这些散发着"异味"的文字本身，做出客观公正的评析——清楚其与生俱来的缺陷性一面，亦清楚其本源上的合理性一面，最终使我们接近于真理的相对性。

　　客观地看，法家"势治派"的治道主张，既具有当时历史实践所决定的必然性，也有历史实践之局限性造成的价值缺陷性。从必然性意义上看，在强力大争的时代实行战时法治，不可避免地具有以君主之"势治"（即实质上的君主专制）为直接手段，以国家强力为实现基础的全面管制性。旧传统所主张的礼治，及早期儒家的仁政理念等治国之道，在大争实践中已经被彻底抛弃。否则，无以凝聚激发强大的国家力量。在这一意义上，战国时代的强力法治，无论以慎到的"势治派"理念为主导，还是以商鞅的"法治派"理念为主导，甚或以申不害"术治派"理念为主导，都具有显然的文明进步性。因为，就其本质而言，这种强力法治是以体系化的法制，而不是以全部国事皆以特定独裁者的意志专断为根基。这一历史治道，与后世西方中世纪出现的以国王意志或教皇意志为根基的皇权专制及教权专制，有着诸多形式差异及基础上的本质差异。

　　这一基本点，是我们考量文明遗产价值时必须注意到的。

　　从其历史局限所决定的价值缺陷看，战时强力法治的思想与实践，在一定程度上相对削弱了法律制度及法治实行应有的公平性与正义性。尤其"势治派"的"非劫以刑，而驱以赏，莫可"

的劫持民众理念，显然具有以法治强力绑架民众于国家战车的极端性。这一理念，相对损伤了《商君书》基本篇章所论说的法治人民性的深刻意义。

这一点，同样是我们必须注意到的。

虽然，在近现代以来的历史实践中，诸多国家曾经无数次地出现过远超战国强力法治的残酷统治。欧洲古希腊邦联与古罗马帝国的奴隶制残酷专制，即为人类古典文明之暴力专制的典型。近现代社会出现于欧洲国家群的极端化法西斯主义，更不待言。与之相比较，中国古典文明在人类文明之轴心时代创建的法治社会，尽管具有战时强力管制的特质，但仍然是人类古典文明时期最具合理性的巅峰创建。忽视或有意遗忘这个基本点，将使我们堕入历史虚无主义的泥沼。

但是，我们不因此而忽视中国文明原典时期的"基因"缺陷。

作为探索国家文明真理性的一切理论研究，皆应以客观研究为基本立足点，尽可能发现性地揭示曾经作为历史而存在的"文明基因"缺陷，以给我们的后人开创更为宏阔的历史视野。

故此，我们不能以战国变法大潮较之后人所具有的优秀面，而掩盖其在文明发展意义上所具有的"基因"性质的缺陷性。因为，春秋战国秦帝国时代，是我们民族文明的原典时代。其最小的缺陷，都有可能在历史流变中衍生为巨大的变异缺陷。

唯其如此，保持文明研究的客观性，是我们最大的义务。

定分第二十六
古典程序法的初始设定

1. 公问于公孙鞅曰：法令以当时立之者，明旦欲使天下之吏民皆明知而用之，如一而无私，奈何？

2. 公孙鞅曰：为法令，置官吏，朴足以知法令之谓者，以为天下正，则奏天子。天子则各主法令之，皆降，受命，发官。各主法令之民，敢忘行主法令之所谓之名，各以其忘之法令名罪之。主法令之吏有迁徙物故，辄使学读法令所谓，为之程序¹，使日数而知法令之所谓。不中程，为法令以罪之。有敢剟定法令、损益一字以上，罪死不赦。

3. 诸官吏及民，有问法令之所谓也于主法令之吏，皆各以其故所欲问之法令明告之。各为尺六寸之符，明书年、月、日、时、所问法令之名，以告吏民。主法令之吏不告，及之

---

1 "为之程序"：此据"中华经典名著全本全注全译丛书"本《商君书》，其《前言》称："本书以严可均校本为底本。"蒋礼鸿《商君书锥指》、高亨《商君书注译》等此处为"为之程式"。其义同。

罪；而法令之所谓也，皆以吏民之所问法令之罪，各罪主法令之吏。即以左券予吏民之问法令者，主法令之吏谨藏其右券木柙，以室藏之，封以法令之长印。即后有物故，以券书从事。

4. 法令皆副，置一副天子之殿中，为法令；为禁室，有键钥为禁而以封之，内藏法令一副禁室中，封以禁印。有擅发禁室印，及入禁室视禁法令，及剟禁一字以上，罪皆死不赦。一岁，受法令以禁令。

5. 天子置三法官：殿中置一法官，御史置一法官及吏，丞相置一法官。诸侯、郡、县皆各为置一法官及吏，皆比秦一法。郡、县、诸侯一受赍来之法令，学并问所谓。

6. 吏民欲知法令者，皆问法官；故，天下之吏民无不知法者。吏明知民知法令也；故，吏不敢以非法遇民，民不敢犯法以干法官也。遇民不修法，则问法官，法官即以法之罪告之，民即以法官之言正告之吏。吏知其如此，故吏不敢以非法遇民，民又不敢犯法。如此，天下之吏民虽有贤良辩慧，不能开一言以枉法；虽有千金，不能以用一铢。故，知、诈、贤能者，皆作而为善，皆务自治奉公。民愚，则易治也；此所生于法令明白易知，而必行。

7. 法令者，民之命也，为治之本也，所以备民也。为治而去法令，犹欲无饥而去食也，欲无寒而去衣也，欲东而西行也，其不几亦明矣。一兔走，百人逐之，非以兔为可分以为百，由名分之未定也。夫卖兔者满市，而盗不敢取，由名分已定也。故，名分未定，尧、舜、禹、汤且皆如骛焉而逐之；名分已定，贪盗不取。

8. 今法令不明，其名不定，天下之人得议之。其议，人异而无定。人主为法于上，下民议之于下，是法令不定，以下为上也。此所谓名分之不定也。夫名分不定，尧、舜犹将皆折而奸之，而况众人乎？

9.此令奸恶大起，人主夺威势，亡国灭社稷之道也。今，先圣人为书而传之后世，必师受之，乃知所谓之名；不师受之，而人以其心意议之，至死不能知其名与其意。故，圣人必为法令置官也，置吏也，为天下师，所以定名分也。名分定，则大诈贞信，巨盗愿悫，而各自治也。故夫名分定，势治之道也；名分不定，势乱之道也。故，势治者不可乱，势乱者不可治。夫势乱而治之，愈乱；势治而治之，则治。故，圣王治治不治乱。

10.夫微妙意志之言，上智之所难也。夫不待法令绳墨，而无不正者，千万之一也。故，圣人以千万治天下。故，夫智者而后能知之，不可以为法，民不尽智；贤者而后知之，不可以为法，民不尽贤。故，圣人为法，必使之明白易知；名正，愚智遍能知之。

11.为置法官，置主法之吏，以为天下师，令万民无陷于险危。故，圣人立，天下而无刑死者，非不刑杀也；行法令明白易知，为置法官吏为之师，以道之知，万民皆知所避就，避祸就福，而皆以自治也。故，明主因治而终治之。故，天下大治也。

┼考辨评析┼

这是《商君书》中又一篇千古奇文。

从文体结构看，本篇当是秦孝公商鞅君臣问对的记录文本，因而具有简约说明框架的特质，而不是其余基本篇章那种以逻辑效应之推进为基础的思想论说。文本开始时，秦孝公所提问题的实质，是法律执行成效如何达到理想效果——"公问于公孙鞅曰：法令以当时立之者，明旦欲使天下之吏民皆明知而用之，如一而无私，奈何？"这里的"明旦"，实际是最快执行的形象说法，而不是实际上要达到"晚上颁布，明日清晨就要见效"的程度。由此足见，作为国君的秦孝公对于法治强国是急切渴望的，提出问题的方式也是坦率直接的。

相对于国君的急切与坦诚，商鞅的回答极具特色——既不拖泥带水，又不脱离实际。最简约陈说落实法令的"程序"框架，又对其可操作性做出要点说明。其行法总体框架之照应配套，其操作设计与惩罚方式之精妙，即或与现代程序法比较，也有其难以取代或尚未实现的独到之处。当然，最基本的创造，是商鞅在本篇第一次提出了"程序"（实际是程序法）这个行法概念，是超时代的法治框架创造。

须知，在世界古典国家文明时期，各个国家的程序法，都是星点夹杂于实体法之中的个别条文。相对完整的程序法与程序法理论，皆出现于近现代法治社会。商鞅则在两千余年前的变法实践中，创造性地提出了程序法概念，并建立了具有可操作性的古典程序法框架，其超时代性是不言自明的。

本篇题目为"定分"，是以本篇中确定社会架构与事物从属为内容的"定名分"论说为核心，而由成书者所定。从文明遗产的历史价值出发，这一思想虽然揭示了法律制度出现的历史基础，然其意义却逊色于创立程序法之思想。故此，本篇的真正核心内容，是关于程序法及其实行的论说部分。

对此，我们必须有充分的认知。

下面的考辨解析，将具体呈现这些令人惊叹的内容。

其一，官吏行法，必须"为之程序"。

商鞅的回答，是从法令颁布开始的，见原典第 2 段。这一段简约的说明，分为三个层面的实际内涵：

一则，从基础上说明法律制度对国家的意义——"为法令，置官吏，朴足以知法令之谓者，以为天下正"。这是说，颁布法律，设置官吏，并使朝野充分明白法律制度的内容。这样做的目的，是"以为天下正"，即建立端正的社会秩序。据高亨考辨，这里的"朴"，当读作"拊"，直接意思是"求"，此处可同意延伸为"使"即"要求"之意。我们赞同这一考辨确认。

二则，法律由国君公开颁布，并发于各级官府实行——"则奏天子。天子则各主法令之，皆降，受命，发官"。这里只是最简约地说明国君审查颁布法令的大环节，尚不是真正的实际程序。依据我们对历史实践的梳理，商鞅变法及之后的法治秦国，其任何一部法律的颁布过程都是非常严格而周密的，实际程序是：

领政大臣将拟好的法律文本呈报国君——

国君分别逐件审阅——

国君将批准的法律文本下发直属办公官署（长史署）——

国君直属机构受命，据此制作法律文本之副本，及颁行法律的国君诏书，一并再次上呈国君。其后，将法律文本原件，交国家"法官"署以法定程序封存——

国君审阅法律副本及颁行诏书文本，确认可否——

国君无异议，则将法律副本及颁行诏书文本，一并下发国君直辖的符玺令官署（秦国掌管国君印玺机构）用印——

符玺令将用印后的两种文本上呈国君核查——

国君核定印玺，以法定标记批准，再下发直属办公署——

国君直属官署以法定的公文"传车"，即有甲士护卫的特制铁车，将法律副本及诏书文本运送到领政大臣府邸——

领政大臣须亲自核查无误，以法定方式接收——

自此，国君系统的程序运行完毕。

之后，领政大臣将两种文本下发自己的直属国务官署，领政大臣之直属官署；依据国君批准的法律副本及颁行诏书文本，制作相应数量的下发各郡县的官方文书，即包括颁行诏书文本、法律文本、领政大臣之行法"教令"文本在内的配套官文——

领政大臣逐一核查、批准各式官文——

领政大臣派出法定"特使"，携带官文下发各郡县官署——

各级官府接到官文，当日立即开始落实……

虽然，以现代法治理念衡量，这仅是一套非常粗疏而简约的法律审查与法律颁布的程序。但是，在处于人类文明轴心时代的遥远的战国时期，这却是全世界古典国家绝无仅有的接近于近现代法治理念的程序法实践。并且，这只是立法领域的部分相关程序。在之后的《商君书·立法》篇（由唐代魏徵编辑《群书治要》时辑录的佚文），及本篇关于"法官"设置的部分，我们还可以看到商鞅关于"立法"方面的思想论说与其余程序创造。

历史实践证明，在两千余年前商鞅就已经在法治领域区分了立法、行法（司法）两大板块，也在事实上已经将法律分为实体法、程序法两大板块。这种在法治体系基本方面的跨时代创造性实践，实在令今天的我们莫名惊叹。

三则，对行法吏员"忘法"的特异惩罚——"各主法令之民，敢忘行主法令之所谓之名，各以其所忘之法令名罪之"。

直解其意，是说：分别在各地主持法令推行的"民"——这里的"民"是对"人"的泛称而实指基层行法吏员——若是忘记了自己所要主持推行的"法令之所谓之名"（名，名目也，指该法令所包括的全部法律条文），便"各以其所忘之法令名罪之"——以该吏员所忘记的法条罪名的惩罚规定，来惩罚这位吏员。

应该说，在古今中外的法治历史上，如此"以其所忘，治其所罪"的惩罚方式，实在是绝无仅有。从历史实践看，此等惩罚方式之实现，也从未见诸涉秦史料，可见其在秦国法治实践中基本没有此类案例出现。这一现象说明，这种难言其妙异的惩罚规定，因其使人决然不能忘记而使行法吏员惊悟极深，以致基本没有触犯者。下面还有此类规范，我们将再度深入解析这一法治主张。

四则，对行法吏员变动的程序规定——"主法令之吏有迁徙物故，辄使学读法令所谓，为之程序，使日数而知法令之所谓。不中程，为法令以罪之"。

这是说，主持某地法令推行的吏员，若出现因家族迁徙而需离职者，或遭突然病故等意外事件者，等等，便要立即补充有学习法令能力的吏员，并使其立即"学读"法令内容。同时，要为此等事项设立"程序"规定，使其在规定日期内务必达到熟悉法令内容的程度。若超出"程序"规定的时日，则以其所"学读"法令之违犯惩罚方式，而惩罚该吏员。请注意，这里的惩罚方式与上条相同。

五则，对擅改法令之吏员的严厉惩罚——"有敢剟定法令、损益一字以上，罪死不赦"。

这是说，行法官吏若敢擅自"剟定法令、损益一字以上，罪死不赦"。这里的"剟"为削去之意；损益，即减少或增加。在春秋战国大变法时期，法律的威严性正处于上升阶段，从强烈要求公开法律开始，法律神圣理念便成为一种正在广泛形成的时代意识。如此历史大潮下，对擅自修改法令的严厉惩罚，完全可以想见。

其二，行法官吏不回答民众问询，应予以特别惩罚。

这一层面，是从行法必须"明告"民众开始的，见原典第3段。将原文分解呈现，就是一套实际行法的"程序"规定：

首先，明确规定，官吏行法必须答民所问。即对民众"各以其故所欲问之法令"——因各种原因而要问的不同法令——行法官吏必须明白告知民众。

其次，对答问内容以法定方式记录保存，即"各为尺六寸之符，明书年、月、日、时、所问法令之名，以告吏民"。以这句原文并联系下文，同时依据历史实践，则上述具体说明实际是一道以法定程序为依据的操作流程：

第一步，在法定由官方提供的一尺六寸见方的竹制（或木制）的整块"符"上，即一方薄而坚实的竹板或木板上，分左右两部分，各写明年、月、日、时及所问法令名目；中间的分割线部分加盖官印及民众的指印，或其余认证标记。

第二步，书写完成之后，行法官吏明确回答民众所问。

第三步，告知完毕，民众若仍不明白，行法吏须继续说明。

第四步，民众明确表示明白之后，行法吏便可将"木柙"（写入文字的符板）从中间剖开，左券（木柙左边部分）交民众持有，右券（木柙右边部分）交行法官吏持有以供存入官府档案。

第五步，以上记录凭据依法定程序完成之后，即表示该行法官吏已经明确告知了民众问询的法令内容。

再次，对违法行为的惩罚方式及"木柙"保存规定——"主法令之吏不告，及之罪；而法令之所谓也，皆以吏民之所问法令之罪，各罪主法令之吏。即以左券予吏民之问法令者，主法令之吏谨藏其右券木柙，以室藏之，封以法令之长印。即后有物故，以券书从事"。

这是两个层面的规定。一则，实体法性质的罚罪规定——"主法令之吏不告，及之罪；而法令之所谓也，皆以吏民之所问法令之罪，各罪主法令之吏"。即主持行法的吏员，若有"不告"民众询问法律的行为，做有罪处置。处罚其罪的方式及轻重程度，以该民所问法律之犯罪处罚而处罚该吏员。实际上，就是以该吏员"不告"民众之法条的犯罪处罚为依据，而惩罚该吏员"不告"之罪。

二则，是对记录问答的"木柙"的保存规定——"即以左券予吏民之问法令者，主法令之吏谨藏其右券木柙，以室藏之，封以法令之长印。即后有物故，以券书从事"。体现于实践，指在问答现场按照上述程序规定完成答问后所留下的"木柙"，即履行问答的记录凭据，木柙左券由问法民众保存；木柙右券由行法吏交官府专室，并以行法吏主官之印鉴封存。其后若有相关变故，则以所封存的"木柙右券"为依据而处置。

蒋礼鸿《商君书锥指》在此段文字之下，引述了清末民初简书先生所撰《商君书笺证》对商鞅如此规定之深意的解读——"商鞅意，盖谓吏民问法令于主法令吏，主法令吏不特口告之，并书诸符，左右若一，左予问者，右藏官中，一以使主法吏不敢弄法，一以防异日法令有事故时，官私或各执一词，使官吏或人民执曰：'吾向所闻于主法令者若此，今忽不若此！'则是非无所取证。既有官私各藏之左右券，则但取以校核，便可证明官民犯法或法吏弄法，而无有枉纵也。故下文曰：'即后有物故，以券书从事。'可知其用意之深远矣"。

上述解读能如此明察，令当代的我们为之感叹。

须得说明一点，上述几处皆有特异的惩罚规定，即"以其所忘之法条，惩罚其忘法之过失"的法律规定，是一种出自当时法律规定的古今中外绝无仅有的特异惩罚方式。虽然它早已经成为法治化石，但是它所隐藏的匪夷所思的创造性思维方式，依然令人惊叹不已。

从立法目的看，此项规定显然是要以极为特殊的惩罚方式，使行法官吏形成永远难以忘记的惩戒性记忆，以最大限度地减少因遗忘而导致的行法错失。在近现代技术条件已经发生根本性变化的今天，遗忘法律条文，已经成为几乎不可能的事。因为，法律文本资料库的存在，及随时查阅手段的丰富性，使这种古典农耕时代很容易出现错失的历史条件已经不复存在。唯其如此，对这一特异惩罚方式的历史价值的审量，我们必须以真理的相对性为认知法则，发现其特异思维方式的价值性，而不是简单否定了之。

其三，国家对法令文本的保存及校核规定。

见原典第 4 段。

首先，规定了具有法律效力的正式法令文本——"法令皆副，置一副天子之殿中，为法令"。依据当时传统，所有的法令文本，皆以相关机构起草的文本为原始正本，所有誊抄刻写无误并上报国君或通报相关机构的文本，皆为副本。按照如此传统，所有的法令都要制作副本。其中一部经严格校核而确认无误的副本，呈报国君，安放于朝廷正殿的"禁室"。从此，国君正殿的法令文本，便成为国家法令的标准文本。

其次，正式文本的封存方式规定——"为禁室，有键钥为禁而以封之，内藏法令一副禁室中，封以禁印"。其具体形式，是在朝廷正殿将某一既定所在设立为"禁室"，或专门建造一所"禁室"——禁止常人进出的机密所在。这一禁室，必须在开启"键""钥"两道封闭机关后方能进入。"键""钥"的原意，是春秋战国时期以函谷关为节点，进而对天下地理环境构成的攻守态势的一种认定。据孙诒让先生及高亨先生先后引《方言》记载：其时，函谷关以东的陈国与楚国北部之地，被看作"键"，即大门门闩，实际指其为封锁西部力量东出的一道地理大门。函谷关以西地域为"钥"，即必须用钥匙才能打开的铁锁，实际指其为封堵山东力量进入西部的关塞险地。这是一种引申比喻，其实际意思是说，进入保存法令文本的"禁室"，必须开启两道预设的封闭锁定；并且对盛放法令文本的器具，还要"禁以封印"——以盖有国君大印的封条粘贴于器具之外，禁止随意开启。

再次，对擅入禁室并擅改法令文本者的严厉惩罚——"有擅发禁室印，及入禁室视禁法令，及剟禁一字以上，罪皆死不赦"。此处文字表意清楚，无须考辨解析。

最后，是关于正式法律文本每年校核的规定——"一岁，受法令以禁令"。依据历史实践，此处表述实际是对每年校核一次法令文本之行为过程的规定。其具体程序是：

第一步，由国君授命于相关机构进行。

第二步，相关机构"受命"之日，立即依法开启禁室，并依法开启封印文本的禁令。

第三步，打开法令文本，由相关执法官署会同严格校核。

第四步，确认文本无误，报国君审阅批准。

第五步，得国君以授命方式批准，即行集中吏员再度重新誊抄，或刻写法令文本。

第六步，依据前述法令，重新将文本送入禁室封存。

关于对"一岁，受法令以禁令"的解读，亦有许多不同的解读意见。如蒋礼鸿先生《商君书锥指》认为"此谓颁布法令皆以禁法令为据也"。我们认为，这一解读将"禁室"封存的文本仅仅作为依据，与上下文的规定失去关联，失之于孤立。

我们的考辨解读，则将其作为对正式法律文本每年进行校核的规定。因为，前文已经指出了可能的犯罪方式，即"有擅发禁室印，及入禁室视禁法令，及剟禁一字以上"；在法治体系中，不同措施是相互配套的，由此，既有可能的犯罪方式，便当有预防的实际制度。故此，每年校核法令文本，当是有行法必然性的。以商鞅行法逻辑之严密，尤当如此。唯有如此严密，才能确保正式法律文本的准确性和权威性。

对此解读，尚有战国秦时期更为明确的法律规定予以佐证：《睡虎地秦简·秦律十八种·尉杂》记载："岁雠辟律于御史。"即每年都要到御史处去核对刑律。正是对这一制度的法律规定。

在自然经济时代，能够对法令文本之保存及内容校核做出如此严格细致的程序法规定，确实是基于法律神圣意识才能具有的认真做事精神。但是，这里仍然不是终点，且看之后的内容。

其四，国家"法官"之设置及其职能。

这又是一种法治历史上的创新，见原典第 5 段。

在战国变法实践中，秦国的"法官"制度，是一个有显著功效的法治创造。法官设置是五级制：天子（指国君）正殿之法官——丞相府（实指开府领政大臣）、监察御史府之法官——诸侯（实指受封高爵而拥有封地及民众的重臣）府邸之法官、各郡官署之法官——各县官署之法官。

法官的上三级，均以战国流行的泛称表示，为"天子""丞相""诸侯"。这种泛称标示，除"天子"是一国拥有完整治权的国君，其余的"丞相"与"诸侯"，只表示一种实际内涵。因为，其时秦国尚未设置丞相，更无实际上的诸侯。这里的实际意思是，凡有某种治国治民出令权（某领域或某地区）的官署，皆应设置法官。之下的郡县两级的法官设置，则完全是基于民治需要，无须多说。

须得强调一点，依据历史实践，当时的秦国虽然从商鞅变法开始，已经向山东六国的先进官制靠拢，实行了"左庶长"开府治国（商鞅始任左庶长领国，权力同于山东六国之开府丞相）；但是，在形式上仍然沿用秦国传统官制名号，以利消除老世族对变革的阻力。因此，其时秦国尚未正式设置丞相。基于变革初期的特殊国情的特殊需要，商鞅在"法官"设置层级上的这种泛称方式，当是策略性的。其实际寓意，隐含着向天下发达政治文明看齐的目标。

因此，依据历史实践逻辑，我们不能赞同近现代以来一些史家，以"当时秦国尚无丞相，而这里却有丞相字样"为理由，进而简单认定《定分》篇不是商鞅之作的评判。如果这一理由成立，文中的"天子"及"诸侯"在当时的秦国也同样不存在，在战国后期更不存在，又当作何解？[1]

商鞅变法所设置的"法官"，不是近现代法治意义上专职审

---

1 蒋礼鸿《商君书锥指》注："以左右丞相始立于秦武王二年，后商君之死三十年，疑此非商君语。今谓左右丞相始立于秦武王二年固是，然此固亦可云商君草创其制，至武王时始见施行，必谓其非商君之文，未见其确然也。《史记·张仪传》秦惠王十年，以张仪为相，《秦本纪》同。事在武王前，可见丞相虽自武王立，而其名固有渐矣。"

法治文明论

理案件的法官。其时，秦国的最高专职审理机构是廷尉署，廷尉历来是重臣高位。这里特设的"法官"，不具有审理案件之职能，但其具有非常实际的三大基本职能：一是严密保存国家的法典文本，二是定期校核国家法典文本，三是向所有官员与民众提供法令咨询。其中，最后一项职能最为出新，与普通官吏及民众之利益维护关涉最深，故最为繁杂琐细。

其五，论说法官向民众义务提供咨询的必要性。

在"法官"向官民义务提供法律咨询的职能中，尤以向民众提供义务咨询为事实上的重点方面。一因其量大，二因其关涉治国根本而干系重大，三因涉及事项繁巨琐细又深入。故此，给"法官"的压力也最大，落实起来也最有难度。基于此等现实状况，文本对这一规定的必要性做出了充分论说，见原典第6段，该段以三种因果关系，论说法官义务咨询的必要性。

第一种因果关系——"吏民欲知法令者，皆问法官，故，天下之吏民无不知法者"。这是基础性因果关系。对于"天下吏民无不知法"的实际效果的重要性与必要性，几乎是任何时代人人可以理解的基础认知。而这一目标的实现，在当时须以"吏民欲知法令者，皆问法官"为前提。如此，则法官告知职能之必要，自然立即凸显。

第二种因果关系——"吏明知民知法令也；故，吏不敢以非法遇民，民不敢犯法以干法官也"。这里的"吏"与前句中的"吏"所指不同。前句之"吏"，指当事人意义上的不通法律的官吏群。本句之"吏"，则指行使民治权力的官吏群。二者角度不同，所指特定对象亦不同。这一因果关系是说，因为官吏明知民众知晓法律，所以必然带来两方面实际效应：一方面，是官吏不敢非法对待民众；另一方面，是民众不敢无端违反法律而干扰包括"法官"在内的官吏。如此，以法官义务咨询为出发条件，进而形成民众知法的社会基础之必要性，无疑便凸显出来。

第三种因果关系——"遇民不修法，则问法官，法官即以法之罪告之，民即以法官之言正告之吏。吏知其如此，故吏不敢以非法遇民，民又不敢犯法"。

这一因果关系，是更为广阔的普遍性的实践逻辑效应。仍然以"法官"答问为因，以实践呈现的两种直接效应为果，即"吏不敢以非法遇民，民又不敢犯法"，进而引出更大范围的社会效应——"如此，天下之吏民虽有贤良辩慧，不能开一言以枉法；虽有千金，不能以用一铢（以枉法）。故，知、诈、贤能者，皆作而为善，皆务自治奉公"。这就是说，因为官民人人知法，所以任何人纵有德望才学也说不出一句任意扭曲法律（枉法）的话来；商贾纵有千金，也不能靠金钱扭曲法律，即纵然想贿赂官员舞弊行法，但制度现实却让你花不出一铢钱去行贿。故此，有知识者，有才能者，奸诈者，贤能者，都会向好向善，达到自治奉公。

显然，这里不存在逻辑上的虚拟推演，而是商鞅变法之历史实践呈现的一种真实社会存在。应该说，这是自春秋中后期要求公开法律开始的社会知法浪潮的历史延伸。而能够真正实现民众普遍知法的国家，在当时的现实中，也只有因商鞅变法而成为古典法治社会的秦国。在古今中外的国家文明史上，这都是绝无仅有的伟大奇迹。

其六，物定其主而消除纷争：以法"定分"的决定性意义。

这一论断，是从法律对民众的决定性作用切入的，见原典第

7段。这一段文字，首先从民众生存意义上揭示了法治的社会生命性意义——"法令者，民之命也，为治之本也，所以备民也。为治而去法令，犹欲无饥而去食也，欲无寒而去衣也，欲东而西行也，其不几亦明矣"。也就是说，国家时代的法律制度，是民众秩序生存的"命"，没有了法律存在，民众就会因失去生存秩序而在自相残杀中同归于尽。故此，治国而抛弃法治，如同欲求没有饥饿却去绝食，欲求不受寒冷却脱去衣服一样荒诞。

其下，则从根基上论说法律产生秩序的实践起源——"一兔走，百人逐之，非以兔为可分以为百，由名分之未定也。夫卖兔者满市，而盗不敢取，由名分已定也。故，名分未定，尧、舜、禹、汤且皆如骛焉而逐之；名分已定，贪盗不取"。

这里的"名"，直接意思是物事归属之主体，即通常所说的"主人"之名。这里的"名之未定"与"名定"，是指以物事来源而确定归属。譬如，猎人在打猎活动中获得的猎物，或某家族开垦的荒地，都是在来源上已经"名定"（或曰定名）的物事，从而不会产生众人追逐争夺之现象。但是，"名分"则不同，是指早期政权分物于人的法定形式，即以法律形式明确规定"此物归于某某名下"之意。进入国家时代后，由官府派员主持的勘定地界，立石勒名，进而确立土地归属，便是典型的分物于人的"定名分"的法律方式。

历史实践表明，自从各民族群创立了国家而使人类进入到国家文明时代，便在国家出现的初始时期，对自发生存时期的物事归属进行了大规模的强制性的梳理整合。其基本点有三：一则，是对普遍存在的自然归属物（如猎物及所开垦的荒地等）的"名定"，即以法律形式重新给予肯定，使其成为受法律保护的"名分已定"的私有财产。二则，是对大量在既往无序竞争中以种种强力形式抢夺得来，而仍然处于争夺状态的土地、水面及牛群羊群等关涉生存基础的重大物事，以国家强力为强制条件，以法律为强制形式，对其进行相对公平的强制分配，从而使各自拥有的部分从此成为具有"法定名分"的群体财产，或个体财产。三则，是对部分"无主"资源与物事，主要是土地及其附着物，以法律形式进行重新分配，明确其归属"名分"。

从此，国家范围内的大规模人群，基本消除了无序争夺而自相残杀的自发生存状态，进入了有序的社会性生存状态。

这种生存更新的基础部分，便是以法律形式完成的"物事皆定名分"的国家行为。以近现代理念表述，这一国家行为的直接结果，便是财产分配制度的确立。正是在这种奠定生存基础的意义上，商鞅提出了法律对民众具有生命意义的论断——"法令者，民之命也，为治之本也，所以备民也。为治而去法令，犹欲无饥而去食也，欲无寒而去衣也，欲东而西行也，其不几亦明矣"。

这一论断的认知价值，在于它既揭示了普通人群（民众）拥有物质生存基础的意义，又揭示了法律确立人与物关系，对更为重要的社会生存框架是否存在所具有的根本意义。因为，国家文明时代的社会生存框架，由两条主线关系构成：一是人对物的关系，一是人对人的关系。前者，是人之生命属性是否存在的基础问题，其重要性对于民众尤为直接；后者，是人之社会属性的定位问题，对于上层人群有着相对直接的重要性。尽管两者的纵横交错，所带来的种种变化非常复杂。但从根本上说，仍然是第一关系对民众生存状态更有决定意义。一个最基本的事实是，人没有社会地位尚可存活，但是人若没有吃穿，则一定无法生存。

以现代理念表述，这就是"民生"问题的根本性。从这一事

实出发，商鞅的"法令者，民之命也，为治之本也，所以备民
也"的认知与论断，其所具有的深刻性是超越时代的，是具有永
恒价值的。

其七，人定其位而消除奸恶：法律"定名"的轴心意义。

由此开始，进入了国家文明的另一重大问题，见原典第 8、9
段。此处虽为两段，但在内涵上却是一个独立层面。其从"法令
不明"而导致人对人关系混乱的现实开始，提出了三个方面的基
本问题。

首先，揭示了"法令不明"是导致人群关系混乱无序的原
因。这里显然有一个潜在的前提论断，即法律制度出现的基本目
的之一，便是确定以个体为单元的人与人之间的关系。以现代理
念表述，国家时代的人与人关系，实际上便是社会结构关系。这
是一种以多重因素为基础，并确立每一个体的法律定位，最终呈
现为复合性网格结构的极复杂关系之体系。任何人群都不可能自
发完成这一目标，而只能由国家文明所产生的体系性的法律制度
完成。在这样的历史条件下，若国家立法意识迟钝，对社会结构
关系缺乏法律规范，其导致的直接因果关系便是"法令不明，其
名不定，天下之人得议之"——因法律没有对个体"名分"（或
曰名位）予以明确规范，因此必然引起天下人群的混乱，从而招
来普遍不满的汹汹议论。

其次，揭示天下不满的核心所在，是"名分不定"。

"其议，人异而无定。人主为法于上，下民议之于下，是法令
不定，以下为上也。此所谓名分之不定也。夫名分不定，尧、舜
犹将皆折而奸之，而况众人乎？"这是说，天下议论的核心事实，
是"人异而无定"——分明是人人不同却又都不确定，因而无法

正常稳定地生存。"人主"（国家）操有立法权而居上，却被"下民议之于下"，这是国家未尽其职能所导致的"以下为上"——反使下层民众居于主动而发起不满议论。产生这一现象的根本原因，是"名分不定也"——每个人的社会位置不能明确。其后的逻辑效应，是"夫名分不定，尧、舜犹将皆折而奸之，而况众人乎？"——若每人的社会位置不确定，便是尧舜也将被扭曲而遭受奸恶行为，又何况每个普通人？

再次，人定"名分"，对社会秩序具有主导作用。

这里紧接上文，进一步论说"名分不定"的巨大危害——"此令奸恶大起，人主夺威势，亡国灭社稷之道也"。就是说，人无"名分"之定位，奸恶人群便会大规模出现，君主威势会荡然无存，事实上会成为"亡国灭社稷之道"。故此，才有"法定名分"的必要。

这一过程是这样形成的——"今，先圣人为书而传之后世，必师受之，乃知所谓之名；不师受之，而人以其心意议之，至死不能知其名与其意。故，圣人必为法令置官也，置吏也，为天下师，所以定名分也"。这是说，在现实中，习俗传统是以"先圣人为书而传之后世"为基础，再经由老师传授，"乃知所谓之名"——才产生了人们通常所说的名分与名位；若不由老师传授，而由人各以其心忖度，则至死不能明白"名"即名分或名位的真意。故此，"圣人"（国家）必然要建立法令，要设置官吏机构，以法令与官吏"为天下师，所以定名分也"——规范天下秩序，以法律形式为天下之人确定名分。

法律职能完成，并形成"人各有名分"的稳定秩序后，其逻辑效应是显然的——"名分定，则大诈贞信，巨盗愿悫，而各自治也。故夫名分定，势治之道也；名分不定，势乱之道也。故，

　　　　　　　　　　　　　　　法治文明论

势治者不可乱，势乱者不可治。夫势乱而治之，愈乱；势治而治之，则治。故，圣王治治不治乱"。

须得留意，这里的"势治"一词，并非法家三学派之一的"势治派"所使用的"势治"（依据君主的权力势位而治国），而是国家大势处于稳定状态之意。古代社会通常所说的"大势已去"，即这里的"势乱"；通常所说的"大势底定"，则是这里的"势治"。也就是说，"势治"与"势乱"，分指总体大势上的一种稳定和动乱状态。

但是，部分流传的《商君书》版本，将这里的"势"字改述为"世"字，如此，"势治""势乱"就成为"世治""世乱"。义理固然可通，但却与原词原意有了很大距离。因为，"势乱"与"势治"，均指根基性颠覆性状态的出现。在"势乱"的大动荡中，常态意义上的法治是不可能实行的，故此才有其后的"圣王治治不治乱"的逻辑论断。而"世乱"一词，则弹性较大，通常多指国家社会秩序已经出现普遍性混乱。在大多数情况下，"世乱"尚不包括根基性的大势之乱。事实上，在农耕社会时期，土地兼并与贪官丛生往往会带来"世乱"现象，但只要没有出现大规模的武装起义，就不是国家政权崩溃的根基之乱，就有以法严厉治理的条件。故此，我们认为，"势治"与"势乱"的原词之原意，是成立的；其内涵指向，也是深刻而清晰的。

据此，人之"名分"确立后的逻辑效应便是：人定其位，即或奸诈之人及作乱大盗也愿意言行诚实，各自约束自己，不会去无端冒险。因此，人定名分，是"势治"之道；名分不定，则是"势乱"之道。所以，"势治者不可乱"——大势根基稳定后，法定名分不应该混乱；"势乱者不可治"——大势根基动荡，法定名分则被普遍破坏而无法归治。在"势乱"之际再图以法治理，只能越治越乱；只有在"势治"之时——国家大局稳定的时期，才能真正推行法治而实现"人定名分"的目标。

最后的论断是，"故，圣王治治不治乱"——圣明的君主只会在"势治"状态下实行以法治理，而不会在"势乱"状态下图谋以法治理。以现代理念表述这一论断，其内涵便是：因为法律体系的施行必须以相对稳定的常态社会为基础，故此，在国家政权根基大动荡尚未平息之时，法律要求的秩序性是无法得到确立的。要建立其时的应急生存秩序，只有在局部可控地区强力推行战时管制。只有以强力战争的方式平息了社会动荡，社会大势已经基本稳定，法律施行的社会基础条件才能出现。历史上诸多政权的所谓"中兴"时期，便是典型例证。待到政权末期的根基性动荡来临，即"势乱"之时，再图对国家以法治理，已经是不可能的了。

商鞅的这一治国思想，是一种战略定位理念。即在国家文明的大格局上明晰确定法治的历史功能，同时充分认识法治实施的局限性。这一局限性，就是实行法治的条件性。这一战略定位，既走出了战国法家群体通常对法治作用多有夸大的误区；同时，也避免了如下缺陷，即国家君主及官员群通常以"法出于古"为基础，进而认定法治适用于任何时期，而对法治实行的条件性基本没有认知，从而导致国家治理产生严重盲目性而反复折腾。客观地说，这两个问题所导致的治国盲目性，非但存在于春秋战国大变法时期，也在之后的国家文明史上一再重演。直到现代社会诸多国家，上述认知误区依然普遍存在。

这一治国战略理念，无疑具有超越时代的认识论价值。

至此，本文虽然没有进一步论说如何以法律确定每一个体的"名分"（社会位置），但其论说方向是非常明确的——法律制度必须完成国民社会结构关系之定位的职能，否则国家必然陷入混乱倾覆。事实上，要将这一法律定位体系完整呈现出来，必然是一项浩繁的专业工程，在思想性论说中略去是合理的。理解这一省略的合理性，是理解《定分》篇结构的要义之一。

其八，国家法律"必使之明白易知"。

本文这一部分，是关于法律语言之通畅性与明白性的专门论说。在古今中外的立法思想中专门强调法律语言问题，《商君书》之《定分》篇，实在是典型的一例。从根本上说，这一要求产生于战国时代"使民皆知法"的实际社会需求。因为，民众要"明白知法"，就要使文本形式的法令语言，做到常人容易理解且利于记忆的程度。要做到这一点，就必须改变夏商周上古三代法律语言贵族化、书面化的传统，使用以社会性官方语言为基本形式的新型法律语言。

无疑，这是一件很难的事情。

此间论说，是从体现"意志"的法律语言的表达开始的——"夫微妙意志之言，上智之所难也。夫不待法令绳墨，而无不正者，千万之一也。故，圣人以千万治天下"。这是说，要用语言去表现一种微妙深奥的意志，即或上等才智的人也难以做到。不依靠法令为准则，而能做到行为处处表现正确意志，可能在千万人中只有一个；而圣人（君主）治理国家，不可能只对这一个人，而是针对千万人。背后隐藏的实际意思就是，国家法律文本是以绝大多数人能够明白为根基的，因而不能使用只有"千万之一"的极少数人能懂得的语言。故此，下文立即提出了对法律语言的基本要求——"故，夫智者而后能知之，不可以为法，民不尽智；贤者而后知之，不可以为法，民不尽贤。故，圣人为法，必使之明白易知；名正，愚智遍能知之"。显然，这是四点要求，前两点是禁止性规定，后两点是标准要求。

第一点是禁止性规定，"智者而后能知之，不可以为法，民不尽智"。意思很明确，只有"智者"（学人）才能理解的法令文本，不能作为正式文本颁布。因为，民众并不都是学人智者。简单说，老百姓看不懂的法令文本，必须禁止颁发。

第二点是禁止性规定，"贤者而后知之，不可以为法，民不尽贤"。这是说，有才德的"贤者"才能明白的法令文本，不能作为法令颁布。因为，民众并不都是贤才有德之人。简单说，法令文本必须要笨拙朴实甚或不识字的老百姓，也能听得明白，记得牢靠，否则禁止颁布。

第三点是标准要求，"圣人为法，必使之明白易知"。圣明的君主主持制定法律，必然能够做到法律文本的明白易知。也就是说，"明白易知"，是法律文本的第一要求。

第四点也是标准要求，"名正，愚智遍能知之"。这里的"名正"，是指法律语言的表述要立意正大，正确表达国家意志，并能达到愚笨者与聪明人都能明白的程度。在古代通常话语中，有"名正言顺"一说，其实际意思是，立意正大对法律文本语言的通达顺畅具有本质上的决定作用，此即"名正则言顺"在本质上的道理。在立意正大的前提下，实际要求法律文本做到的标准，则是"愚智遍能知之"，即达到愚笨之人与聪明之人皆能明白的程度。

这一思想，是商鞅从法律语言的天然局限性出发，以广泛的历史实践为基础事实，再度对法律治国的有效性做出的深刻论断。作为战国时代最具代表性的纯粹法治派政治家，商鞅揭示这一客观要求的意义，在于确立这样一种认知：在实现法治的诸多条件已经确立的时期，法令制定就要尽可能克服其文本先天性的语言枯涩难解的缺陷，以最大限度的通俗化，为实现法治创造社会基础。

应该说，即或在近现代社会，这也是很高的专业标准。

诸多正在走向法治社会的国家，甚或发达的法治国家，其法律语言都是夹生饭——过度专业化加过度文件化，构成了复杂句式的经常化与普遍化，使法律的实行与人民的实际需求之间，始终有"专业"与"民间"的天然性鸿沟。

发达法治国家如美国，这一在法治实践中形成的"鸿沟"表现得最为典型。其重要原因之一，在于美国整个立法阶层与司法阶层，包括泛滥化的律师群体，已经形成了庞大的利益共同体。他们迫切需要将包括立法领域在内的全部社会法治活动，都变为"专业"领域，以使其利益实现垄断化并进而实现稳定化。这个庞大的社会群体，反对一切使立法领域及法治实践领域能够体现出透明性与易知性的社会要求。故此，无论是立法领域产出的法律文本，还是司法领域的判决书文本，抑或律师代理法律事务过程中有关当事人的合同文本等，其文本语言特质都竭力呈现出常人难以直观明白的"专业性"，以利于他们高额收费。如此，法治运行方式的"专业化"与人民实际需求的距离，已经越拉越大了。具有讽刺意义的是，此等行为与欧洲中世纪的教会势力对社会民户——包括富豪领主与有需要的平民——举行各种大型宗教仪式活动时强调他们作为"上帝之子"的"专业"性一样，竟然有异曲同工之"妙"。

在当代社会，这一巨大的法治弊端——人民的需求与国家法治之"专业"运行方式的严重脱节——正在经由美国而弥漫于世界各个国家，给人类在国家时代的法治实践带来深重的危害。

若以本文的"民众知法"为目标，诸多正处于发展状态的夹生饭式的法治国家，及诸多处于"发达"法治状态的国家，皆未达到《商君书》在两千多年前提出的法律语言"明白易知"的标准。

在现代法学理论中，法律是国家意志的体现，是基本常识之一。《定分》篇则从一般意义上揭示出语言与意志的关系——意志是主体内在的思维认知，具有复杂的综合性特质；语言则是主体表现意志的外在方式之一，具有以特定语词之表现力为基础的直观构成的特质。法律的制定，则必须以直观性的语词形式表述复杂综合的主体意志，并"必使之明白易知"。

本篇的最后部分，重新提出了国家各层级官署设置"法官"的作用与意义，见原典第11段。其逻辑效应清楚，语言亦明白易懂。

本篇的最终论断——"故，明主因治而终治之。故，天下大治也"。这是说，国家若以人民"自治"为基础而施行治理国家的职能，则必然达到"天下大治"的境界。

请注意，本篇多次提及的"自治"概念，是同时代诸多法家人物均没有提出的，也是同时代所有涉及政治文明研究之学派都没有提出的。因此，依靠"民众知法"而达到"民众自治"的思想，是商鞅在变法实践中超越时代的创造。这一概念与思想，历经历史烟尘而始终没有湮灭，已经成为近现代国家极其重要的制度概念之一。

在本篇的考辨评析的最后，我们得补充两点说明。

一则，近现代以来，中国史家对《商君书》的研究，大多对这篇关于程序法的重要论说存在误读。具体说，对第一段国君审查、批准、颁布法律的实际程序，几乎所有的注译本都对原文提出了质疑，认定原文有脱漏或误字，导致其意难以理解。故此，在各自做出"补正"之后，都将本段的"各主法令之，皆降，受命，发官"几个环节，解读为对主管法令之官员的任命及惩罚事项。蒋礼鸿先生的《商君书锥指》、高亨先生的《商君书注译》，皆是如此。其余的流行注译版本，则大多采取前述两家意见。

也就是说，近现代以来的史家研究，对法制史（或法治史）方面的历史实践缺乏了解。故此，从简约的原文中很难发现其真实表意。应该说，这是《商君书》研究中的一个基本缺陷——缺乏发现历史实践运行状况的相关专业认知，而仅仅以基本的历史学与古典语言学为研究能力之储备。如此，对《商君书》这种充满法治理论创造与实际法治建设构想的著作，便在诸多关键处不得要领。其典型如对《禁使》《定分》两篇的误读，皆是如此。

二则，需要说明一个特殊问题。近现代以来的史家研究，大多对本篇的真实性没有怀疑。罕见地认定此篇"不是商鞅所作"的，是现代学者高亨先生。他在《商君书注译》的本篇"题解"中一开始就表明了这一看法。其说明是——"文中有'丞相'字样，按《史记·六国表》秦武王二年初置'丞相'，这在商鞅死后三十年，便是明证"。

我们认为，高亨先生所提的历史事实及文献依据，都是正确无误的。但是，仍然不能据此认定，这篇君臣问答并非出自商鞅论说。我们的基本论据，有两个方面：其一，历史实践中的语言环境对出现于此的"丞相"说法的可能程度；其二，对答记录之实际内容与商鞅思想体系的吻合度。

就前者说，变法之前的秦国官制以战时功能为基础，又加以久处陇西而受戎狄部族简单设官的传统影响。故此，春秋时期及战国初期秦国官制的特征，是功能高度综合，官署设置较少；同时，官员名号亦多特异。总体上看，是以"庶长"系列（左庶长、右庶长、大庶长、驷车庶长等）为主要框架的军政合一体制。从时代变革的潮流看，其时的秦国官制，是落后于山东六国的。当时，以魏国为典型的山东六国，都实现了上将军府（作战职能）与国尉府（类似国防部的军队建设官署）相对分开的军政体制。最主要的，是实现了以"开府丞相"率领百官处理日常政务的丞相领政制，其权力远大于后世的"内阁"。如此治国体制之下，国君可集中精力于总体性的决定权，使国家机器之运转效力大为提高。

在这一变革大潮下，秦国在变法开始便实行了实质性的仿效，以商鞅任"左庶长"开府领政，实际上便是实行"开府丞相"的权力。在变法开始阶段，所以没有改变秦国旧时官职名称，意在最大限度地消除变法阻力而已。此等大势下，在君臣对话中以山东六国已经出现的新官制，比喻指代本国对应官署，进而被记录官员如实记载下来，实在是再正常不过的事情。故此，仅以高亨所述的理由，不足以在没有其余佐证的情况下否定本篇真实性。

就后者说，本篇全部问答内容，均与《商君书》之其余基本篇章的治国思想方向性一致，具体论说并无违和感。因此，仅凭有"丞相字样"一点，便将本篇定为"非本人之作"，实在有失于简单化而太过勉强。其余篇章中的"加塞"伪作之认定，基本上都是以内容的"义理不通"为依据的，相较而言，此处的简单否定，便显然是不成立的。也就是说，孤证薄弱，不足改变其基本面。

如上，是对本篇的两点学理性考辨的说明。

立法第二十七

当时而立法　圣王治国之道也

1.先王当时而立法，度务而制事。法宜其时，则治；事适其务，故有功。然则，法有时而治，事有当而功。今，时移而法不变，务易而事以古，是法与时诡，而事与务易也。故法立而乱益，务为而事废。故，圣王之治国也，不法古，不循今；当时而立功，在难而能免。今，民能变俗矣，而法不易；国形更势矣，而务以古。夫法者，民之治也；务者，事之用也。国失法，则危；事失用，则不成。故，法不当时而务不适用，而不危者，未之有也。

—┤考辨评析├—

首先须得说明，这篇《立法》论，原本为《商君书》佚文，今本《商君书》没有这一篇章。唐代魏徵辑《群书治要》，对历代经典著作从"本乎治要"的宗旨出发，而将其精要内容辑录成书，其卷三十六录有此文，原题目为"六法"。之后经历代学人考辨，皆以其基本内容为依据，修正题目为"立法"。我们认同这一修正，在本书中编为"立法第二十七"篇。

从内容上看，本文与《商君书》开首《更法》篇之精义基本相同，但论说更为概括精练。从来源上说，本文有三种可能：一则，是商鞅为庙堂论战所作的论说预稿，后流失于士林之中，于唐时被发现。二则，可能是战国后期追随商鞅精神的法家学子，对会议纪要式的《更法》篇的概括缩写而成，后莫名流失，于唐时被发现。三则，可能是唐代魏徵本人对《商君书》之《更法》篇的精要缩写，以补《商君书》时本之不足。

我们的考辨认定是，第一种可能性最大。依据有两点：其一，本文语言简约准确，行文具有战国论政的开放性，且具有商君语言的独特风格。所谓商君语言的独特性，是说《商君书》基本篇章的论说，相比较于战国时代所有法家人士及其余各学派人士的论著，所具有的鲜明特征。《商君书》的语言特质，主要有三个独特点：

一则，语言的简约性联结已经达到极致，以致诸多语汇联结所构成的文句，几乎成为"不可解"的语言化石，譬如"相管附恶""不害于盖""奸民（干民）治善民"等。这样的文章语言，如古树枯枝峥嵘虬结，联结极简，力度极大，很难在其中找到可有可无的非必要论说。在先秦诸子百家的典籍中，即或是春秋早期的《管子》，春秋中期老子所作而流传后世的《道德经》，其解读难度也远远没有如此之高。

二则，语言的法治实践性。《商君书》大量使用了当时推行法治的实践性语言，即老百姓能懂的官方语言，或官方文书采用的民众白话用语。譬如将当时官话的"不会如此"，写作"不害"；

将官话的"相为举发",写作"相管"等。也就是说,《商君书》中的语言"化石",多为当时的白话用语与官方论说结合而成,以致后世学人"难解"或"无解"。

三则,非常鲜明的逻辑效应性。遍察《商君书》基本篇章,举凡论断,皆有因果关系,从无凭空生论之处。这一基本特点,在同时代所有名家学人的论著中,几乎是看不到的。而被作为佚文的《立法》篇,却很有此种语言风格。

其二,内容论说与商鞅基本思想高度一致。

据此,本文为商鞅论战之预稿的可能性更大。唯其如此,本文被近现代史家认定为"可补今本之不足"的有价值的重要佚文。清代学者严可均认为,本文原题目"六法",依据内容应当改作"立法",此后诸多史家皆予以认可,我们亦认同。是故,本文题目为《立法》,并正式列为《商君书》第二十七篇。

这一篇的核心,是论说"立法"必须具有的现实精神。

本篇内容的论说,分为四个层面。

其一,历史上的法令,都是依据当时现实而立

其论断表现为简约的事实呈现——"先王当时而立法,度务而制事。法宜其时,则治;事适其务,故有功。"以现代理念表述,完全是对既往事实的认定:历史上的国家,都是"当时而立法"——依据当时社会的现实需求而制订法律;同时又是"度务而制事"——审量国家需要而确立办事的规则。因为这些法律适合了其时的现实需求,所以达到了国家治态。因为这些做事规则符合国家需求,所以建立了国家功业。很简单的事实陈说,奠定了其后之核心理念的基础。

其二，今世国家"立法"的不合理性

这里首先提出一则论断——"然则，法有时而治，事有当而功"。

这则论断，揭示了历史上的法令所以有效的基础原因——"法有时而治，事有当而功"。即法律有现实需求之根基，才能实现治国效应；办事规则应当适应国家需求，才有实际功效。

这则论断之后，行文转向对现实"立法"不合理性的揭示——"今，时移而法不变，务易而事以古，是法与时诡，而事与务易也。故法立而乱益，务为而事废"。

这是说，方今之世却不是这样，所处时期不同了，法律制度却不变；国家事务变了，做事规则却依然遵古。这是法律制度与时势之间的背离，是办事规则与国家实际事务之间的错位。因此，"法立而乱益，务为而事废"。这是说，如上背离与脱节，导致的现实状况是：颁布了法律，却增加了混乱；专务于办事规则，却办坏了国家政事。其总体意思是说，因为立法认知停留在旧时，而与现实需求脱节，故导致了上述状况。

应该说，上述论断与其后的现实揭示，在认知理念上皆具有超越时代的普遍性。事实上，无论哪个时代哪个国家，立法都应以现实需求为基础，才能取得治国效应；相反，脱离现实社会需求的法律，一定是引起混乱的法律，脱离国家活动需求的办事规则，则一定会搞乱国家活动。

其三，正面提出立足现实大争的治国理念

这是一段与《更法》篇要义基本重合的著名论断——"故，圣王之治国也，不法古，不循今；当时而立功，在难而能免"。须得留意，此处的"治国"概念，在前述基本篇章中已多有出现，但在这里却被赋予了更为明确的内涵。从历史实践看，作为政治文明体系的"治国"概念，曾出现于春秋战国多家典籍之中，事实上是那个时代开始便被使用的词语。从其时的原初表意看，"治国"仅是一个中性客观的词语，是"治理国家"之意，并不特指某种治国之道，也没有名士大家对其做出相对完整的内涵揭示。故此，确认其最早出典的难度很大，也没有理论意义上的必须性。

但是，若从对"治国"概念之内涵的相关论说看，《商君书》无疑是最重要的一家。而其在前述基本篇章中的相关论说，均不如本篇对"治国"内涵的论说之相对具体。

首先，本篇明确了历代圣王"治国"之所以成功的治道经验，实则揭示了一种曾经存在于久远现实之中的确立治国之道的理念——"不法古，不循今"。不法古，是说不能停滞于古人的治国认知，并一味仿效古人的治国之道。不循今，是说不能效法今世流行于各国的治国之道。如此，治国路径的选择，就有了两个基本点：一则要立足当世之现实需求，二则要立足本国之国情需求。就是说，立足现实不能大而无当，立足本国则不能脱离现实。一句话概括，就是治国路径的确立必须立足于本国的现实需求。

其次，本篇明确提出了"治国"的功效目标——"当时而立功，在难而能免"。

显然，这既是"治国"的功效目标，更是一种奋发有为的"治国"精神。具体说，就是治国要以两大功效为目标而努力。一则，"当时而立功"，即治国必须以当世见效并建立功业为目标。在列强林立的大争之世，对于处于救亡图存危境的贫弱大国，任何"缓图"之治或无功之治，都可能随时导致国家崩溃。因此，这一功效目标基于现实紧迫性而提出，具有特殊的重要性。

二则，"在难而能免"，即必须能够使国家从当下面临的危难中摆脱出来。对于变法之际的秦国，这是一种迫在眉睫的现实需求。唯其如此，以"在难而能免"为治国目标，实在需要一种披荆斩棘的大无畏赴难精神，且同时在强大的治国能力上怀有自信。

立足战国之大争之世，细察古今中外国家时代的文明发展历史，敢于提出如此目标，且能在实践中将秦国推上古典法治社会巅峰并创建中国统一文明者，舍商君其谁也。在人类文明的轴心时期，商鞅以明晰的治国理论与深彻的变法实践相融合，达到了世界古典文明时代治国的最高境界。其治国理论，堪称古典政治文明之最高经典；其变法实践，堪称实行古典法治之千古典范。唯其如此，战国后期的领国政治家范雎，对商君之政治品格做出了历史性的道德评价——"极身无二虑，尽公而不顾私"（《史记·范雎蔡泽列传》）。

其四，提出国家立法建制的两大原则

最后的论断，依然从战国初期的治道混乱切入——"今，民能变俗矣，而法不易；国形更势矣，而务以古。夫法者，民之治也；务者，事之用也。国失法，则危；事失用，则不成。故，法不当时而务不适用，而不危者，未之有也"。

第一层面，今世治国之道严重滞后——"今，民能变俗矣，而法不易；国形更势矣，而务以古"。这是说，今世的民众能够改变生存习俗，但国家的法律制度却不能相应做出更变；"国形更势矣，而务以古"——国家面临的外部"情形"已经改变其"势"，已经不是周室诸侯制，而是战国大争之世了，但今世国家

的治道，却依然遵奉古制。

请注意，这里的"国形更势"，其本意为"国家外部情形之势头已经改变"。这一简要用语经后世衍化，遂成为当代社会使用的一个基本概念——"形势"；而"国形更势"则成为"形势"一词的源头，虽然不是直接出典。这一现象说明，春秋战国时期确实是我们民族的原典时代，是我们丰富文化的源头时代。

第二层面，法律制度对治国实践的决定性意义——"夫法者，民之治也；务者，事之用也。国失法，则危；事失用，则不成"。

这一论断是说，法律制度是国家治理民众（社会）的依据，办事规则是官员处置国事的依据；国家没有法律，或法律失去效用，国家便会陷入危险境地；处置国事若没有适用的规则，便不会成功。

须得留意，依据文字学家考据，这里的"务"字，是春秋战国时期出现的一个基本字，其本意之一，为专精于某事，此处引申为娴熟于做事规则之意。

第三层面，立法建制的两大原则——"故，法不当时而务不适用，而不危者，未之有也"。

这是以反证形式提出的两大论断，即立法建制的两大原则。

其一，法必当时。其二，务必适用。文本提出的结论是"法不当时而务不适用，而不危者，未之有也"。若两者必危，则两者之反自然是必须做到的两大原则。也就是说，一方面，治国必须做到法律基于现实而确立；另一方面，规则必须做到适用于国家需求而确立。从根本上说，一则是制定法律制度的原则，一则是制定办事规则（即现代的工作条例类）的原则。

如上两点，就是本文所说的"立法"原则。

从最后部分的论说可以看出，商鞅显然是将立法建制作为治国的出发点对待。也就是说，"立法"活动是将国家意志转化为法律制度的决定性环节，是为其后一切治国行为确立依据的国家行为。故此，立法建制同时也是治国的开首一步，具有本质性的重大意义。古今中外之历史实践已经证明，任何时代的大变革，任何国家的由弱变强，都是从法律制度的更新开始的。因此，任何治国路径之创新，都首先表现为立法建制的创新。

以现代理念说，立法建制的核心意义，在于提出一个国家所信奉的最高文明生存状态的具体内涵，也就是国家与民族对其文明生存状态所确立的最高目标。这种具有某种信仰性质的目标的确立，对于一个民族、一个国家，既具有精神支撑的意义，更具有实践总指南的历史方向意义。

跋　复活语言"化石"的路径探索

一

　　对《商君书》重新解读，是一项空前艰巨的人文工程。

　　厘清中国原生文明的良性遗产，其核心部分，就是厘清中国古典文明巅峰时期所创建的法治社会的历史内涵。基本而言，主要是两个方面：一是这段古典法治社会的历史实践，二是这一时期的法治理论。

　　厘清理论部分的核心，是对《商君书》的重新解读。

　　依据历史实践，《商君书》既是战国秦创建战时法治社会的理论纲领及法治实践记录，也是后来的秦帝国创建统一法治社会的理论指南车，或曰顶层设计书。从历史传承看，《商君书》又是相对完整、相对直接地呈现秦代两大法治社会时期——战国秦与统一秦——唯一的法治实践理论文献。尽管，新时期的考古工作发现了战国秦及统一秦的某些具体法条记载，和某种法律文书的部分竹简文物资料；但就其内容而言，远远不能取代《商君书》

全面系统的理论说明，与特有的官方文件记载，及渗透全书的法治实践操作的论说。因之，不完成这一理论工程，事实上就无法较完整地呈现中国原生文明时代在法治文明领域前无古人的伟大创造。从研究历史的现实需求看，也无法使中国在重建新时代法治社会的努力中明确其历史传统的立足点。

故此，重新解读《商君书》，是我们的历史夙愿。

数十年累积，至2022年，这一夙愿有了实现的条件。

这一条件，主要表现为两个基本方面。其一，我们数十年研究所积累的关于中国原生文明时期的历史实践知识，使我们对先秦各个时期的治国形态及法治状况，有了相对全面深入的认知。同时，对战国时期之战时法治社会的多种形态，也有了相对具体的了解。再者，对《商君书》中解读难度极高的法治实践论说，亦具有了相对明晰的解读方向，及旁证其法治实践论说的知识底蕴。

其二，基于上述积累，我们对《商君书》中遗留的被历代学人的注译版本标为"无解"，或"难解"，或"不可解"的语言"化石"，探索出一条相对可行的研究路径。这一路径，可以理解为一种具体的解读方向——以文字表意与口语表意的历史实践差异为依据，探究并复活那些语言"化石"的实际内涵。

虽然，这一难点的存在，并不构成重新解读《商君书》的实质性困难。但是，它却是世界各国古典文献研究中的一个普遍问题。概括地说，即如何看待和如何解决各文明形态之古典文献中以语言"化石"为具体表征的文献"化石"问题。在本书考辨评析的正文部分，我们只是呈现了对《商君书》中的语言"化石"的具体解读。但是，对这一问题所涉及的更为广泛深刻的历史原因及研究方式的探索，却因没有合适的论说空间，而未及展开论说。

为此，有必要在本书的最后，对这一难题做出相关说明。

二

在《商君书》的考辨评析中，一个最明显的具体困难，是如何解读被历代学人注译版本认定的"难解""无解"及"不甚可晓"之语词所造成的文句死结。同类现象的延伸，则是时有所见的各种研究著作与注译版本，对同一语汇的相差甚大的不同解读或不同注译。以致，如同玉文化领域的"赌石解玉"一样，《商君书》中至今尚有无以开解的诸多"完石"，无法知晓其究竟蕴含何义。

在中国古典文献研究中，这是罕见的存在。

从历史事实说，商鞅是战国时代深度投身历史实践，在秦国完成深彻变法，同时成功创建了战时法治社会的伟大政治家。同时，因为《商君书》的存在及传承，商鞅也成为中国古典政治文明领域最伟大的法治文明理论家，没有之一。战国后期的《韩非子》，一般被后世学人看作"集法家之大成"的理论著作。但是，就其根基而言，韩非本人从未主持过任何一国的变法实践。因之，其所呈现的"集成"，也只是对法家三派（法治派、势治派、术治派）理论的分别概括与重新论说，而不是对真正法治实践的系统说明。从实质看，《韩非子》则是一部对法家三派学说不分良莠而尽行笼统概括的理论著作。其中，对"术治派"权术阴谋论的备细陈列，更是开阴谋政治之理论先河，与战国历史实践主流的阳谋政治相去甚远。故此，从法治文明理论之形成与发展的内涵看，《韩非子》理论的历史价值，显然与《商君书》有较大的距离。

如此商鞅，如同任何时期的有为政治家一样，有一个非常鲜明的特点，即语言风格的社会化。具体呈现是，无论其论说法治原理的理论语言，还是其实施法治活动的工作语言，皆直白简约，务求官民皆懂。在《商君书》中，商鞅对行法论说及制定法律所使用的语言谱系，都有明确的要求——"必使民明白易知"。同时明确规定，那些只有"智者"与"贤者"才能懂得的贵族化语言，是不能使用的。因为"民未必尽智"，"民未必尽贤"。通观《商君书》，无论是法治理论文章，还是对国君的上书、对官员的训示，或是对法令的说明，及书中收录的《垦令》类的法令文本，其文字构成，基本都是战国时期的官方通用语言，或民众耳熟能详的秦国社会语言。

故此，《商君书》的语言特质，是实践性，是工作性，是简洁直白的实用性。以这样的语言谱系，《商君书》中完全可能出现某些当时秦人独有的方言语汇，以利秦国官民明白易知。也就是说，《商君书》的语言谱系，基本是以天下通用语言（雅言）为基础，又不时代入了秦人社会语词的论说方式。如此，在当时天下的思想大爆炸，且语言交流趋于大融合的现实环境下，以战国时期目光考量，《商君书》仍然是一部通俗易懂的大书。

然而，它在后世却变成了一部时有"夹生"的难懂之书。

具体原因，显然是那些代入书中的秦人语词所致。

根本原因，则在于口语演变与书面语言之间的天然鸿沟。

明晰揭示这一天然鸿沟，是解读《商君书》的关键之一。

具体说，《商君书》因其实践性特质，在各种场合的论说中代入了秦国社会的某些口语词句。客观地看，此种可能性极大。从政治实践的意义上说，这种代入表意几乎是必然的，是不可避免的。这些因代入秦人口语词句而构成的书面文句，如"不害于盖"，如"相管附恶"等，在当时的秦人社会无疑是明白易知的。

但是，在当时天下的主流语言谱系，即雅言谱系中，却是从来没有出现过的特异语汇。从事实上说，那些不熟悉秦国社会口语的山东六国士人群体，也未必人人能够即时明白。

就思想理论的传播性与传承性看，这是一个显然的缺陷。

虽然，这一缺陷所生成的困难，并不构成对《商君书》整体解读的本质性障碍。但是，这一缺陷的存在，却无疑是形成《商君书》难解点长期存在的历史根基。这些难解点，非但使历代学人困惑无解，且令诸多后世读者望而却步。

与同时代理论家比较，商鞅的语言缺陷便很容易理解。

比较的典型，是荀子这样的战国大师。在语言谱系的使用上，荀子鲜明主张——"越人安越，楚人安楚，君子安雅"（见《荀子·荣辱》）。雅者，雅言也。这是说，各国人安于说各国语言，各地人安于说各地语言，君子则必须安于（坚持）以"雅言"说话。君子者，当时社会之士人群体及官方人士也。其广义所指，当时之文化阶层也。因之，这一主张的必然延伸，自然包括了以口语"雅言"为基础的文字表意记录要求。

何谓雅言？

从形式规范上看，自西周开始的制度规定是：官方及中上层社会通用的口语语音，必须以当时的"王畿"地域——天子都城所在地及天子直辖地域——之语音为基础标准。即或略有变化，也须以公事来往中相互能够听懂为基本要求。据《论语·述而》记载，"子所雅言，《诗》、《书》、执礼，皆雅言也"，也就是说，孔子在诵读《诗》、《书》典籍，及在自己主持各种礼仪活动时，皆坚持使用官方规定的"雅言"，而不是"鲁人安鲁"地说鲁国话。

这是君子阶层以"雅言"为规范语言的典型实例。

此等"雅言"以书面文字表现出来，其语汇表意自然有较大的普遍性。从本质上看，周代开始的这一必须性要求的实际意义，同时在于延伸到文字表意的普遍性。也就是说，在口语语音具有相对一致性的情况下，必然带来文字表意的相对统一性。

到战国中后期，这一"雅言"表意方式，已经深度突破了西周时期的浅层规范及诸侯分治带来的种种壁垒，在天下大动荡、大融合及思想大爆炸的历史潮流中，"聚变"为思想理论表述的主流方式。唯其如此，荀子以及同时代的诸多政治理论家，其政论著作与其余理论著作所使用的语言，已经基本不存在当世难解的问题；流传后世，也很少形成语言"化石"的现象。典型如荀子的《劝学》篇，全篇皆是通畅顺达的战国雅言，且不乏在流传中凝练为后世普遍传诵的典范成语。稍早的《墨子》《孟子》，及稍后时期的《韩非子》《吕氏春秋》等，都是语言通畅精到且华彩雄辩，并给后世留下诸多寓言及成语的雅言政论典范。

综上所述，《商君书》中所以出现语言"化石"现象的历史原因，在于其追求即时实用目标时，与已经成为天下主流的雅言表意谱系有所脱离。也就是说，就中国原生文明所创造的表意系统的合理性与稳定性结构而言，中国古典文字表意系统已经具有了基本能够消除语言"化石"的历史传承功能，而商鞅的语言表意谱系，却因"自觉"代入秦人独有语词而些许偏离了这一主流谱系，而无意造成其著作中的语言"化石"现象。

全面地看，语言"化石"现象在中国古典文献中很是少见。《商君书》的语言"化石"现象，是中国古典文献的个例。

三

其余文明的历史文献，则普遍具有语言"化石"现象。

人类各文明形态所产生的表意体系，皆有两大分支系统——口语系统与文字系统。从原生意义上说，口语系统生成在先，文字系统生成在后。后出的文字系统，以各种方式最大限度地呈现既定口语系统庞大复杂的表意内容，并对口语系统各自具有多变性的众多分支有所整合，并生成反向提升口语系统稳定性的内在功能。而各个民族文明与各个国家文明，各依据其理解力与创造力，生成了诸多不同的解决方式。因之，产生了不同文明的诸多不同文字表意系统。

　　各文明形态的文字创造力，基本表现为两个方向。

　　世界上大多数文明的文字，都走了字母化路径。

　　字母化的实质，是文字的语音化。这一路径的具体呈现，是以原生时期的民众口语对事物的有声说法——语音词句——为既定基础，首先创造出能够表现语音词句之发音根基的若干字母，进而创造出以这些字母的反复组合为形式的字母语汇，即指称诸多不同事物的单词群。如此，这些基本固定的字母经过反复组合而生成的一定数量的字母语汇——单词群，就形成了特定民族与特定国家的文字系统。此中典型，当为英语体系的 26 个字母及其所形成的单词群。

　　这种字母文字，就是语音文字。

　　语音文字的特质，在于以口语形成的词句为既定表意内容，字母文字本身并不具有内容表意的功能。也就是说，字母文字所形成词句的内容表意，已经在语音阶段被设定，字母文字只是整合呈现语音体系，并使之具有稳定性的外在形式而已。在社会实践中，表现为若某些口语词句消失于社会，则由其语音生成的这些字母单词也会随之消失，成为不再被社会使用的死亡词句。这些不再出现的死亡语汇，若出现于此前已经成书的文献中，便会成为历史文献中的语言"化石"。此一典籍若历史久远，"化石"多多，则其产生的连带效应会使整部历史文献也基本成为"化石"。所谓化石，就是说当代社会已经无法读懂这些古老的典籍，而需要特定专家如同对出土文物的考古辨认一般，去一一考据这些字母组合的内涵。

另一方面，若有表述新出事物的新的口语词句，即新的口语概念出现，并被一定数量的人群采用，甚至普遍流行于社会，则会有相应的新的字母组合而成的文字语汇，被国家特定机构认定而公布于社会，以为这些新词句的标准拼写方式。若无如此不断更新，文字表意的现实功能，便将大大落后于社会表意的需求。

如此，以口语语音为既定表意的语音文字体系，由于口语的复杂多变，其所造成的因文字语汇的快速死亡而导致整部文献的深奥难解，便会多有发生。是故，采用字母文字的西方国家的历史文献，语言"化石"的存在是普遍现象。在英语世界中，距今不过四百余年的莎士比亚的著作，在英国与欧洲已经成为社会大多数人读不懂，因而只能依靠少数专家向社会翻译解读的历史典籍。欧洲古希腊、古罗马时期的历史典籍，更是如此。

就历史传承性而言，语音文字的历史缺陷是显而易见的。

中国原生文明生成的文字系统，走的是独立不同的道路。

原生文明时期的中国人，在创造文字表意系统的历史过程中，以独有的方式架构了文字系统与口语系统之间的关系。这一独有方式，就是后发的文字系统，既以先前生成的口语表意为基础，又具有相对独立表意的功能，从而形成了与复杂多变的口语系统之间的相辅相成架构。具体的历史呈现是，中国文字在其创造时期，便没有以完全语音化为功能目标，而是以表意内容的形象性为功能目标。

具体说，即以口语发音对事物的指认为音准基础。但是，在将这一语音指认变为文字时，却依据事物的形貌构成而创造出一个与该事物形似，并接近于抽象画的简约图案。这种简约的抽象图案，便是后世的我们所说的象形文字。如此，这个字出现后，念法还是原本那个语音，但却具有独立于语音之外的象形表意功能。

譬如，在原生口语系统中，将地面上的高耸部分发音为shān。但是，创造成文字，却依据其形状样貌，画写成一个山的抽象图案。如此，人们只要看见这个字，仍然是念作 shān。但这个"山"字的实际表意，却是 shān 的形貌，而不是 shān 的发音。以此类推，其余如 jiā 之语音与"家"之文字，nán 之语音与"男"之文字等等，皆是如此。

这一基本点，是象形文字与字母文字最根本的不同。

中国象形文字的独立表意方式，既呈现了口语语音的基础存在，又具有语音之外的独立意涵。这一结构关系的特质，在于将口语系统与文字系统架构为一个具有相辅相成意义的整体性大系统，既呈现并保持了语音系统的基础性，又实现了文字系统在具有独立表意功能的条件下，对复杂多变的口语表意进行整合，并使口语系统具有相对稳定性的结构性功能。

在人类文明的早期，这一创造实在是惊人的神异！

正是原生文明早期的这一深邃的创造思想，给中国民族群的内在大融合奠定了坚实的根基。来自五湖四海、三山五岳的各色人群，虽然操着各式不同又相互难懂的各邦国、各地域语言，但仍然基本无障碍地实现种种意向交流与实际合作。其中的关键，便是任你话语不通，都可以写成文字，完成所需要的种种实际事项。文字表意系统的基础性、独立性与强大性，始终是广袤的华夏世界不断趋于融合的关键条件。在秦帝国统一中国文字体系后，中国文明之表意系统的蓬勃发展，几乎成为人类文明中神一般的存在。

在原生文明的后续发展中，中国文字已经累进为一个庞大的系统。其单字数量已达数万之多，以致清代的大型工具书《康熙字典》问世，也不能精确统计出中国文字的准确数量。

进入近代社会的初始阶段，各个国家皆对工业新文明带来的新事物，因本民族文字中无法找到与之相对应的既有语汇，而存在相当大的认知困难。唯独古老的中国文字体系，毫无难堪地通过了这一历史性考验。无论是各种"主义"的政论翻译，还是科学技术原理与实践操作文书的翻译，在中国文字体系中均能找到对应语汇。典型例子，便是全世界非英语国家都在本民族文字中找不到"electricity"这一新生事物的对应词，而唯独中国文字中有极其神似的"电"字相对应。

中国文字表意系统之强大，在电脑网络的当代，再次得到了历史验证。历史实践证明，中国文字系统堪称最合理的文明表意系统。

同样，中国文字系统，是消除语言"化石"的最有效系统。

因之，对于《商君书》中的语言"化石"，我们不当将其作为解读这部伟大的古典法治文献的本质性障碍。我们当以历史实践为依据，探索复活其生命力的有效路径，为我们重建中国当代法治社会发现优秀的历史遗产。

孙皓晖　董健桥

2024 年春

于海南积微坊

后　记

这部书的主体部分，是在疫情期间完成的。

这部书的出版进程，也是从疫情期间开始的。

对于作者，对于出版机构，这都是具有纪念意义的一件事。

因为，这一项目的完成及出版，意味着我们没有在曾经的普遍灾难中沉沦熄火，而是在灾难中保持了与全民族同步的超越常态的奋争。应该说，这是中国原生文明时代的强势生存精神回归现代的社会呈现之一。对于历来倡导我们的民族精神与个体生命意识应当回归战国"大争"状态的我们，这一项目的完成与出版具有特殊的意义。

本书是孙皓晖、董健桥两人合作完成的。

孙皓晖是西北大学特聘教授、中国文明史研究院院长，本项目发起人；负责《商君书》全部篇章的考辨评析撰写，及本书的序、前言、跋及必要的修订补正的撰写。

董健桥是西北大学中国文明史研究院研究员，陕西省地方志办公室原副主任、巡视员，编审，中国地方志学会原学术委员，长期从事古籍文献研究及整理工作。在本书中，负责《商君书》原典版本的遴选、校核、必要的标点及相关说明等。

各自完成分工任务后，两人又交叉补正，各自对非本人完成部分提出修订意见，并会商决定补正内容及方式。

这部书的主体部分完成后，首先将序言及目录大纲，发给了与我们具有"道合"意义而值得我们敬重的长期合作者——德高望重的资深出版家、上海世纪出版集团原总裁陈昕先生；同时，发给了上海人民出版社原社长王为松先生。很快，得到了两位的认同。

处于朝气蓬勃的退休生活的陈昕先生，很快与我们通了电话，并邀请上海人民出版社副总编辑兼北京世纪文景文化传播有限责任公司总经理、总编辑姚映然女士一起通话，遂将此书正式纳入了出版计划。

此后，姚总带着三位干员——文景主管营销的副总王玲、具有古籍出版经验的专业编辑但诚、《大秦帝国》责编王萌——克服疫情期间的种种不便，来到海南与我们会议具体事项。此次有成效的会商结束后，立即进入了具体的工作进程。

由此，但诚君成为本书的责任编辑。

由于本书内容的特殊性与繁难性，一位高素质的责任编辑便成为关键因素之一。年富力强的但诚君，非但具有良好的古典文献学养，且具有认真负责的职业精神。因此，在本书的后期修订及编辑过程中，但诚君提出了有价值的原典文献之"裂缝"发现，从而使我们在相关部位补充了必要的特别说明，而使本书更为完善。在此基础上，但诚君不畏繁难琐细，对本书所依据的《商君书》原典全部做出了分段标记，以利作者与读者之引用查看。此等实质性工作之外，在将我们的修订部分补入正文而进行的多次增删补正，及邮件来往等等具体事务上，但诚君皆具有认真细致的"积微"精神。

上海人民出版社社长温泽远先生多次关心本书的出版进程。此外，在本书的文字校核、装帧设计等方面，出版社的朋友们都付出了大量的辛劳，具体而又细致。在此，我们对温社长和这些在具体工作中付出辛劳的朋友们，表示真诚的感谢！

如上这些细微处的精细化，说明上海人民出版社及旗下机构，已经具有了高素质的整体风貌，将在新时期的出版领域发挥更为广泛的影响力，将为当代中国的全面振兴做出自己的新贡献。

作为合作伙伴，我们表示衷心的祝贺！

孙皓晖　董健桥
2024 年夏于西安

文
景

————
Horizon

社 科 新 知　文 艺 新 潮

法治文明论：《商君书》考辨评析

孙皓晖　董健桥　著

出 品 人：姚映然
责任编辑：但　诚
营销编辑：胡珍珍
封扉设计：东合社·安宁

出　　品　北京世纪文景文化传播有限责任公司
　　　　　（北京朝阳区东土城路8号林达大厦A座4A　100013）
出版发行　上海人民出版社
印　　刷　山东临沂新华印刷物流集团有限责任公司
制　　版　南京展望文化发展有限公司

开 本：700mm×1020mm　1/16
印 张：23.5　字 数：269,000　插 页：2
2024年5月第1版　2024年5月第1次印刷
定 价：98.00元
ISBN：978-7-208-18914-0 / K·3377

图书在版编目（CIP）数据

法治文明论：《商君书》考辨评析 / 孙皓晖，董健
桥著 . 一 上海：上海人民出版社，2024
　ISBN 978-7-208-18914-0

　Ⅰ.①法… Ⅱ.①孙… ②董… Ⅲ.①《商君书》—
研究 Ⅳ.① B226.25

　中国国家版本馆 CIP 数据核字（2024）第 093978 号

本书如有印装错误，请致电本社更换　010-52187586

社科新知　文艺新潮　｜　与文景相遇

微信公众号　　　　微　博　　　　　豆　瓣

bilibili　　　　　抖　音　　　　　小红书